사회기호학적 관점의 수학 교수·학습: 대상화 이론

루이스 래드포드 지음
권오남·박정숙·박지현·박재희·조경희·조형미·오국환·곽문영 옮김

KM 경문사

역자 머리말

preface

이 책은 2011년 프로이덴탈 메달(Freudenthal Medal) 수상자인 래드포드(Luis Radford) 교수의 주요 연구물을 번역한 것이다. 국제수학교육위원회는 네덜란드 수학자 및 수학교육자인 프로이덴탈의 업적을 기념하기 위해 2003년부터 매 2년마다 상을 제정하여 수여하고 있다. 래드포드 교수는 1985년에 프랑스 Université Louis Pasteur I에서 수학교육학박사를 받고 그의 고향인 과테말라 Universidad de San Carlos 교수를 거쳐 1992년 캐나다 Université Laurentienne에서 교수로 재직중이다. 래드포드 교수는 수학 학습의 기호-문화적 관점의 이론에 관한 170편 이상의 논문을 발표하여 수학교육연구의 지평선을 확장하는데 일조하고 있다는 평가를 받는다. 그는 2012년 7월 한국에서 열린 제 12차 국제수학교육대회(ICME-12, The 12th International Congress on Mathematical Education)에서 프로이덴탈 메달을 수상하여 한국 수학교육계와 인연을 맺은 바 있다. 그는 현재 국제 수학사 학회인 HPM(History and Pedagogy of Mathematics) 회장으로도 활동하고 있다.

래드포드 교수는 인식론, 기호학, 인류학, 심리학, 철학을 아우르는 간학문적 접근을 통해 대수 학습 과정을 연구하고 있다. 특히 교실에서 나타나는 사회문화적 관점과 기호학적 관점에서 이론적인 면과 실천적인 면 모두에 초점을 두고 있다.

이 책의 번역은 2012년 12월 서울대학교에서 개최된 래드포드 교수 초청강연에서 비롯되었다. 번역을 바라는 강연 참석자 다수의 요구에 의해 초청강연을 바탕으로 번역이 시작된 것이다. 이 번역을 위해 래드포드 교수는 이 책의 1, 2, 3장을 새로 집필하여 보내주었다. 영어뿐만 아니라 불어로 작성된 논문을 한글로 번역하는 데에 3년 이상의 시간이 걸렸다. 한글 번역이 난해한 단어는 철학서적, 사회학서적을 참고하여 원문의 의미를 최대한 살리려고 노력하였으나 독자들에게 어떻게 읽혀질지 두려움이 앞선다. 그러나 번역자들은 래드포드 교수의 이론을 한국 수학교육계에 소개하겠다는 일념으로 용기를 내었다.

이 책은 크게 1부와 2부로 구성되어 있다. 1부는 래드포드 교수의 학습이론의 근간인 철학과 기호학에 대한 접근을 소개하고, 2부에서는 초청강연에 사용된 그의 원고를 번역하여 소개하였다. 기존의 원고에 새로 집필한 3장을 합쳐서 한 권의 책으로 완성하게 되었다. 이 번역본이 래드포드 교수의 이론에 대해 관심을 가지고 있는 국내 수학교육 연구자와 학교현장에서 이론을 실천하고 있는 교사 모두에게 도움이 되길 희망한다.

3년 이상의 번역기간에 많은 분들의 도움이 있었다. 먼저 2012년 래드포드 초청강연의 준비 및 홍보를 담당했던 김유정, 조미혜, 김은지, 김영기 선생님께 감사드린다. 또한, 난삽한 초기 번역원고를 검토해준 유정연, 배영곤 선생님에게도 고마움을 전한다. 불어로 된 논문을 초벌 번역해 준 김아로미 선생님께도 감사의 마음을 전한다. 마지막으로 인내심을 가지고 이 책이 세상 밖으로 나올 수 있도록 도와준 경문사 편집진에게 감사드린다.

2016년 5월

옮긴이를 대표하여 권오남

구성 및 특징

preview

1부 지식과 앎, 그리고 학습

1부는 모두 세 장으로 구성되었다.[1] *1장* 에서는 대상화 이론의 두 가지 핵심개념인 지식과 앎에 대한 개략적인 내용을 설명한다. 이 두 가지 개념을 바탕으로 *2장* 에서 학습이 논의된다. 대상화 이론은 학습이 '앎'과 '생성(형성)' 모두에 대한 것이라는 기본적인 아이디어에 기초한다. 이론의 철학적 토대는 독일의 철학자 헤겔의 연구와 이를 더 발전시킨 마르크스의 철학, 그리고 변증법적 전통을 중심으로 다룬다. *3장* 에서 저자는 수학교육을 새로운 인간을 창조하는 사회적, 문화적, 정치적, 그리고 역사적 투영이라 보고, 수학교실에서 소외의 문제를 다룬다. 저자는 지식 생산의 현재 형태를 통해 주관적 대상과 문화적-구체적인 대상 사이에 생성되는 풀리지 않는 긴장감이 소외를 이끌어낸다고 주장하며 이를 극복할 방안으로 협력적 과정(협업)을 제안한다. 결국 교실은 학생들이 스스로 목소리를 내고 과학적인 담론에 참여하는 공공장소로서 의미를 가지고 여기에서 드러나는 다양한 현상을 비판적으로 살펴볼 필요가 있다.

2부 대수적 사고와 학습

모두 다섯 장으로 구성된 2부는 앞서 1부에서 대상화 이론의 관점에서 논의한 지식과 앎, 그리고 학습에 대한 저자의 생각을 구체적으로 이해할 수 있는 논문과 저자의 발표 자료를 엮은 것이다. 특히 학교 수학에서 학생들에게 가장 어려운 영역 중의 하나인 대수 영역을 중심으로 학생들의 대수적 사고와 학습을 주제로 학생들의 패턴의 일반화 과정에서의 감각적, 기호적 활동을 통해 지식과 앎, 학습에 대해 구체화 한다. 장의 구성은 최근에 발표한 논문에서 개략적인 이해를 하고 이

---

1) 역자주 : 1부의 1~3장은 원저이며, 나머지 장은 유수 수학교육논문집과 국제학술회의의 원고를 재구성한 것이다.

와 관련한 이전에 발표한 내용으로 근원을 찾아가는 형태로 구성되었다. 4장이 2012년 발표한 연구의 종합적인 내용의 논문이라면 8장은 초기 감각적 행동과 기호적 활동의 관계를 규명한 논문이다. 각 장의 개략적인 내용은 다음과 같다.

*4장*은 5년간의 종단 연구 프로그램에서 발견한 내용을 바탕으로 2012년 우리나라에서 열린 12차 국제 수학교육연구대회(12th International Congress on Mathematical Education)에서 발표한 내용이다. 따라서 이 장은 이후 제시되는 2부의 다른 논문을 종합한 내용이라 할 수 있다. 이 연구는 궁극적으로 체화되고 비기호적인 대수적 사고의 발생과 그것이 문화적으로 발달되어 중재된 형태의 기호적 사고로 점진적으로 이행하는 것에 대한 체계적인 탐구를 목적으로 한다. 이 연구를 통해 교수학습의 문화적, 역사적 이론인 대상화 이론을 도출하였다. 대상화 이론은 인간 사고의 감각적이고, 체화된, 사회 및 물질적인 차원을 강조한다. 또한 문화역사적으로 수학 지식으로 구성된 지식의 형태와 기호학적으로 중재된 교실활동 사이에 존재하는 교수학적 과정을 밝힌다.

*5장*은 2009년에 출간된 도서 〈Processus d'abstraction en mathématiques〉에서 초기 대수적 사고에 대한 내용의 장을 소개한 것으로 7학년 과정인 방정식 풀이의 세 가지 방법과 일련의 교수법에 대해 논의한다. 1부 2장에서 논의한 학습과 그를 위한 교수법을 보여준다 하겠다. 이 장에 소개되는 교수법은 대표적인 풀이 방법인 '추상화 과정을 장려하는 것'으로 그 기본 아이디어들을 보여준다. 7학년의 방정식 풀이는 보통 체계적인 시도와 점검에 의해 이루어진다. 체계적인 시도와 점검에 의한 방법은 사실상 산술에서 비롯된 것이다. 그러한 산술적 방법은 대수적 방법에 의한 방정식 풀이의 고유한 핵심 개념들에 끼어들 여지가 없다. 특히, 양변에 같은 수를 빼거나 더할지라도 방정식의 두 수식 간의 등식이 유지된다는 대수적 아이디어는 산술적 방법에 간섭 받지 않는다. 이 장에서 방정식 풀이의 대수적인 방법이 7학년 과정에서 성공적으로 다루어질 수 있음을 보게 될 것이다.

*6장*은 2009년 〈ZDM Mathematics Education〉에 게재된 논문이다. 이 논문은 8학년 학생들의 직교좌표계 모션그래프의 해석을 다룬다. 사회문화적 이론적 틀에서, 학생들이 그래프를 이해하기 위해 시도하는, 논증적이고 기호적인 과정에 주목한다. 학생들의 이론 지식의 대상화 구조와 그들이 더 높은 단계의 개념화에 도달하기 위해 의지하는 수학적 기호, 제스처, 단어들의 배열을 통해 학생들의 해

석 과정을 조사한다. 아주 세밀한 비디오와 담화를 분석하여, "기호적 축약(semiotic contractions)"과 "상징적 통합(orchestrations)"이라고 부르는 것의 결과를 통해 학생이 해석을 더 집약적으로 발달시키는 방법에 대해 개략적인 설명을 한다.

*7장*은 2008년 〈ZDM Mathematics Education〉에 게재된 논문이다. 이 논문의 목적은 학생들이 패턴 일반화 과제에서 사고와 행동의 문화적, 대수적 방식에 있어 유창성을 얻는 점진적인 방법을 조사하는 것이다. 첫 번째 절에서는 일반화의 인식론적 측면에 대하여 간단한 논의한다. 이때 패턴의 대수적 일반화를 정의한다. 이 정의는 다음의 절들에서 대수적, 산술적 일반화와 학생들이 패턴 문제를 해결할 때 의존하는 몇 개의 초보적인 형태의 귀납법을 구별하기 위해 사용된다. 논문의 나머지 부분에서는 7학년 교실에서의 교수과정 실행에 대해 논의하고, 학생들이 대수적 성찰의 안정된 형태에 도달하는 사회적이고 기호 중재적인 대상화 과정에 초점을 맞춘다. 기호학적 분석은 대상화의 두 중심적인 과정의 증거로 도상성과 축약을 나타낸다.

*8장*은 2004년 〈PME 28(Proceedings of the 28 Conference of the international group for the psychology of mathematics education)〉에서 발표된 논문이다. 지식 형성에 있어서의 감각과 개념 사이의 발생적 관계의 문제를 다룬다. 11학년 정규 수학 수업에서의 두 소그룹에 대한 전사와 비디오 분석을 통해 기호학적 활동과 인공물로 매개된 운동감각적 행동 사이의 변증법을 설명한다. 저자는 20세기의 심리학이 지식 형성에 있어 언어와 운동감각적 활동의 역할을 인정하였음에도 불구하고, 추상적이고 복잡한 수학적 개념화에서는 신체적 움직임, 인공물의 사용, 언어적 활동이 직접적인 원천으로 여기지 못했음을 지적하며, 최근 여러 연구에서 드러난 학생들의 기초적인 지식뿐만 아니라 추상적인 수학적 지식의 발달에 있어서의 신체적 행동, 제스처, 언어와 공학적 인공물의 사용의 결정적이고 두드러진 역할에 주목한다. 이 장은 학생들의 수학적 개념 발달을 뒷받침하는 행동, 기호, 의미 사이의 변증법적 과정에 대한 이해를 목적으로 하고 있다. 이를 위하여 경사면에서 위, 아래로 움직이는 원기둥의 이동 거리와 시간 사이의 관계를 탐구하는 11학년 학생들의 교실 활동을 면밀히 분석하였다. 특히 음의 거리를 포함하는 그래프를 해석하는데 있어서의 학생들의 어려움에 초점을 맞추었다.

차례

contents

제1부

제2부

부록

제 1 부

1장 지식과 앎

1 도입

1장에서는 대상화 이론의 두 가지 핵심 개념인 지식과 앎에 대한 개요를 제시한다. 이 두 가지 개념은 2장에서 논의할 세 번째 핵심 개념인 학습 개념의 기초가 된다.

대상화 이론은 학습이 앎과 생성에 관한 것이라는 기본적인 아이디어에 바탕을 두고 있다. 또한 대상화 이론은 역사적으로, 문화적으로 구성되며 스스로에게 비판적인 입장을 취하는 성찰적이고 윤리적인 주체의 변증법적 탄생을 추구하는 것, 끊임없이 진화하는 수학적 담화와 관행 안에서 역동적인 정치, 사회, 역사, 문화적으로 노력하는 것을 수학교육의 목표로 본다. 이 이론의 철학적 배경은 독일의 철학자 Hegel의 연구(Hegel, 1977, 2009)와 이를 더 발전시킨 Marx의 철학 연구(Marx, 1973, 1998)이며, 변증법적 전통(Ilyenkov, 1997; Mikhailov, 1980; Vygotsky, 1987~1999)을 중심으로 전개된다.

지식과 앎에 대한 논의가 난해하고, 심지어 유용하지 않은 것처럼 보일지라도, 수학교육이론이 학습을 적절하게 설명할 수 있으려면 먼저 무엇이 지식과 앎을 구성하는지 명확히 해야 한다. 실제로 학습은 확률에 대한 학습, 도형의 기하적 성질들에 대한 학습 등과 같이 어떤 것에 대한 것이다. 결론적으로 학습이 무엇에 대한 것인지 만족스럽게 설명하지 못한다면 학습을 이해할 수 없다. 다음 절은 구성으로서의 지식에 대한 논의로 시작하고, 이어서 대상화 이론의 관점에서 바라본 지식에 대하여 논의한다.

2 지식

2.1 구성으로서의 지식

수학교육담론에서는 일반적으로 지식을 만든 것 또는 구성한 것으로 본다. 지식을 구성한 것으로 보는 아이디어 뒤에 숨겨진 기본적인 은유는 지식이 구체적인 사물과 비슷하다는 것이다. 예를 들면, 의자를 구상하고 만들고 조립하는 것처럼 지식도 구상하고 만들고 조립한다. 구성으로서의 지식에 대한 아이디어는 비교적 최근에 등장하였다. 이 아이디어는 16세기와 17세기에 걸쳐 서서히 나타났으며, 이 시기의 유럽은 물건을 만들고 파는 일이 인간의 주된 활동이었다. Arendt는 위에서 언급한 지식에 대한 개념을 다음과 같이 요약한다. "사물이 어떻게 존재하는지 이해했을 때, '안다'고 할 수 있다."(Arendt, 1958, p. 585) 제조업이 주가 되었던 16세기와 17세기의 일반적인 관점에서 볼 때, 지식은 일단 생산품의 형태로 이해되었다. 이 관점에 대한 명확한 설명은 18세기 후반 Kant의 책《순수이성비판(Critique of Pure Reason)》에서 나타난다. 우리에게 끊임없이 영향을 주는 이 위대한 책에서, Kant는 수학이 앎을 달성할 수 있는 가장 좋은 방법이라고 표현하고 "수학만이 … 개념 그 자체가 지식이 되는 것이 아니라 개념을 구성[1]함으로써 지식을 이끌어 낸다"라고 말했다(Kant, 2003, p. 590[A 734/B 762]). Piaget가 발생적 인식론에서 구성으로서의 지식에 대한 개념을 특징지은 후, 수학교육에서 개인적 차원의 지식 구성이 널리 받아들여졌다. 개인적 차원의 지식 구성이란 본인만이 스스로의 지식을 구성할 수 있다는 것을 의미한다. 이러한 관점에서 지식은 다른 누군가가 구성하여 나에게 전달해줄 수 있는 것이 아니다. 내가 알고 있는 것은 나 자신의 경험을 통해 얻은 결과물이다.

많은 학자들이 지적했듯이 구성으로서의 지식에 대한 관점에는 몇 가지 문제점이 있다. 예를 들어, 우리가 알게 되는 방법에 있어 중요한 역할을 하는 다른 것들과 물질문화[2]를 설명할 수 있는 여지가 없고 그 결과 인지, 상호작용, 상호주

1) 역자주 : Kant의 구성이란 직관적으로 머릿속에서 하나씩 그려내면서 구성하는 것을 의미한다. 즉 개념과 직관이 결합하며 구성된다. 분석과 반대개념이며, 새로운 것과 덧붙여 종합이 일어난다. 구성은 선험적 종합으로서 특수성을 가진다.

2) 역자주 : 원문에는 material culture로 표현되어 있으며 생산을 지배하는 문화이고 가공품

관성, 윤리적 차원을 단순한 관점으로 보게 한다. 이는 사회 제도의 중요한 역할과 그것이 전달하는 가치와 긴장감을 없애고, 지식의 역사성을 무시한다(Campbell, 2002; Lerman, 1996; Otte, 1998; Roth, 2011; Valero, 2004; Zevenbergen, 1996).

다음 절에서는 지식과 학생들의 관계를 고려하는 또 다른 방식을 살펴본다.

2.2 사회문화적 접근

사회문화적 접근에서는 지식을 어떻게 이해하는가? 명심해야 할 것은 구성주의적 접근에서와 같이 사회문화적 접근은 지식전달을 학습의 모델로 보지 않는다는 것이다. 사회문화적, 구성주의적 접근은 대부분 다른 입장을 취하지만 이 지점에서만큼은 분명히 같은 입장을 취하고 있다. 사회문화적, 구성주의적 입장에서 학습을 지식의 전달과 수용으로 이해하는 것은 일종의 행동주의에 해당한다. 행동주의에서 개는 특정한 자극에 성공적으로 반응하는 방법을 학습하고, 쥐는 특별한 자극을 따라 미로를 빠져나가는 방법을 학습한다. 반면 인간의 마음은 훨씬 더 복잡해서 자극과 반응의 행동주의 모델로 설명하기에는 확실히 부족하다. Vygotsky와 Luria는 물질, 정신적 문화가 인간 행동을 매개한다고 주장하면서 자극과 반응(S-R)을 삼각형([그림 1])으로 대체할 것을 제안했다. 이 삼각형은 매우 단순함에도 불구하고 학습과 인간 정신[3]에 대한 연구에 상상할 수도 없는 복잡한 단계를 더하고 있다. 인간은 기호를 조작하고 기호는 우리가 생각하고 알게 되는 방식을 근본적으로 바꾼다. Vygotsky와 Luria는 "기호 조작을 통해, 우리는 가장 복잡한 심리적 과정으로 나아갈 수 있을 뿐 아니라 정신의 자연 발생적인 흐름에서 벗어나 역사적으로 형성된 행동의 영역으로 나아간다"[4]고 말했다(Vygotsky & Luria, 1994, p. 144).

의 이용에 관한 문화를 말한다. 또한 사회에 의해 생산된 물질적 생산품이나 가공품을 말하기도 한다.

3) 역자주 : 원문에는 psyche[saıki]로 표현되어 있으며 의식적 또는 무의식적인 인간 마음의 총체를 뜻한다.

4) 역자주 : Vogotsky는 기호 조작에 대해 다음과 같이 설명한다. 기호 체계는 전체 심리과정을 재구조화하여 아동으로 하여금 자신의 동작을 통제할 수 있게 만들었다. 기호 체계는 완전히 새로운 기초 위에서 선택 과정을 재구성했다. 이러한 주장으로 비추어봤을 때 위의 인용문의 의미는 다음과 같다. 정신의 자연 발생적인 흐름이란 동물의 행동(조금 뒤에서 설명되는 침팬지들의 행동 같은 것)과 같이 기호 조작이 없는 행동으로 인간의 행동을 설명하지 못한다. 그래서 벗어난다는 용어를 사용한 것으로 보인다. 역사적으로 형성된 행동

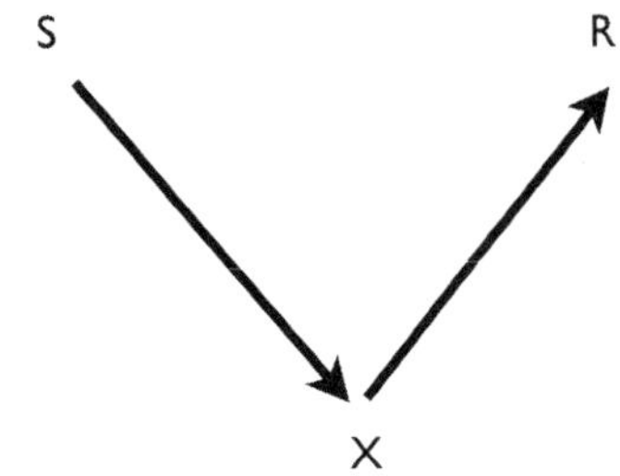

[그림 1] Vygotsky의 삼각형. 외적 기호, 물질문화, 정신문화의 요소 X는 인간 마음의 자연적 흐름을 변화시킨다. (Vygotsky & Luria, 1994, p. 144).

만약 지식이 구성되지도 않고 전달되지도 않는다면 과연 지식은 무엇인가? 이제 지식에 대한 문화적 개념 그리고 역사적 개념을 발전시켜보자. 호두 깨는 침팬지의 예를 통해 대상으로서의 지식이 아니라 과정으로서의 지식에 대해 고찰한다.

2.2.1 코드화된 동적인 것으로서의 지식

지식을 **과정**이라고 할 때, 지식이 **동적인** 것을 의미한다는 것에 주목하자. 이는 Hegel(2009)이 생각했던 방식이다. 더 나아가 **지식은 성찰과 행동이 문화적·역사적으로 구성되고 체화된 과정의 총체**라고 할 수 있다. 산술의 경우 그러한 과정은 메소포타미아에서 소 또는 곡물의 셈, 토지의 측정과 같이 인간의 특정 활동으로부터 발생한 성찰, 표현, 행동의 과정을 말한다. 음악의 경우 지식은 고대 문명에서 유대, 의미, 의도를 전달하는 의식과 같은 인간의 특정 활동으로부터 발생했던 미적·청각적 표현의 과정이 된다.

지식이라는 아이디어가 **성찰과 행동이 문화적·역사적으로 구성되고 체화된 과정의 총체**임을 상세히 설명하기 위해, 호두 깨는 침팬지에 관한 예를 제시한다.

침팬지가 호두를 깨는 것은 쉬운 과정이 아니다. 영장류학자가 언급했듯이 호두 깨기는 다음과 같은 단계로 구성된다. (1) 침팬지가 호두를 집는다. (2) 모루 돌과 같이 특정한 표면 위에 호두를 올려놓는다. (3) 망치 역할을 할 다른 돌을 집어 든다. (4) 모루 돌 위에 놓인 호두를 망치 돌로 깬다. (5) 깨진 호두의 알맹이를 먹는다. 이 과정이 [그림 2]에 제시되어 있다.

의 영역이란 기호 조작이 가능하기 때문에 나타나는 인간만의 행동을 통제할 수 있는 고등 사고의 영역으로 해석할 수 있다.

[그림 2] 어린 침팬지들이 주의 깊게 살펴보고 있는 가운데 호두를 깨고 있는 침팬지 요요
(Matsuzawa, Biro, Humle, Inoue-Nakamura, Tonooka, & Yamakoshi., 2001, p. 570)

야생동물에 대한 연구에 따르면 아기 침팬지가 호두 깨기 과정을 학습하는 데 3년에서 7년 정도가 걸린다. 아기 침팬지가 처음부터 망치 돌과 모루 돌을 사용할 수는 없다. 대상에 대한 집중, 크기 또는 단단함 등과 같이 적절한 돌의 선택, 선택한 호두, 모루 돌 그리고 망치 돌 등을 공간적으로 시간적으로 배열하는 것, 이 세 가지 과정을 배우는 것은 긴 시간을 필요로 하는 과정이다. 보통 태어난 지 6개월 정도 된 어린 침팬지는 오직 호두나 돌처럼 한 가지 대상만을 다룬다. 이 과정에서 침팬지들은 호두를 골라 밟을지도 모른다. 침팬지가 자라면서 호두, 모루 돌, 망치 돌을 모두 사용할 수 있게 되어도 호두를 깨트리는 올바른 과정을 알지 못하면 깨기에 실패할 것이다. 그 과정에서 핵심적인 측면은 적절한 깨트리기 기술, 예를 들어 "호두껍질을 부수기 위해 충분한 압력을 가하는 방법으로 내리치는 행동"이 나타나야 한다(Hirata, Morimura, & Houki, 2009, p. 98).

호두 깨기는 사회적 과정으로 학습된다. 보통 4~5세까지의 어린 침팬지는 어미와 함께 있으면서 호두를 어떻게 깨는지 주의 깊게 관찰하고 처음에는 그 과정의 목적을 이해하지 못했을지라도 스스로 하려고 시도한다.

모든 침팬지들의 무리가 호두를 깰 수 있는 것은 아니고, 호두를 깨는 무리들이 모두 같은 종류의 호두를 깨는 것도 아니다. 영장류학자들은 호두 깨기가 서아프리카의 어느 지역에서 발달했고, 후에 한 세대에서 다음 세대로 사회적으로 전달되었다고 믿는다. 결론적으로 침팬지의 이주로 인해 호두 깨기는 퍼져 나갔다(Hirata 외, 2009, p. 88; Matsuzawa 외, 2001, pp. 569-570).

침팬지의 예에서 호두를 깨는 방법에 대한 지식과 같이 '지식'은 문화적으로 코드화된 행동의 총체이다. 지식을 행동양식이 문화적으로 코드화된 것으로 보는 것은 지식이 일반적인 것임을 의미한다. 즉, 서로 다른 돌을 사용하여 서로 다른 순서로 행동하는 것을 지식이라고 하지 않는다. 다른 말로 하면, 지식은 노동의 결정체이다. 지식은 행동 그 자체가 아니라 이상적인 행동 양식으로 생각할 수 있다. 노동의 결정체 또는 이상적 형태로서의 지식은 구체적인 예나 실행을 넘어선다. 예를 들어, 호두 깨기는 각각의 구체적 실행에 일반성을 부여한 이상적 형태이다.

호두 깨는 방법에 대한 지식과 같이, 이상적 형태로서의 지식은 Platon 철학에서의 형상과는 관계없다. 기니공화국 님바 산 숲에 서식하는 세링바라(Seringbara) 침팬지 집단의 호두 깨는 과정을 Platon 철학의 형상이나 Kant 철학의 대상 그 자체로 고려하기보다는 성찰과 행동의 문화적, 역사적으로 구성되고 체화된 과정으로 보는 것이 타당하다. '이상적 형태'로서의 호두 깨기는 일반적이고 전형적인 행동 방법이다. 이상적 형태는 영원한 이상의 세계에 머무르는 것이 아니라, 문화적 기억 속에서 행동 패턴이나 순서로 코드화된다. Platon 철학의 형상은 지구상의 종족과 관계없이 존재한다고 가정하지만, 이상적 형태로서의 지식은 관습화되어 수행되지 않으면 존재할 수 없다.

이제 앎을 정의하도록 하자. 이에 앞서 수업 사례를 소개하는 것이 좋을 듯하다. 이 수업 사례는 패턴의 일반화에 대한 것이다. 다른 많은 연구자들과 마찬가지로, 우리의 수업 연구에서도 학생들에게 대수를 가르치기 위해 패턴의 일반화를 활용했다. 기본적인 아이디어는 간단한 등비수열 또는 일차식의 형태인 $y=ax+b$로 표현되는 등차수열을 제시하는 것이다. [그림 3]과 같이 학생들에게 몇 개의 항을 제시한 후 10, 25, 100번째 항처럼 "첫째항으로부터 멀리 떨어져 있는" 항을 계산하는 방법에 대해 질문했다.

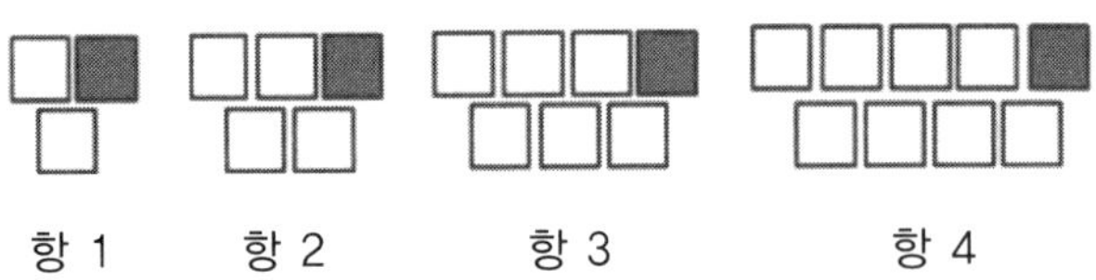

[그림 3] 대수 수업에서 2학년 학생들이 탐구한 수열

이 과정에서, 학생들이 역사적으로 구성된 등차수열에 대한 지식의 형태와 관련지을 수 있기를 기대한다. 구체적으로는 과거 역사적 흐름을 거슬러 수열을 인지하고 성찰하고 탐구하는 대수 지식에 대해 인식하기를 기대한다. 실제로 등차

수열에 대한 탐구는 메소포타미아의 고대 문명에서 나타났고 고대 후반 신피타고라스학파에게 매우 인기 있는 주제였다(Lawlor & Lawlor, 1979; Nicomachus of Gerasa, 1938, Tarán, 1969). 신피타고라스학파는 특히 다각수, 즉 정다각형 모양으로 배열된 자갈로 표현된 수에 관심이 있었다. 예를 들어 [그림 4]에서 1, 3, 6, 10은 삼각수, 1, 4, 9, 16은 사각수, 그리고 1, 5, 12, 22는 오각수이다.

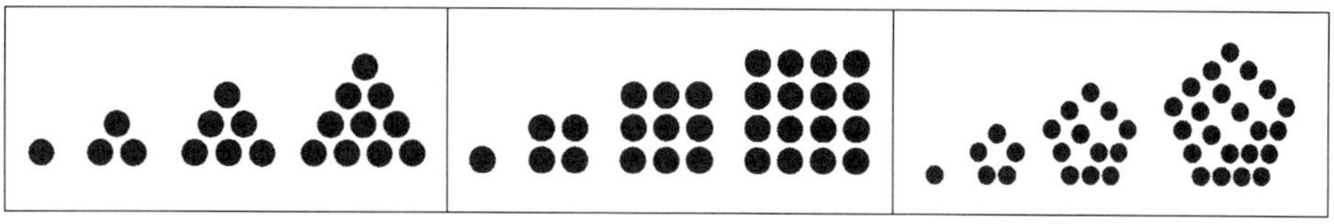

[그림 4] 삼각수, 사각수, 오각수

등차수열의 이론적 성질에 대한 연구는 《Anaphorikos》의 저자로 알려진 Hypsikles[5)]의 글에 처음 등장했다고 알려져 있다(Radford, 2006). 정리 1은 다음과 같다.

정리 1 첫째항이 가장 큰 수이고, 연속한 모든 두 항의 차가 같으며, 항의 개수가 짝수인 수열에 대하여, 첫 번째 항부터 절반의 항까지의 합과 나머지 항들의 합의 차는 항의 개수의 절반의 제곱과 공차를 곱한 것과 같다(Manitius, 1888, p. 2).

현대 기호를 사용하여 정리하면 이 정리는 다음과 같다.

$2n$개의 항 a_1, a_2, $\cdots$, a_{2n}에 대해 $a_1 > a_2 > \cdots > a_{2n}$, $a_i - a_{i+1} = d$ ($i = 1$, $\cdots$, $2n-1$)가 성립하면,

$$(a_1 + a_2 + \cdots + a_n) - (a_{n+1} + a_{n+2} + \cdots + a_{2n}) = n^2 \times d$$

이다.

Hypsikles의 정리는 오늘날 우리가 등차수열이라 부르는 수열의 성질을 설명하고 있으나, 여전히 수열의 항을 계산하는 공식은 아니다. Diophantos(서기 250년경)는 〈다각수에 대하여〉라는 짧은 글에서 다각수의 변의 길이 n과 각의 개수 a를 알 때, 다각수 S_n을 구하는 다음과 같은 공식을 제시하였다.

---

5) Hypsikles는 알렉산드리아에 살았다. 역사학자들은 그의 생에 대해 확실히 알지 못하지만 기원전 2세기에서 서기 2세기 사이에 살았다고 생각한다.

$$S_n = \frac{[(2n-1)(a-2)+2]^2-(a-4)^2}{8(a-2)}$$

오각수의 세 번째 항을 계산하고 싶다면 이 경우 $n=3$, $a=5$이다. 공식에 대입하면 $S_3 = \frac{[(2\times 3-1)(5-2)+2]^2-(5-4)^2}{8(5-2)}$이고 따라서 $S_3=12$이다.

당연히 Diophantos는 이 공식을 현대 기호로 표현하지는 않았다. 그는 "다각수의 변을 두 배한 후 1을 빼고, 여기에 각의 수에서 2를 뺀 수를 곱한 후 2를 더한다. 이제 이 값을 제곱한다. 각의 수에 4를 뺀 수를 제곱하여 앞에서 구한 수에서 이 값을 뺀다. 이 값을 다시 각의 수에서 2를 뺀 후 여덟 배한 값으로 나눈다. 이것이 바로 우리가 찾던 다각수이다."라고 설명하고 있다(Ver Eecke의 번역본을 기초로 함, 1959, pp. 290-291).

침팬지의 호두 깨기와 같이, 수열을 대수적으로 성찰하고 인지하며 다루는 형식은 사고와 행동이 코드화된 형태이다. 또한 침팬지와 그들의 문화사의 경우와 같이 사고하고 행동하는 형식은 인류의 문화사 안에서 코드화되고 개선되었다. 개선은 연속적인 지식의 **결정**을 수반한다. 역사학자들은 역사적 기록을 바탕으로, 수열의 탐구가 자갈을 다루는 것에서 시작되었다고 본다(Lefèvre, 1981). Hegel 철학의 관점에서 자갈로 매개되고 코드화된 지식은 후에 Hypsikles의 정리처럼 등차수열의 이론적 성질에 대한 해석적 탐구와 같이 더 구체적인 무언가로 체화되거나 지양[6]된다. 그러므로 추상적인 것에서 더 명확하고 구체적인 것으로 나아간다. 이는 Hegel 철학의 변증법에서 말하는 '**추상적인** 것에서 **구체적인** 것으로의 **진화**'이다. 이러한 진화는 새로운 지식의 결정이 새로운 것으로 대체함으로써 이루어지는 것이 아니라, 이전의 이론적 형태의 의미를 집약하는 방식으로 이루어진다. Marx가 말한 것처럼 "구체적인 것은 다양한 결정이 집중되어 통일되는 과정을 거치기 때문에 구체적이다. 구체적으로 되어가는 과정은 사고 과정에서 나타난다. 따라서 구체화는 결과이지 시작점이 아니다."(Marx, 1973, p. 101)

지금 논의하고 있는 지식의 개념에 대하여, 추상적인 것에서 구체적인 것으로 나아가는 지식의 문화적 진화를 마치 눈에 보이지 않는 손이나 이성적인 지식의

6) 역자주 : 지양(sublated)이란 Hegel의 용어로 일반적으로 고양과 유사한 뜻으로 해석된다. 지양이란 유지됨과 버림의 대립적인 의미가 다 들어가 있는 단어로, 이전의 악습은 없애고 더 나은 방향으로 나아간다는 뜻이다.

논리에 의해 이루어진 것처럼 이해해서는 안 된다. 지식의 진화는 자연적인 현상이 아닌 문화적인 현상으로 이해해야 한다. 자본을 노동, 돈, 가치의 분배와 같은 추상적인 개념의 구체화를 통해서만 이해할 수 있듯이, 수학적 지식도 수학적 사고와 행동 이전의 체화된 추상, 언어, 지각, 인공적 형태의 구체화를 통해 이해할 수 있다.

등차수열에 대한 지식의 예는 특별한 것이 아니다. 학교 수학의 어떤 주제에 대해서도 비슷한 예를 찾을 수 있다. 즉, 오랜 기간을 거쳐 세련되고 구체화된 수학 지식은 언어, 알파벳으로 된 기호, 그래프 등과 같이 다양한 방식으로 표현되어 왔으며, 문화적 기록과 관습으로 코드화되었고, 현재 각국의 교육과정에 나타나 있다. 학생들은 학교에서 이러한 지식을 학습하고, 이를 통해 [그림 3]에 나타난 수열의 100번째 항의 사각형이 $1+2\times100$개임을 알 수 있다.

이제 **앎**을 정의하자.

3 앎

앞서 주장했듯이 지식은 행동, 사고, 성찰이 문화적으로 코드화된 노동의 결정체이다. 따라서 앎은 지식의 **예시화**이거나 **구현**[7]이다.

앎을 이미 존재하는 무언가를 예시화한 것으로 또는 무언가를 구현한 것으로 본다면, 앎은 단순한 반복에 지나지 않는다고 잘못 생각하기 쉽다. 물론 이것은 참이 아니다. 만약 앎이 단순한 반복이라면, 지식은 단지 통계자료일 뿐 진화할 수 없을 것이다. 하지만 Hypsikles와 Diophantos의 예에서 볼 수 있듯이, 나중에 나타난 지식이 이전의 지식을 그저 반복하고 있는 것은 아니다. 따라서 앎을 지식의 예시화 또는 구현이라 할 때, 다음의 세 가지를 이해해야 한다.

---

7) 역자주 : 원문은 actualization으로 현실화, 실현, 구현이라고 할 수 있다. 여기서는 구현을 주로 사용한다. '실현'의 사전적 의미는 '꿈, 기대 따위를 실제로 이룸', '실제 이루어짐'이며, 순화이고 '구현'의 사전적 의미는 '어떤 내용이 구체적인 사실로 나타나게 함'이므로 '구현'이 1장에서 말하는 actualization과 가장 잘 어울린다.

(1) 일반적인 것으로서의 지식의 의미
(2) 지식의 구현 과정
(3) 지식의 구현 결과

지식, 앎과 상호 관련된 이 세 가지 측면을 이해하기 위해서 지식이 어떤 예시화나 구현과도 동일시될 수 없는 일반적인 것이라고 주장하는 것은 지식이 단지 앎이 될 가능성일 뿐이라고 주장하는 것임을 명심해야 한다. 여기서 가능성이란 예를 들면, 호두를 깰 가능성, 등차수열의 성질을 발견하거나 주어진 수열의 100번째 항을 발견할 가능성을 말한다. 이때 가능성이라 함은 단순히 존재하지 않는 어떤 것, "아직 존재성이 나타나지 않은" 단순한 잠재성을 의미한다(Hegel, 2001, p. 36). 지식이 존재하고 실제가 되기 위해서 지식은 구현을 통해 예시화되어야 한다.

구현은 Hegel이 특수자라고 말한 과정이며, 사건 또는 활동이다. 이는 Blunden (2009)이 말한 "사람 사이의 관계와 활동(p. 103)", Hegel(2001)이 말한 "가장 넓은 의미에서 사람의 활동(p. 36)"을 말한다. 이에 대해 Hegel은 지식이 예시화되기 위해서 내용을 획득하는 활동을 통해 지식 그 자체가 드러나야 한다고 다음과 같이 설명했다. "일반적으로 추상적인 특징이 구현되거나 예시화되는 것은 … 오직 활동 그 자체에 의해서이다. 추상적인 지식 그 자체로는 무력하다."(Hegel, 2001, p. 36)

특수자가 구성하는 활동은 단순히 지식이 나타나는 경로가 아니다. 활동으로서의 특수자는 지식의 예시화 과정에서 흔적을 남긴다. 이 예시화는 Hegel이 개별자 또는 개인이라 말한 것으로, 우리가 사용하는 용어인 앎과 부합한다.

따라서 앎은 지식의 예시화를 통해 나타난 구체적이고 개념적인 내용이라 할 수 있다. 앎의 구체적이고 개념적인 내용은 오직 활동, 즉 지식과 앎을 매개하는 활동을 통해서만 나타날 수 있다. 매개되지 않는 앎이란 없다. 실제로 앎은 매개의 결과이다. 이는, 앎이 자신을 매개한 활동의 흔적을 지니고 있음을 뜻한다(Ilyenkov, 1977). 다른 말로 하면, 활동으로의 특수자는 앎이 지식을 예시화하는 방식을 결정한다. 좀 더 간단히 말해서, 방정식을 푸는 방법과 같이 우리가 어떤 것을 알게 되는 방식은 앎의 과정의 특수성과 동일한 것이다. 매개활동은 활동을 정의하는 적극적 인간 교류의 역사적·문화적 물질 형태, 의미, 방법을 통해 이루어진다(Mikhailov, 1980).

종합하면, 특수자는 일반자가 개별자로 나타나는 활동이다. 즉 지식은 앎에서 예시화된다. 이러한 활동은 지식을 삶으로 가져오면서 실현된다.

지식과 앎 사이의 관계를 다음과 같은 용어로 나타낼 수 있다. 지식의 존재방식은 앎에서 알 수 있듯이 구체적인 세계에서 하나의 개별자 또는 하나 이상의 개별자를 통해 실제적인 모습을 드러낸다. 반대로 호두 깨기 또는 수열의 일반화 과정과 같이 모든 개별자에 해당하는 앎의 모든 경우는 지식의 **표현** 또는 **구체화**로 나타내는 것이 가능하다. 오직 발달된 개별자를 통해서 지식은 사고의 대상이 될 수 있고, 다시 수정되고 확장될 수 있다.

마지막 아이디어를 설명하기 위해 역사적인 예를 들어보자. 여러 바빌로니아의 점토판에는 사물을 측정하는 문제들이 있다. 이 문제들은 측정한 것에 형태를 부여하고 예시화되면서 코드화하는 동안의 활동의 흔적들이다. 길이의 측정단위 중 하나로 발이 사용되었다. 발은 실세계의 여러 대상을 측정하는 유용한 도구였을 것이다. 그렇지만 바빌로니아의 서기관들은 이내 발을 이용해서 길이를 재는 것이 완벽하지 않다는 것을 깨닫게 되었을 것이다. 발을 사용하여 측정하면 실제보다 조금 더 길게 또는 짧게 기록하는 일이 종종 발생한다. 코드화된 형태의 측정이 현실 세계에 나타났으며, '복잡한' 대상을 측정하기 위해 확장되어야만 했다. 현실 세계에서 발을 나누거나 그 일부분을 분수로 나타내는 것은 오직 상상으로만 가능하며 이는 지식의 구현을 통해 이루어진다. 분수를 포함한 새로운 측정 방식은 활동을 통해 코드화되고 이를 통해 이전의 지식을 **수정**한다. 새로운 측정 방법은 새로운 지식이 된다. 구현 가능성이 없으면 지식은 **일반적**인 것으로 남게 되고 따라서 수정될 수 없다.

[그림 5]는 일반자, 특수자, 개별자 사이의 관계를 나타낸 것이다. 일반자(지식)는 단지 가능성이다. 개별자(앎)는 구체적이고 개념적인 내용이다. 개별자는 [그림 3]의 구체적 대상에 대한 이론적 성찰, [그림 2]의 침팬지가 딱딱한 호두를 깨는 육체적, 운동감각적 행동과 같이 구체성을 통해 일반자의 추상적 본질을 전달한다. 일반자의 내용은 감각적이고 이론적인 성찰로 나타나며, 이는 일반자가 구현되는 방식이다(Maybee, 2009). 활동으로서 특수자는 일반자와 개별자 사이를 매개한다. 이러한 매개는 매개되지 않은 앎의 본질을 강조하기에 중요하다.[8)]

---

8) 헤겔과 뒤따른 변증법적 관습(예를 들어 대상화 이론)에서 이끌어낸 활동이론과 동시대의 여러 행동이론의 이론적 차이를 언급하기 위해 이 논의를 이용할 것이다. [그림 5]에서 보듯, 특수자는 결과물의 물질적이고 정신적인 역사적·문화적 형태와 사회적 상호작용 방식에 의해 틀이 잡힌 공동 활동이다. 상호 작용 내에서 '개인(individuals)'의 행동 순서를

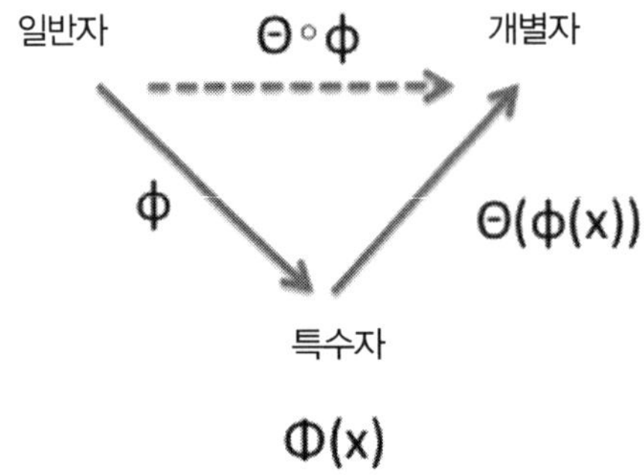

[그림 5] 일반자, 특수자, 개별자 사이의 관계

그러나 일반자를 구체화한 것이 개별자이기 때문에 구체화를 통해 일반자를 완전히 나타낼 수 없다는 것에 주목하자. 따라서 일반자를 구현함으로써 구체화는 일반자를 인정하고, 동시에 일반자를 완전히 포함할 수 없기 때문에 일반자를 부인한다. [그림 6]에서 6학년 학생들은 방정식을 풀 때 단지 **가능성**에 해당하는 행동과 성찰의 문화적 형태를 구체화했다. 이 문화적 형태는 앞에서 언급했듯이 **개별자** 또는 **개인**에 해당하는 특정 방정식을 풀 때 요구되는 감각적이고 이론적인 활동, 즉 **특수자** 내에서 가시화된다. 학생들의 활동은 특별하고 반복되지 않는 교실 활동 내에서 이루어진다. 특별한 교실 활동의 의미는 사람들 사이의 특정한 관

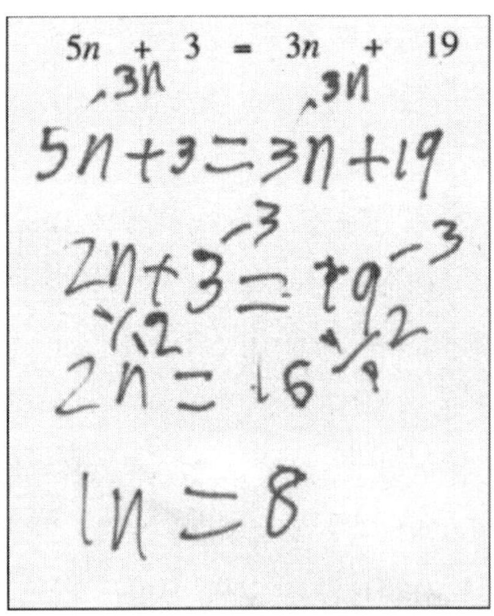

[그림 6] 교실 활동(특수자)에 의해 매개된 방정식에 대한 개별적인 성찰 (개별자)을 통해 코드화된 대수적 사고(일반자)를 구현한 6학년 학생들

의미하는 것은 아니다.

계를 통해 특정한 시간과 장소에서 그 방정식을 해결하는 유일한 사건임을 뜻한다.

일반자의 구현은 특정 방정식 유한개를 해결하는 방법을 인식한 후, 가능한 방법 중 하나로 나타난다. 보통 구체화된 활동은 방정식을 푸는 방법과 같이 일반자를 온전히 담을 수 없다. 이는 일반자가 오직 특수자와 개별자를 통해 의식의 대상이 되는 것이 아니기 때문이다. 결과적으로 구현은 확실히 일반자를 체화시키는 동시에 일반자를 부인한다. 이는 구현이 항상 불완전하기 때문이다. 하지만 새로운 것을 발생시키는 구현을 통해, 이 불완전함은 새로운 가능성을 낳는다.

4 종합

이 장에서 대상화 이론의 두 가지 중요한 개념인 지식과 앎을 설명했다. 지식은 성찰이 문화적이고 역사적으로 코드화된 형태라고 볼 수 있다. 코드화된 형태는 단지 가능성을 제시할 뿐이다. 구체화를 통해 코드화된 형태는 개념적 내용을 얻는다. 구현되거나 예시화된 개념적 내용은 앎을 구성한다. 물론 개념적 내용은 매개된다. 구체성을 얻기 위해, 실제가 되기 위해, 개념적 내용은 오직 활동을 통해 나타난다. 다른 말로, 우리가 알게 되는 과정은 지식이 예시화되는 활동을 통해서이고 어쩌면 앎이란 지식이 예시화되는 활동 그 자체라고 할 수 있다. 앎과 활동의 동질감은 다음과 같이 설명할 수 있다. 문화적·역사적 산물과 이상적 형태, 사회교류 방식은 예시화된 개념적 내용 중 인상적인 활동에 영향을 미친다. 지금까지의 내용이 1장에서 주장한 중요 아이디어 중 하나이고 일반적인 활동 이론(Leont'ev, 1978)과 대상화 이론을 확실히 구분 짓는다.

그러나 앎 속에 내재된 매개적 본질 때문에 앎은 곧바로 과정이 되지 않는다. 이 지점이 학습이 일어나는 곳이다. 앎은 학습을 필요로 한다. 다음 장에서 우리는 대상화 이론에서의 학습을 의식적이고 의도적으로 역사적·문화적으로 코드화된 형태의 사고 및 행동을 하게 하는 것으로 설명한다. 더 간결하게 말하면 학습은 대상화 과정으로 설명할 수 있다.

참고문헌

Arendt, H. (1958). The modern concept of history. *The Review of Politics, 20*(4), 570-590.

Blunden, G. (2009). Foreword. In *Hegel's logic* (pp. 7-101). Pacifica, CA: MIA.

Campbell, S. (2002). Constructivism and the limits of reason: Revisiting the Kantian problematic. *Studies in Philosophy and Education, 21*, 421-445.

Hegel, G. W. F. (1977). *Phenomenology of spirit*. Oxford: Oxford University Press (First edition, 1807).

Hegel, G. (2001). *The philosophy of history*. Kitchener, ON: Batoche Books. (Original work published 1837).

Hegel, G. (2009). *Logic*. (W. Wallace, Trans.). Pacifica, CA: MIA. (Original work published 1830)

Hirata, S., Morimura, N., & Houki, C. (2009). How to crack nuts: Acquisition process in captive chimpanzees (pan troglodytes) observing a model. *Animal Cognition, 12*, 87-101.

Ilyenkov, E. V. (1977). *Dialectical logic*. Moscow: Progress Publishers.

Kant, I. (2003). *Critique of pure reason*. (N. K. Smith, Trans.) New York: St. Marin's Press. (Original work published 1787)

Lawlor, R., & Lawlor, D. (1979). *Theon of Smirna: Mathematics useful for understanding Plato*. San Diego: Wizards Bookshelf.

Lefèvre, W. (1981). Rechenstein und sprache [computing stones and language]. In P. Damerow & W. Lefèvre (Eds.), *Rechenstein, experiment, sprache. Historische fallstudien zur entstehung der exakten wissenschaften [Computing stones, experiment, language. Historical case studies on the emergence of the exact sciences]* (pp. 115-169). Stuttgart: Klett-Cotta.

Leont'ev, A. N. (1978). *Activity, consciousness, and personality*. Englewood Cliffs, NJ: Prentice-Hall.

Lerman, S. (1996). Intersubjectivity in mathematics learning: A challenge to the radical constructivist paradigm? *Journal for Research in Mathematics Education, 27*(2), 133-150.

Manitius, K. (1888). *Des hypsikles schrift anaphorikos nach überlieferung und inhalt kritisch behandelt*. Dresden: Lehmannsche Buchdruckerei.

Marx, K. (1973). *Grundrisse: Introduction to the critique of political economy*. Baltimore: Penguin Books.

Marx, K. (1998). *The German ideology*. New York: Prometheus Books.

Matsuzawa, T., Biro, D., Humle, T., Inoue-Nakamura, N., Tonooka, R., & Yamakoshi, G. (2001). Emergence of culture in wild chimpanzees: Education by master-apprenticeship. In T. Matsuzawa (Ed.), *Primate origins of human cognition and behavior* (pp. 557-574). Tokyo: Springer.

Maybee, J. (2009). *Picturing Hegel*. Lanham, MD: Lexington Books.

Mikhailov, F. T. (1980). *The riddle of the self*. Moscow: Progress Publishers.

Nicomachus of Gerasa. (1938). *Introduction to arithmetic*. (M. L. D'Ooge, Trans.). Ann Arbor: University of Michigan Press.

Otte, M. (1998). Limits of constructivism : Kant, piaget and peirce. *Science & Education, 7*, 425-450.

Radford. (2006). Variables, unknowns, and parameters of mathematical generality. In *Mini-Workshop on studying original sources in mathematics education*. Oberwolfach, April 30th-May 6th, 2006. Report No. 22/2006, 16-17.

Roth, W. M. (2011). *Passibility: At the limits of the constructivist metaphor*. New York: Springer.

Tarán, L. (1969). *Asclepius of Tralles: Commentary to Nichomacus' introduction to arithmetic* (Vol. 59, part 4). Transactions of the American Philosophical Society.

Valero, M. (2004). Postmodernism as an attitude of critique to dominant mathematics education research. In P. Walshaw (Ed.), *Mathematics education within the postmodern* (pp. 35-54). Greenwich, CT: Information Age Publishing.

Ver Eecke, P. (1959). Diopante d'Alexandrie. *Les six livres arithmétiques et le livre des nombres polygones [Diophantus of Alexandria: The six books on arithmetic and the book on polygonal numbers]*. Liège: Desclée de Brower. (Original work published 1926).

Vygotsky, L. S. (1987-1999). *Collected works*. New York: Plenum Press.

Vygotsky, L. S., & Luria, A. (1994). Tool and symbol in child development. In R. van der Veer & J. Valsiner (Eds.), *The Vygotsky reader* (pp. 99-174). Oxford: Blackwell Publishers.

Zevenbergen, R. (1996). Constructivism as a liberal bourgeois discourse. *Educational Studies in Mathematics, 31*, 95-113.

2장 학습

1장에서는 지식 대상화 이론의 맥락에서 '지식'과 '앎'에 대하여 설명하였다. 이 장에서는 대상화 이론의 세 번째 주요 개념인 학습에 대하여 논한다.

사회문화적 접근에서는 학습을 사회적 관행에 대한 **참여**의 한 형태로 보는 이론을 제시하거나, **내면화**의 이론적 개념을 도입하여 설명하기도 한다. 이러한 참여와 내면화의 아이디어는 매우 흥미롭지만 아직 극복해야 할 본질적인 어려움을 가지고 있다.

1 참여

참여의 개념을 도입하여 학습을 설명하는 사회문화적 이론의 핵심은 각 개인이 사회적 관행에 참여하는 과정을 통해 무언가를 알게 된다는 것이다. 여기에는 개인을 분석의 단위이자 연구의 초점으로 삼는 주류 심리학 및 철학의 개인주의적 관점을 넘어서려는 분명한 의도가 있다. 이와 같이 참여의 개념을 도입하는 이론은 Rogoff(1990), Lave(1998), Lave와 Wenger(1991) 등을 통해 발전[1]하였다. 예

---

1) 역자 주 : Lave(1998)는 마켓에서의 물건 구매와 같이 일상생활에서 사람들이 수학을 사용하는 상황을 관찰하였으며, 그 결과 학습이 실제 상황 속에서 학습자와 환경과의 상호작용을 통해 이루어진다고 하였다. 이러한 학습의 관점을 발전시켜 이후에 Lave와 Wenger(1991)는 '지식'은 학습자와 환경과의 능동적인 관계를 통하여 개발되며, '학습'은 학생들이 복잡하고 실제적인 학습 환경에 활동적으로 참여할 때 이루어진다고 보고, 이 과정을 '상황학습'이라고 명명하였다. 학습자는 담화 공동체의 구성원으로서, 처음에는 공동체의 주변적인 참여자로 시작하여 나중에는 중심적인 역할을 하게 되며, 그 문화에 좀 더 능동적으로 참여함으로써 전문가적 역할을 하게 된다. Lave와 Wenger(1991)는 이 학습과정을 '합법적 주변참여(legitimate peripheral participation)'라고 불렀다.

를 들어 Rogoff는 학습을 안내된 참여의 맥락에서 일어나는 '도제(徒弟)식 행위'로 본다. Rogoff는 안내된 참여에 대해 "안내된 참여의 개념은 개인과 사회문화적 맥락의 역할을 유지하는 데 초점을 두고 있다"고 설명하였다(Rogoff, 1990, p. 18). 또한 '도제식 행위'라는 용어를 사용한 것에 대하여 "적극적인 학습자들이 조직화된 문화적 활동 안에서 다른 이들의 안내와 시험을 받으며 관찰과 참여를 통해 어떻게 기술을 숙달하게 되는가에 초점을 맞추기 위한 것"이라고 밝히고 있다(Rogoff, 1990, p. 19). 학습과 사고를 도제식 행위로 설명하기 위하여 Rogoff는 영유아와 부모들이 서로 교감하기 위해 어떤 미묘한 과정을 경험하는지, 그리고 어른들의 도움을 통해 어린이들이 어떻게 사회적인 요구에 대응하고 문제를 해결하기 위한 사회적 규준 또는 관습을 깨닫게 되는지 보고하였다. 그렇지만 학습의 최종 목적은 학습자 자신이 사회적 관행에 적응하는 것에 있다. 참여 이론이 수많은 새로운 개념을 도입하더라도, 학습은 분명히 적응의 한 종류이며 Piaget의 의견도 이에 가깝다. 단, 차이점은 Piaget의 이론에서 적응은 일반적인 인지적 메커니즘을 통해 이루어지며 환경을 '자연적'으로 주어지는 것으로 보는 것에 반해, 참여의 관점에서는 학습을 사회적 메커니즘에 의해 문화적 세상의 관행에 적응하는 것으로 보고 있다. 상호주관성은 간단하게 말하면 의사소통과 의미의 공유, 공동 관심으로 형성되는 관계라고 할 수 있다. 대상화 이론에서 상호주관성과 학습은 서로 밀접한 관계를 가지고 있으며, 의사소통과 의미의 공유, 공동 관심은 학습에서 중요한 역할을 한다. 그러나 더 중요한 개념은 이제 곧 다루고자 하는 Hegelian-Marxist-Vygotskian 관점에서의 지각이다. 그 전에 먼저 내면화로서의 학습에 대하여 논하기로 한다.

2 내면화

내면화 이론은 20세기 초 Janet(1929)과 Vygotsky(1929)와 같은 심리학자들에 의해 만들어졌다. 내면화는 개인과 그 주변의 환경 사이의 연결 관계를 설명하는 이론적 구성 개념이다. 예를 들어 Janet은 인간의 성격에 관한 연구에서 내면화를 기술하였고 모든 심리학적 법칙은 다른 사람을 대하는 외향적인 측면과 자기 자신을 대하는 내향적인 측면의 두 가지 측면을 가진다고 주장하였다. 그는 주로 "후자가 전자를 따른다."고 말했다(1929, p. 288).

1929년에 발표된 논문인 〈어린이의 문화적 발달(Vygotsky, 1929)〉과 같이 1930년대 이전에 발표된 논문에서도 내면화의 개념이 은연중에 내포된 것을 발견할 수 있으나 내면화는 1930년대 초에 형성된 Vygotsky의 문화역사적 이론의 주요 개념 중 하나라고 여겨진다. 내면화는 Vygotsky의 인간 발달 개념 및 그 개념에서 기호가 하는 역할과 밀접한 관련을 가지고 있다. 내면화는 문화역사적 이론에서 조작적인 또 다른 중요한 이론적 구성 개념을 제공하는데, 이를 '문화적 발달의 발생적 법칙'이라 한다. 훗날 Vygotsky는 다음과 같이 설명하였다. "어린이의 문화적 발달에서 나타나는 모든 정신적 기능은 사회적 수준과 개인적 수준으로 구분된다."(Vygotsky, 1978, p. 57) 기호에 의해 매개되는 과정으로서 내면화는 정확하게 사회적 수준에서 개인적 수준으로의 이동을 설명해주고 있다. 또한 Vygotsky는 "행동의 문화적 형태에 대한 내면화는 기호 조작을 바탕으로 하는 심리적 행동의 재구성을 수반한다"고 하였다(Vygotsky, 1978, p. 57).

내면화 이론 역시 고유의 문제점을 가지고 있다. 즉 내면화 관점에서 개인과 맥락 사이의 관계로 설명하는 것은 여전히 개인주의적 사고 이론의 형태를 따르는 것으로 볼 수 있으며, 개인주의적 사고 이론은 내연과 외연으로만 나누어서 보는 유명한 이분법의 문제를 해결할 수 없다. Veresov는 "도대체 내연과 외연의 차이는 무엇인가? 그 경계선이 어디인지 말할 수 있는가?"라고 질문하기도 하였다(Veresov, 1999, p. 225).

Vygotsky의 이론이 그 당시 반사학자[2)]와 관념론자의 연구를 넘어서기 위한 시도에서 발전되었다는 것을 기억할 필요가 있다. 그는 반사학에 의한 심리학은 정신이 배제된 행동에 대한 심리학이며, 자기 성찰과 같은 주관적인 관념론에 의한 심리학은 행동이 배제된 정신에 대한 이론일 뿐이라고 주장하였다. 그는 Spinoza의 뒤를 이어, 내연과 외연의 두 체계를 기반으로 하는 이원론을 극복하고 의식에 관한 일원론적 이론을 정립하기 위해 노력했다. 하지만 그 역시 모순이 없지는 않았다. 당대의 가장 훌륭한 Vygotsky 학파 중 한 명인 Veresov는 다음과 같이 말했다.

---

2) 역자주: 반사학(reflexology)이란 소련의 신경학자 V. 베흐테레프가 이끈 심리학 체계로서 운동신경계의 조건반사인 운동연합반사를 기초로 고등정신활동을 객관적으로 설명하고 있으며, 미국의 행동주의 심리학 연구방법에 실질적인 영향을 주었다.

> 두 체계의 존재 가정을 포기한다는 것이 본질적으로 의미하는 바는 무엇이며, 그것이 가져오는 결과와 논리적인 영향은 무엇인가? 이는 논리적으로 외연과 내연의 존재에 대한 견해를 전적으로 부정하며, 내면화를 의식의 내부적 구조의 기원에 대한 메커니즘으로 보는 관점에 대하여도 철저하게 배격한다. 사실상 이 경우에 내면화라는 개념 자체가 무의미한 것이다.(Veresov, 1999, p. 226)

의미에 대한 설명을 포함하는 Vygotsky의 마지막 연구는 그가 이러한 문제점을 극복하기 위해 얼마나 노력했는가를 보여준다. 여기에서 더 이상의 논의는 하지 않겠으나 위의 내용을 통해 언급하고자 하는 바는 내면화의 개념에 기반한 Vygotsky의 이론도 역시 이론적인 문제점에서 자유롭지 못하였으며, 그 문제점은 앞으로 다루게 될 학습의 개념과 밀접한 관련을 가지고 있다는 점이다.

3 대상화

앞서 제안했던 것과 같이 지식을 **움직임**으로 본다면, 더 정확하게 사회적 관행 속에서 끊임없이 예시화되고 문화역사적으로 명시화된 행동의 총체로 본다면, 지식은 "소유"할 수도 없고 "획득" 되지도 않는다. 지식은 인간의 내면에 존재하지 않으며, 인간이 자신과 **대치하는** 지점에 있는 지식과 직면하는 것이다. **대상화**가 의미하는 것은 바로 인간이 대치하고 있는 관념 체계, 문화적 의미, 사고의 형태 등[3]에 대한 인지 과정이다.

대상화는 **타자성**, 즉 우리 안에 내재되어 있지 않은 성질을 강조하고 있다. 관념은 인간으로부터 생기며 보편적으로 인간의 정신 활동의 일부라고 여긴다. 하지만 대상화 이론에서는 관념과 사고의 형태를 사람들 개개인과 독립적으로 존재한다고 여긴다. 계통발생론적 관점에서 Mikhailov(1980, p. 200)는 "지식, 기술과 능력은 나와는 별개로 존재한다"라고 언급했다. 우리는 살아가면서 지식, 기술, 능력을 외재적 대상으로 마주한다.

《Shorter Logic》에서 Hegel은 다음과 같이 설명하였다.

3) 대상화의 좀 더 조작적인 정의는 뒤에 소개하기로 하고, 여기에서는 중요하게 요구되는 개념들만 소개한다.

> 정신적 관념의 내용을 형성하는 대상이 가장 먼저 나타난다고 가정하는 것은 잘못이다. 오히려 개념이 가장 먼저 나타난다. 대상은 개념의 작용을 통해 존재하고, 이때 개념은 내재하며, 개념 속에서 자신을 드러낸다.(Hegel, 2009, p. 329)

사고의 체계, 문화의 의미 등을 직면하고 인식하는 것, 간단히 말해 대상화 과정은 단순하지 않다. 1장의 [그림 2]에서 호두를 깨는 성인 침팬지 요요를 살펴보았다. 요요는 좌우에서 어린 침팬지들이 자신을 주의 깊게 지켜보는 동안 오른손으로 호두를 모루 돌 위에 올려놓고 왼손으로 망치 돌을 집어 든다. 어린 침팬지들은 아직 호두 깨기에 필요한 상대적으로 복잡한 운동과 개념적인 기술을 터득하지 못했다. 이러한 기술은 침팬지 문화 속에 이미 존재했으며, 어린 침팬지들은 오랜 기간 동안 관찰과 연습을 통해 자신의 행동을 반성하게 된다.

유사한 방법으로, 2학년 학생들은 등차수열을 확장하기 위해 상대적으로 복잡한 운동이나 개념적인 기술을 터득할 필요가 없다. 예를 들어 수학자들은 1장의 [그림 3]에 제시된 항들에 대한 일반화 작업을 어려움 없이 수행할 수 있다. 수학자들은 각 항들을 두 개의 줄로 나누어 생각하여 항의 번호와 그 항에서 각각의 줄에 있는 사각형의 개수 사이의 관계를 즉시 알아차린다. 이와 같이 변화하는 관계에 대한 인식은 빠르게 일어나기 때문에 수학자들은 실제로 그 뒤에 숨겨진 복잡한 과정을 알아채지 못한다. 또한 수학자들은 각 항에서 줄이 가지는 특성을 100번째 항과 같이 실제로 나타나 있지 않은 항으로 확장할 수 있으며, [그림 1]과 같이 100번째 항에서 사각형의 개수가 $100+101=201$개임을 구할 수 있다. 더 나아가 n번째 항에서의 사각형의 개수가 $2n+1$임을 구할 수도 있다.

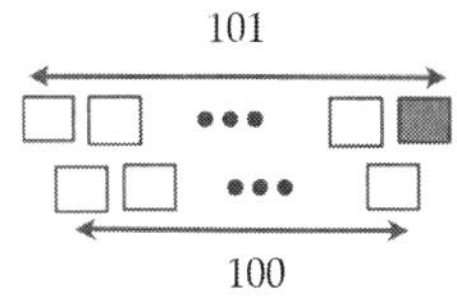

[그림 1] 수학자들이 즉각적으로 100번째 항을 추측할 때 자주 사용되는 방법

그러나 초보자는 위와 같은 방법으로 수열의 항을 계산하지 않는다. [그림 2]는 한 2학년 학생이 1장의 [그림 3]에 주어진 4개의 항 이후 수열을 확장하는 한 예를 보여주고 있다.

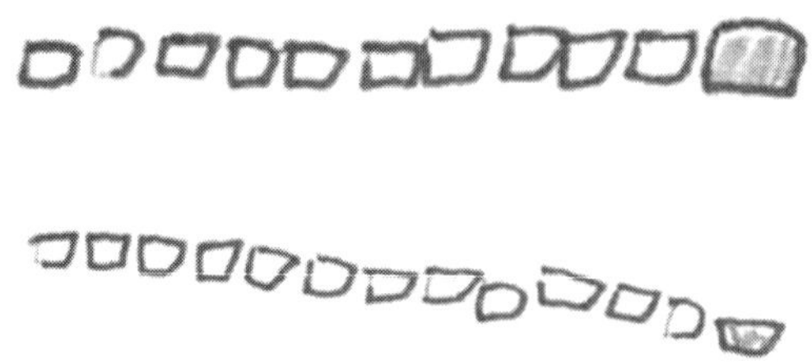

[그림 2] 2학년 학생이 그린 5번째 항과 6번째 항

이 학생은 단순히 사각형의 개수(numerosity)에 초점을 맞춰 사각형을 하나의 열로 재배열하였고, 처음에 제시된 두 줄의 사각형들의 형태나 공간성은 생각하지 않았다(Radford, 2011). 그러나 [그림 2]와 같은 학생의 답을 틀렸다고 말할 수는 없다. 수열에서 항의 산술적인 면에 초점을 맞추었기 때문에 나중에 $2n+1$과 같은 일반적인 공식을 도출하기에는 어려움이 있을 수 있더라도 이 답은 그 학생에게는 이치에 맞는 답이다. 좀 더 고학년의 학생들(13-17세)에 대한 연구에서 반복적으로 관찰되었던 것도 이와 같다. 마지막 경우와 같이 시행착오방법은 대수적이지는 않지만 자연스러운 산술적 방법이다(Radford, 2008, 2010).

학생들이 항을 두 줄로 보지 못한다는 것은 중요하지 않다. [그림 3]에서 2학년 학생이 두 줄을 적절하게 구분하기 위해 펜으로 위, 아래를 오가며 위의 행과 아래 행을 구분하여 가리키는 것을 볼 수 있다. 그러나 이 학생이 5번째 항을 그릴 때, 공간적 차원은 사라졌고 항을 그림으로 나타낼 때 조직하는 역할을 하지 못하였다. 이 학생이 그린 것은 단순히 사각형들을 쌓아올린 것이었다. 주목할 점은 항의 공간성이 대수적 관점에서 흥미로운 단서들을 제공한다는 것을 아직 깨닫지 못했다는 것이다.

문화적이고 객관적인 행동과 성찰이 코드화된 형태는 학생들과 분리된 채로 존재한다. 이것은 '즉자적[4]' 행동과 사고의 형태로 존재한다. 다시 말해 존재는 하지만 학생들이 인식하거나 알아채지 못하는 상태를 유지하고 실현되지 않고 가능성으로만 남아 있는다. 학습은 '즉자적' 지식에서 '대자적[5]' 지식으로의 주관적이

4) 역자주 : 즉자(in itself)는 '그 자체', 즉 다른 것과 관계없이 오로지 그 자신이 독립적으로 존재한다는 의미이다. '자기가 자신에게 밀착되어 있다'는 의미가 있으며, '자기의 본성에 꼭 들어맞게 몸에 갖추고 있지만 무자각적'이라는 의미를 갖는다.

5) 역자주 : 그것 자체로 존재하는 사물의 존재가 즉자라면, 이 즉자를 자기가 아닌 것으로서, 즉 대상으로서 정립하는 의식, 즉 자기 관계적인 존재가 대자(for itself)이다. Hegel 철학에서 변증법적 지양의 과정은 사물이 직접 드러난 현상인 즉자가 다른 것과 교섭하면서

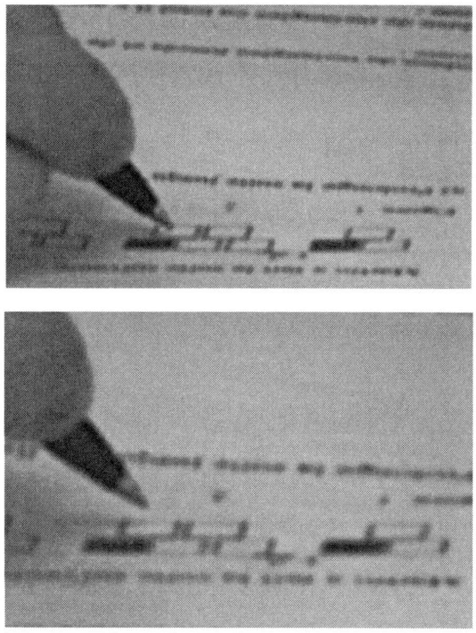

[그림 3] 2번째 항의 윗행(윗사진)과 아랫행(아랫사진)을 가리키고 있는 학생

며 독특한 전환의 과정이다. 즉 학습은 문화적이고 객관적인 지식에서 의식의 대상으로의 전환이며, 이 전환을 **대상화**라 부른다.

Hegel 철학에 나타나는 용어들의 의미에 대하여 좀 더 이야기하고자 한다. Hegel은 '즉자'라는 용어를 단지 잠재적이며 반성 없는 대상을 설명할 때 사용하였다. 이는 앞서 언급되었던 이상적 형상이다. 그것은 그 자체로서 존재하며 어떤 역사적이고 문화적인 지점에서의 행동과 반성에 대한 단순한 가능성이다. 예를 들면, 수학자들이 가지는 사고와 행동의 코드화된 형태나 침팬지들이 가지는 호두 깨기의 코드화된 형태가 즉자적 지식이다. '즉자적' 지식을 마주하거나 인식하게 될 때, 의식은 바깥으로 빠져나와 의식의 관점에서 한정된 무엇으로써, **우리를 위한** 무엇으로의 '즉자적' 지식을 담아내게 된다. '즉자'는 실현되어 "의식된 것"이 되며, Hegel은 이를 '대자-존재'라고 불렀다.

학습 과정에서 이상적인 형태인 **즉자**는 실현되며 특수하고 개별적인 것이 된다. 학습에서 '즉자'와 '대자'를 통합하게 된다. '즉자'는 "그 자체로서, 그리고 타자

자기의 자립성을 잃게 되는 대타로 발전하고 지양의 과정을 거쳐 다시 자기 자신과 관계함으로써 자기를 회복하는 단계인 대자로 발전하는 것으로 설명된다. 대자는 그 실체에 대한 객관화를 통해서 인식되는 행위이자 주체화되는 상태로서 변증법적 지양을 거쳐 개념화된 인식된 상태를 가리킨다.

에게서 그 자체를 발견하는" 형태로 발전되어 나타난다(Gardener, 연도 미상).

이제 대상화에 대하여 좀 더 조작적인 정의를 내려 보자.

4 대상화로서의 학습

대상화 이론에서 학습은 **대상화의 과정**으로 이론화되며, 이는 다시 말해 사고와 행동의 코드화된 형태를 비판적으로 자각해 나아가는 사회적 과정이라 할 수 있다. 이는 점진적으로 어떤 것에 주목해가는 동시에 의미를 부여하는 것이다. 대상화의 과정은 물질문화에서 감각적인 활동을 통해 스스로를 감추고 있는 무언가를 알게 되는 의미 있는 활동이다. 대상화는 기호에 투영된 의도가 드러나는 과정 또는 실제적인 활동 속에서 나타나는 신체적인 움직임에서 즉자적 지식을 알게 되는 과정이다. 다시 말해 '즉자'에서 '대자'로 그 외연이 바뀌어가는 과정을 나타내는 것을 의미하며, 따라서 **우리를 위한** 지식으로 전환되는 것이다.

하지만 '즉자'에서 '대자'로의 전환 과정에서 의식도 변형된다. 이것은 대상화 이론에서 말하는 학습이 단순히 '앎'에만 국한되는 것이 아니라 '형성'과도 연관 있기 때문이다. 학습은 단순히 기존에 구성된 관행에 대한 모방이나 참여가 아니다. 학습은 사고와 행동의 문화적 양식과 그것을 인식하려는 의식의 융합이다(Radford, 2007, pp. 1790-1791). 이 융합의 과정에서 의식이 나타나며 끊임없이 변형된다. 다르게 말하면, 대상화의 과정은 **주체화의 과정**, 즉 특정하고 유일한 것이 창조되는 과정 안에서 복잡하게 얽혀있다.

대상화 이론은 학습의 개념 이면에 있는 의식의 특정한 개념을 도입한다는 것을 알 수 있다. 의식은 인간이 태어났을 때부터 가지고 있을 수 있는 가상의 내면에 숨겨져 있는 형이상학적 구성 개념으로 간주되지 않는다. 내면에 대한 이 은유는 고대사회 말에 등장하였다. 이는 Augustine이 종교적 문맥에서 사용하였으며 후에 정신, 관념, 의식 등과 같은 내면과 구체적 세계인 외면으로 구분하는 Descartes의 이분법적 세계관에 의해 명확해졌다(Taylor, 1989). 대상화 이론에서는 의식을 외부 세상에 대한 주체적 성찰로 여긴다. 의식은 주체적 과정으로 각자가 개별 주체로서 성찰하고, 스스로를 세상으로 향하게 하는 과정을 통해 일어난다. 이 성찰은 사색적인 것이 아니다. 개인의 의식이란 명확하게 말하자면 구체적 현실에 대한 주체적 성찰이 인간적 형태로 나타나는 것이다. 인간이 타인과 자기 자신, 그리고 이 세상에 대하여 생각하고, 성찰하고, 이해하고, 주장하고, 반대하고, 느끼기 위해 문화적 지각능력을 형성하는 과정에서 일어난다. 의식은 역사-문화적 산물로서만 이해될 수 있으며 주어진 것이라기보다 오히려 사회의 구성과 발달의 과정에서 우발적으로 나타나는 관계와 매개로 보아야 한다(Leont'ev, 1978, p. 79). 이러한 관점에서 의식은 구체적인 삶에서 나타나며, 삶의 기원이라기보다 삶의 결과라고 할 수 있다.

요약하면, 본 절에서는 대상화의 개념에 대하여 소개하였다. 먼저 대상화를 관념, 사고의 체계, 문화적 의미 등 세계에 있어 우리의 출현보다 앞서는 것들에 관한 인지의 한 형태로 보았다. 그리고 '즉자'의 지식에서 '대자'의 지식으로의 전환의 개념을 사용하여 대상화의 개념을 발전시켰다. 그리고 이 전환은 개인의 의식이 창조되고 지속적으로 성장하는 것과 같음을 언급하였다. 대상화는 사고와 행동의 코드화된 형태를 비판적으로 자각해 나아가는 사회적 과정이며 이 과정을 통해 의식이 형성되고 변형된다. 다음 절에서는 대상화에 대한 실제적 탐구의 몇 가지 양상에 초점을 맞추고자 한다.

5 대상화 탐구

대상화 탐구에서는 역사·문화적으로 코드화된 사고와 행동의 형태가 인지의 대상 또는 의식의 대상이 되어가는 방식에 집중하고 있다. 지식과 그것의 구체적인 개별적 예시화 사이를 매개하는 특수자의 역할이 주어지고, 특수자는 지식이 구체적이고 감각적인 방식으로 나타나는 활동으로써 대상화 과정의 탐구에 중요한 요소가 된다. 실제로 실현된 일반자, 즉 개별자는 일반자의 개념성(conceptuality)을 지지하는 역할을 한다. 하지만 개별자는 그 구체성 안에서, 즉 매개하는 역할을 하는 구체적인 물질문화 속에서 일반자와 같은 개념성을 나타내지는 못한다. 이것은 구체적인 물질과 인공물은 개별화하고자 하는 개념성을 드러내지 못하기 때문이다. 개별자는 그들이 지지하고 있는 개념성을 더욱 명확하게 만들어 줄 특수자, 즉 **활동** 안에 포함되어야 한다.

다음 사례를 살펴보자. 9-10세의 4학년 학생들에게 아래와 같은 등차수열에 관한 문제를 제시하였다.

> 마크는 생일날 1달러가 들어있는 돼지저금통을 선물 받았다. 그는 1주일에 2달러씩 저축하기로 하였다. 1주가 지나자 3달러가 되었고, 2주가 지나자 5달러가 되었고 그 이후로 계속 이와 같은 방식으로 저축하였다.

학생들에게는 빨강과 파랑, 두 가지 색의 칩과 1주, 2주 등 각 주의 돼지저금통을 의미하는 숫자가 적힌 플라스틱 컵을 제공하였고, 학생들은 이것을 사용해서 5주까지 저축하는 과정을 재현해 볼 수 있었다. 그 후 이 과정의 일반화를 유도하는 질문을 다음과 같이 제시하였다. "10, 15, 25번째 주가 지나면 각각 얼마의 돈이 저축되어 있겠는가?"

학생들은 저축하는 과정을 '실제 상황'과 같은 방법으로 재현하기 시작했다. 학생들은 첫 번째 주의 돼지저금통에 해당하는 컵에 3개의 칩을 넣는 등 실제로 플라스틱 컵 안에 칩을 넣기 시작했다. 학생들이 칩과 플라스틱 컵을 가지고 실제 저축을 재현하는 활동은 흥미로웠지만, 25번째 주와 같이 한참 떨어진 주에 저축된 금액을 묻는 질문에 대답하는 데에는 한계를 보였다. 실제로 컵 안에 담겨진 여러 개의 칩에서는 수학적 구조는 물론이고 어떠한 구조도 알아보기 힘들었다. 학생들은 단순히 연속적으로 더하는 활동, 즉 두 개의 칩을 계속적으로 더해가는 활동에 관심을 보였고, 좀 더 추상적인 등차수열의 증가 구조 개념을 도출하지는 못했다. 일반적인 개념을 찾는 것이 목표였으나, 구체적 조작물은 학생들에게 충분한 도움이 되지 못했다. 구체적 조작물은 오히려 대수적인 내용과는 거리가 먼 일반적이고 개념적인 내용을 전달해주는 역할을 할 뿐이었다. 학생들이 어떠한 대수적 구조에 대해서도 알아내지 못하고 컵 안에 칩을 넣는 활동을 끝마쳤을 때 교사는 교실의 반대편 끝에 있는 다른 그룹의 학생들과 이야기하는 중이었다. 이를 지켜보고 있던 연구자는 이어폰을 빼고 비디오카메라를 놔둔 채 녹화 중이던 그룹의 세 학생들과 이야기를 했다. 이 그룹에는 세 명의 학생, 즉 [그림 4]에서 오른쪽에 있는 알버트와 가운데 있는 크리스타, 왼쪽에 마누엘이 있었다. 연구자는 칩을 컵에 넣지 않고, 바로 앞에 둘 것을 제안했다. 학생들은 그 제안을 받아들였고, 색깔에 상관없이 칩을 컵의 앞에 쌓아올리기 시작하였다. 그리고 연구자는 파란 칩을 사용하여 처음부터 돼지저금통에 있었던 1달러를 표시하는 것을 제안하였다. 세 학생은 그 제안을 받아들였고, 저축하는 과정에 대한 모델을 만들어 냈다.

[그림 4] 칩을 이용한 등차수열 모델링

구체적 조작물을 새롭게 배열하는 것은 학생들이 저축하는 과정을 더 잘 이해하는 데에 도움이 되었다. 하지만 칩을 새롭게 배열했음에도 불구하고 학생들은 15, 25주처럼 멀리 떨어진 주의 저축액을 계산하는 공식을 곧바로 도출하지는 못했다(Radford & Roth, 2011). 개별자의 개념, 즉 그 개념을 표현하는 대수식을 발견하지는 못했다.

문제는 바로 코드화된 움직임의 형태가 개별적인 예로 **직접** 예시화되지는 못한다는 점이었으며, 위의 사례에서는 수열에 관한 사고에 대해 대수적으로 코드화된 형태가 발견되지 못했다. 일반자의 실현은 1장의 [그림 4]의 도표가 의미하는 바와 같이 특수한 활동에 의해 매개된다. 학생들이 일반자를 인지하도록 하기보다 그 내용이 학생들의 활동이 일어나는 구조적 환경에 부합하게 천천히 인식되도록 해야 한다(Leont'ev, 1978). 이 구조적 환경은 특수자가 제공하는 것이며, 앞서 언급한 바와 같이 개념적 일반성이 드러나는 것은 특수자가 지니는 특수성, 즉 일반자가 현실의 형태로 개발되어 나타나는 활동을 통해서만 이루어진다.

특수자로 구성되는 활동을 이해하기 위해서는 사람들의 상호작용 외에 더 많은 것이 수반되어야 한다. 거기에는 사람과 인공물이 서로 작용하는 **환경**도 포함된다. 그것은 삶의 한 형태로서 유기적이며 체계적인 것이고, 발생적이며 일반적 발견을 통해 얻어지는 동시에 인지적이고 감정적이며 도덕적이다. 학습이 일어나기 위해서는, 잠재적인 가상의 영역이 학생들의 의식 속에서 구체적인 모습으로 나타나야만 한다. 이를 위해서 먼저 일반자가 구체적인 세상에 나타나도록 만들어

주는 특수한 활동이 필요하다. 즉, 1장의 [그림 5]와 같이 특수자에 의해 일반자가 매개되어야 한다. 일반자가 수열에 관한 대수적 사고의 한 형태라면, 특수자는 대수적 개념 내용을 목표로 하여 교사와 학생들이 참여하는 사고와 행동 형태의 활동이며, 따라서 일반자는 개별자를 도출하는 과정에서 스스로에 포함되어 있는 상태로 발견되고, 심지어 새로운 방식으로 나타날 수도 있다.

이제 특수자의 구조에 대해 알아보자.

6 특수자의 구조

6.1 관계 Φ

가장 일반적인 수준에서 명심해야 할 것은, 특수자는 일반자가 **나타나는** 방식이라는 점이다. 일반자를 수열에 관한 대수적 사고가 문화적으로 코드화된 형태로 본다면, 이에 대하여 특수자는 다양한 형태를 가질 수 있다. 예를 들어 도형 또는 수로 나타낸 수열을 대수적으로 생각하는 활동은 문자식의 기호화, 그래프 또는 자연 언어 등을 통해 이루어질 수 있다. 일반자를 움직임에 대한 사고가 문화적으로 코드화된 형태로 본다면, 특수자는 정성적인 방법 또는 좌표공간상에서 공간과 시간을 생각하는 활동이다. 또한 무한소와 미분계수를 통한 사고가 될 수도 있다. 모든 경우에 있어 일반자가 단순히 가능성, 즉 가상의 영역인 것에 반해, 특수자는 일반자의 구체화를 향해 한 발짝 나아간 것이다. 특수자는 특수화를 통해 일반자를 구체화시킨다. 하지만 특수자는 정적인 것은 아니다. 특수자와 일반자 사이의 연결 관계는 **사상**이며, 일반자의 가장 기본적인 구조인 움직임을 보존한다. 이것이 바로 특수자가 물질문화를 통해 사람들 사이에서 이루어지는 공동의 **활동**인 이유이다.

따라서 특수자는 활동을 특수화한다. 이와 같이 특수자를 활동으로 보고 일반자가 특수화되는 것을 Leont'ev(1978)는 활동의 **목적**이라 불렀다. 활동으로서의 특수자는 **목표**의 검증을 통해 그것의 목적과 가까워진다. 여기서의 목표는 대수의 예에서 본다면 수열에 관한 문제를 대수적으로 푸는 것이다. 활동의 목표에 다가

가기 위해서는 특수한 과제들이 차례대로 구상되어야 한다. 과제들은 관련된 문제들의 개념적인 난이도가 점점 커지는 순서로 주어질 수 있다.

목적–목표–과제의 구조는 관계 Φ에 부합하며 [그림 5]와 같이 이를 1장의 [그림 5]에 추가할 수 있다. 관계 Φ는 교실 활동의 교수학적 의도와 관계가 있다. 대상화 이론의 경우에서는 기존의 사전 분석으로 보완했던, 지향하고 있는 수학적 내용에 대한 인식론적 분석을 포함한다(Artigue, 1995, 2009).

관계 Φ를 일반자 x에 적용하면 이는 여러 가지 '값' $\Phi(x)_1$, $\Phi(x)_2$, $\cdots$을 취할 수 있는데, 이는 그 활동의 교수학적 의도의 실행에 따라 달라진다. 초급 대수학에 대한 연구에서는 $\Phi(x)$가 도형으로 구성된 항을 확장하는 문제, 함수적인 접근, 정량적인 관계를 지시하기 위해 기호를 사용하기 등 여러 값을 가지는 것이 발견되었다(Cai & Knuth, 2011).

6.2 관계 Θ

일반자를 개별적인 실체로 실현시키는 활동으로서의 특수자는 관계 Θ가 [그림 5]에서 표현하는 것과 일치한다. 즉 실현된 구체적인 움직임으로서의 활동은 일반자의 개별적인 예시화를 이끌어 낸다.

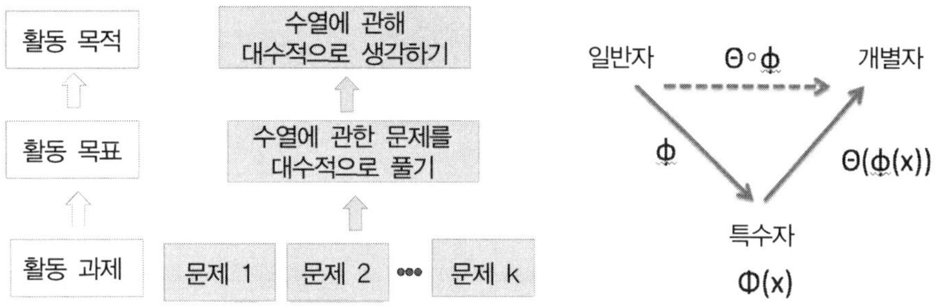

[그림 5] 특수자의 구조 : Φ와 Θ, 두 개의 관계로 구성된 활동을 특수화하는 특수자

관계 Θ에 대하여 좀 더 자세히 살펴보자. 특수자를 통해 일반자를 실현하는 활동으로서 관계 Θ는 다양한 방법으로 표현할 수 있다. 지식 대상화 이론에서는 일반자의 실현을 일반자의 예시화가 발생하는 과정으로 묘사하고 있다. 여기에서 쓰인 형용사 '발생하는'이 의미하는 것은 교실을 각 '단계'별로 진화하는 체계로 보며, 여기에서의 진화는 미리 결정될 수 없는 것이다. 교사와 연구자들은 자신들

만의 생각을 가지고 있지만 이 과정은 그렇게 기계적이지 않으며, 학생과 교사들이 어떻게 활동에 참여하고 서로 어떻게 반응하는지에 의해 좌우된다.

대상화 이론의 사례에서 본 연구진은 보통 교실을 2-4명의 학생들로 구성된 소그룹으로 나누었다. [그림 6]을 보면 Θ의 첫 번째 단계에서는 교사에 의해 활동이 소개된다. 학생들은 소그룹에서 각자의 활동을 부여받게 된다. 그리고 교사는 [그림 6]의 '교사-학생 간 토의'처럼 여러 그룹을 돌아다니며 학생들에게 질문을 하거나 피드백을 주기도 한다. 특정한 시점에 교사는 교실 전체를 대상으로 일반적인 토의를 제시하는데 각 소그룹은 그들의 생각을 발표할 수 있고, 이에 대하여 다른 그룹은 그 생각에 비판을 제기하거나 개선시키며 더 일반화할 수도 있다. 이 지점에서 수업이 끝날 수도 있고, 다른 소그룹의 참여 등에 의해 다시 계속 진행될 수 있다.

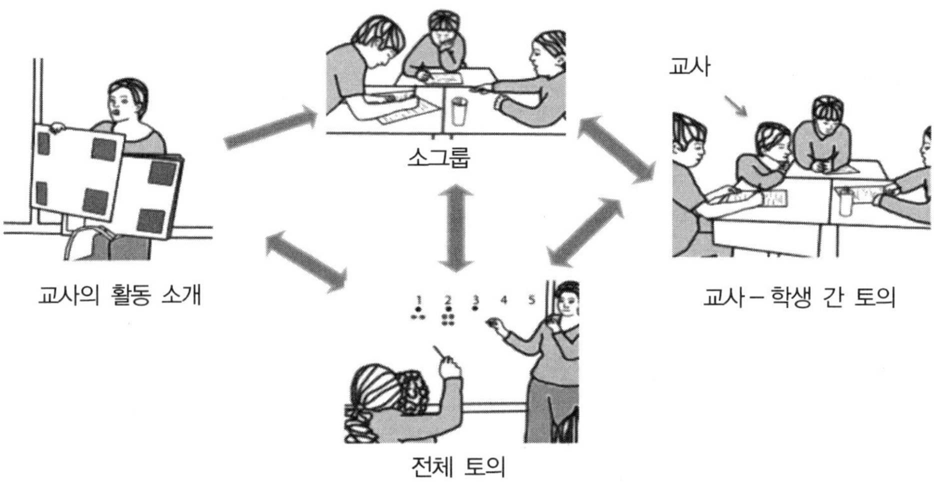

[그림 6] 여러 단계를 오가면서 진행되는 교실 활동으로서의 관계 Θ

[그림 6]에서 화살표 $\Theta(\Phi(x))$는 위의 단계들 안에 포함될 수 있으며 이는 교실이 소그룹으로 어떻게 나뉘었는지, 활동의 과제가 어떻게 정의되었는지 그 방식과 연관이 있다.

학생과 교사가 함께하는 감각적이고 실제적인 활동을 통해서 일반자가 나타내는 개념이 개별자 안에서 명확하게 드러날 때 대상화가 일어난다. 여기에서는 개별자가 저금액 수열의 대수적인 본질을 보는 형태를 실현할 때 대상화가 일어난다. 대상화는 활동 과정에서 특수자에 의해 매개되는 일반자가 학생들의 의식에서 개별자를 통해 그 모습을 드러내는 순간이기 때문이다. 앞의 사례에서 학생들은 앞의 [그림 4]에서와 같이 칩 모델링을 완성하고 나서 10주까지의 저금액에 대한 질문을 받았다. [그림 7]처럼 학생들은 5주까지의 저금액에 두 배를 하고 하나의 파란 칩을 빼는 방법을 제안하였다.

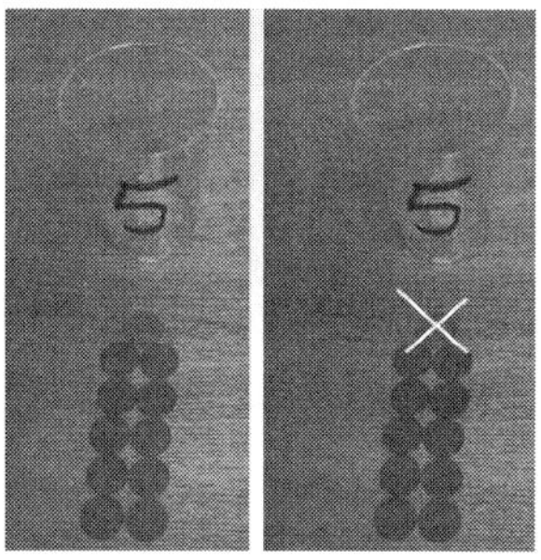

[그림 7] 5주 후의 저축액을 계산하기 위한 학생들의 전략

연구진이 예상했던 표현인 10×2+1과는 달리 학생들은 11+10을 제안하였다. 교사인 지룩스가 이 그룹에 왔을 때, 마누엘은 크리스타에게 도움을 받는 중이었고, 자신의 활동지를 작성하느라 몹시 분주했다. 지룩스는 [그림 8-(1)]인 첫 번째 사진에서와 같이 5번째 컵을 집어 들었고, 알버트와 다음과 같은 대화를 나누었다.

[1] 지룩스 : 여기에서 무엇을 했니? 5··· 곱하기 (빨간 칩들을 가리키며) [그림 8-(2)]
[2] 알버트 : ··· 2
[3] 지룩스 : (파란 칩을 가리키며) 더하기? [그림 8-(3)]
[4] 알버트 : 1

그리고 지룩스는 5번째 컵을 가져다 왼편으로 옮겨서 만일 컵이 차례대로 늘어서 있다면, 10번째 주에 해당할 법한 위치에 내려놓고 아래와 같이 질문하였다.

지룩스 : 10번째 주가 여기에 있다면, 10번째 주는 어떻게 될까? [그림 8-(4)]

알버트는 기대했던 대답을 들려주지 못했다. 교사와 학생 모두 이 순간에는 매우 긴장한 상태였다[그림 8-(5)]. 교사는 알버트에게 다시 한번 설명하기로 했다.

[5] 지룩스 : (다시 5번째 컵을 집어들면서) 여기에서는 무엇을 했니? [그림

8-(6)]

[6] 알버트 : (지룩스가 5번째 컵을 집는 동안, 깊은 한숨을 내쉬며 펜의 뒷부분으로 책상을 때리면서) 네. [그림 8-(7)]

[7] 지룩스 : (계속 컵을 들고서 작게 소리내어) 5에…

[8] 알버트 : (빨간 칩들이 놓여있는 옆을 가리키는 지룩스의 동작에 맞추어) : 곱하기 2 … [그림 8-(8)]

[9] 크리스타 : (잠시 동안 둘의 대화를 따라 듣다가) 2를 곱하고 …

[10] 지룩스 : (이제 파란 칩을 가리키며) 더하기 1 [그림 8-(10)]

[11] 알버트 : (거의 동시에) 더하기 1

[12] 지룩스 : (이제 10번째 주가 와야 할 빈 자리를 가리키면서) 10에? [그림 8-(10)]

[13] 알버트 : (지룩스가 아무 말 없이 빨간 칩들이 있어야 할 곳을 가리키며) 곱하기 2 [그림 8-(11)]

[14] 크리스타 : (동시에) 곱하기 2

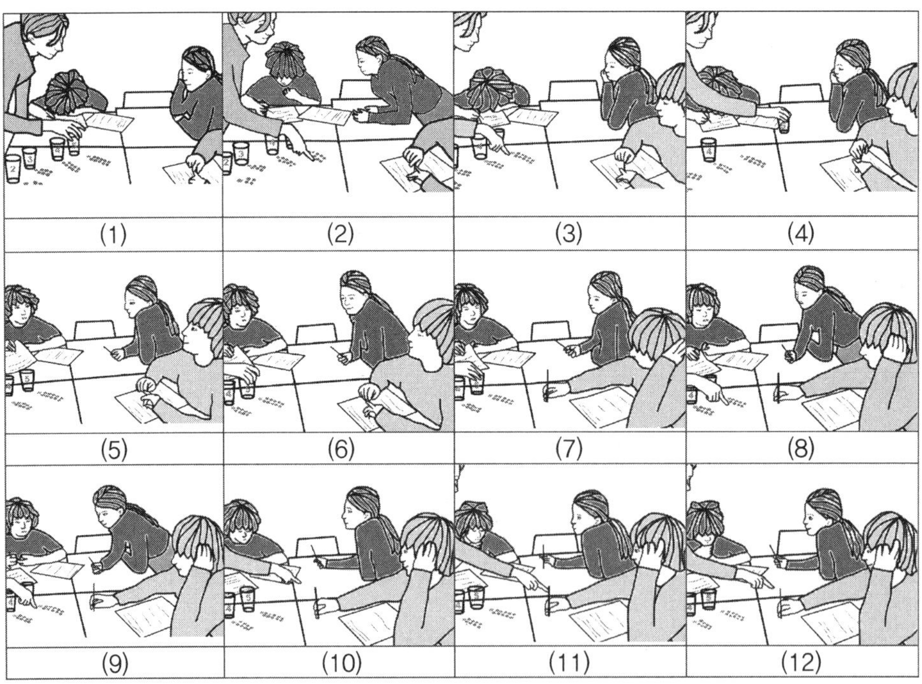

[그림 8] 지룩스와 알버트의 협력 학습

[15] 지룩스 : (파란 칩이 있어야 할 자리를 가리키며 아무 말도 하지 않고) [그림 8-(12)]

[16] 크리스타 : 더하기 1

[17] 알버트 : (교사를 보며) 1을 빼요? 2를 곱하고 1을 빼요? 더해요?

대화 5에서 교사는 알버트가 저축액을 계산하기 위해 공식이나 수열의 계산 절차를 찾는 과정을 다시 시작할 것을 제안하였다. [그림 8-(6)]을 보면 대화 5처럼 교사는 "여기에서는 무엇을 했니?"라고 질문했다. 알버트는 그의 온몸으로 교사의 제안을 수용한다는 표현을 했다. [그림 8-(7)]을 보면 그는 깊은 한숨을 내쉬며 펜의 뒷부분으로 책상을 때렸다. 교사의 발문 방식은 알버트에게 기운을 북돋워 주었다. 이는 알버트에게 칩 배열에서 무엇이 보이는지, 또 그렇게 보이도록 의도된 것이 대수적 관점에서의 수학적 구조임을 알고 있지만 아직 충분히 주의를 기울이지 않고 있다는 교사의 생각이 반영된 것이었다.

교사가 이 대수적 구조를 알고 있다는 것은 자명하다. 하지만 앎으로는 충분하지 않다. 이는 교사가 학생의 의식 속에 그러한 구조를 억지로 집어넣을 수 없기 때문이다. 개별자를 통해 일반자가 나타나기 위해서는 **학생과 교사의 협업**이 필요하다. 즉 교사와 학생은 함께 대상화의 과정에 참여해야 한다. 대상화는 개별자로 드러나는 일반자가 잠재적인 관심의 영역을 떠날 때, 다시 말해 '즉자적' 지식이 되는 것을 멈추고 알버트의 의식에서 명백하게 드러나는 관심의 문턱을 넘어서 '대자적' 지식이 될 때 일어날 것이다. 하지만 알버트와 교사는 아직 거기까지 이르지 못했다. 대화 1-4까지의 상호작용이 마무리되지 못했지만, 대화 5에서 교사는 부드럽고 호의적인 말들로 공동의 활동에 참여하고 있다. "5" 교사가 5번째 컵을 집어들면서 한 말이다. 교사는 아무 말 없이 자신의 손으로 빨간 칩들을 가리켰다[그림 8-(8)]. 교사의 침묵 뒤에 남겨진 공간은 알버트의 목소리로 채워졌다. 알버트는 "곱하기 2"라고 말했다. 교사는 동작을 바꾸어 파란 칩을 가리켰고[그림 8-(9)], 알버트와 거의 동시에 "더하기 1"이라고 말했다. 그리고 교사는 10번째 주의 모델이 있어야 할 빈 공간을 가리켰고[그림 8-(10)] 부드럽게 "10에?"라고 말했다. 교사는 아무 말 없이 자신의 손으로 상상 속의 빨간 칩이 있어야 하는 자리를 가리켰고[그림 8-(11)], 알버트는 교사의 손을 바라보면서 "곱하기 2"라고 말했다. 교사는 다시 한번 조용히 파란 칩이 있어야 하는 자리를 가리켰고[그림 8-(12)], 알버트는 주저하며 "1을 빼요? 2를 곱하고 1을 빼요? 더해요?"라고 말했다.

바로 이 순간이 활동에서 대상화가 거의 성공하는 시점이었다. 알버트는 아직 공식을 구성하는 여러 구성 요소들을 더 확실히 찾아내야만 했지만, 그리 오래 걸리지는 않았다. 몇 분 뒤 교사는 학생들과 전체 토의를 진행하였다. 교사는 몇몇 학생들에게 자신들의 생각을 발표하도록 했다. 그러다가 어떤 시점에 교사는 알버트에게 2번째 주 저축액을 계산하는 방법을 설명하게 했다.

[18] 알버트 : 2번째 주니까, 2달러를 더해야 하니까 2를 곱하고… 음…

[19] 지룩스 : 좋아 …

[20] 알버트 : 그리고 1, 1을 더해요. 첫 번째 주처럼.

[21] 지룩스 : 좋아 … 4번째 주도 계산해 보렴. 같은 방법으로. 4.

[22] 알버트 : 4 곱하기 2 …

[23] 지룩스 : 두 배니까, 4 곱하기 2 …

[24] 알버트 : 1을 더해요. 4 곱하기 2 더하기 1은 9에요.

이 시점에 수업이 끝났다. 다음날 이 교실의 학생들은 동형문제를 풀었다. 이번에는 마리안이 받은 돼지저금통에 처음부터 6달러가 들어있었고 매주 3달러씩 저축하기로 했고, 저축액은 첫 주에는 9달러, 두 번째 주에는 12달러가 되었다. 알버트는 10번째 주의 저축액을 계산하는 방법에 대하여 그의 학급 친구들과 이야기하면서 다음과 같이 말했다. "마리안이 매주 3달러씩 더했어. 그래서 나는 이렇게 할 거야. 좋아, 3에 10배를 하면 30이고 [6을 더해서] 36이야. 됐어. 36달러야."

장황한 대상화의 과정을 통해 알버트는 저축과정에 숨겨져 있는 일반적인 수학적 구조를 점진적으로 파악했다.

수업을 마치고 한 주 이상 지나서 실시한 시험에서 알버트는 이 수업의 목표, 즉 문화적으로 코드화된 형태의 지식을 주어진 새로운 상황에 확장시키는 것까지

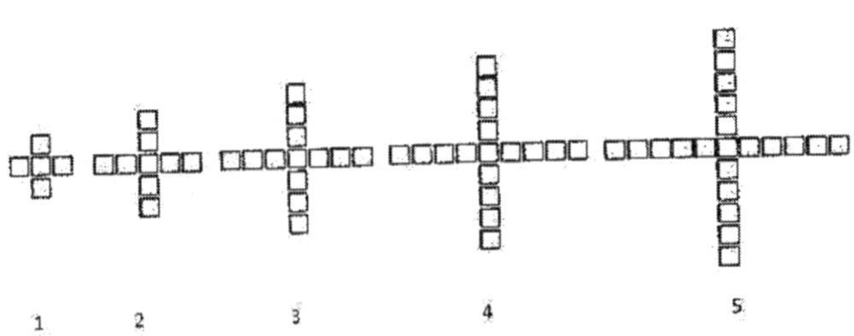

[그림 9] 한 주 이상 지나서 학생들이 실시한 시험에서 사용된 수열

해냈다. 그 시험에는 [그림 9]와 같은 수열의 25번째 항에 대한 표현을 찾는 질문이 있었다.

알버트의 답은 다음과 같았다.

$$25 \times 4 + 1$$

심지어 알버트는 좀 더 나아가 수열의 임의의 항에 대한 공식을 다음과 같이 제안하였다.

$$\_\_\_ \times 4 + 1 = \_\_\_$$

알버트는 첫 번째 밑줄이 '항의 번호를 넣는 곳'이라고 설명했다. 숫자 4는 "매번 더해지는 사각형의 개수이고 숫자 1은 시작할 때부터 있었던 처음 [사각형]"이라고 설명했다. 두 번째 밑줄은 '답'이라고 했다.

학습이 발생했다. 문화적인 '즉자적' 지식이 '대자적' 지식으로 전환되었고 알버트를 위한 지식으로 전환되었다. 이 전환은 새로운 형태의 인지, 대화, 그리고 수열을 개념적으로 다루는 것을 도출했다. 새로운 형태의 의식은 그것의 감정적 내용이 대화 17에서 알버트가 주저하는 모습을 보였던 지점에서 명확하게 드러났고 이후에는 계산 방법을 확실히 터득한 것이 그 자리를 대체했다. 대상화 또는 '즉자적' 지식에서 의식의 대상화로의 전환은 혼자서 하는 행위의 결과도 아니며 계획적으로 의도된 결과도 아니다. 이 전환은 감각적인 공동의 구체적인 활동의 결과물이며 이 활동에서 알버트와 지룩스는 자신들 스스로 위험을 무릅썼다. 결국 학습이란 항상 위험을 무릅쓰고 도전해야 하는 노력인 것이다. 인간이 자기 혼자만의 세계에서 누리는 편안함을 포기하고 자신이 아닌 다른 것을 향해 나아가, 미지의 영역임에도 불구하고 정복할 수 있는 영역으로 나아가는 것은 필연적으로 위험한 것이다.

물론 아직 배워야 할 것이 많이 있다. 학습은 하나의 단계가 아니고 과정이다. 그렇기에 대상화를 하나의 '단계'가 아니라 의식이 구성되는 순간이라고 표현한 것이다.

7 종합

이 장에서는 학습이 대상화의 과정으로 이해될 수 있다는 것을 제안하였다. 대상화의 과정은 활동에 바탕을 둔 과정이며, 이때 '즉자적' 지식이 의식의 대상이 되고 따라서 우리를 위한 지식 또는 '대자적' 지식(의식을 위한 지식)이 된다.

앞의 절에서 논의되었던 사례에서 위의 개념이 나타난다. 4학년 학생들에게 점점 난이도가 높아지는 일련의 과제로서 돼지저금통 문제가 제시되었으며 그 과제의 목표는 대수적이라고 인식하는 사고의 코드화된 형태를 예시화 또는 실현하는 것이었다. 이 사고의 형태는 순전히 잠재적인 것이며 이는 난데없이 나타나는 단순한 것이 아니다. 이 형태는 이론적인 내용들로 가득하며, 오직 자신을 특수화하는 활동을 통해서만 예시화될 수 있다. 연구진의 교수 설계는 플라스틱 컵, 칩, 종이, 연필 그리고 정교한 형태의 사회적 상호작용, 즉 [그림 6]에서의 관계 Φ와 Θ의 매개를 통해 일반화된 공식에 이르는 것을 목표로 한다는 점에서 이론적인 내용에 알맞은 것이었다. 코드화된 형태의 사고는 처음에는 학생들에게 드러나지 않으며, 오히려 학생들은 산술적인 형태의 일반화에 의존한다. 대수적 형태의 사고를 파악하기 위해 교실 활동은 대수적 형태의 사고가 의식의 대상으로 바뀌는, 즉 인지되는 방식으로 전개되어야 한다. 먼저 '나'와 '그것'의 차이에 대한 인식이 필요하다. 그리고 '나'와 '그것'이 함께 와서 그 차이가 극복되는 것이 필요하다. Heidegger는 '인지'는 "인지하는 것은 대상과 대상으로서의 무언가를 분별하는 것과 같으며 나아가 '그 자체'를 이해하는 것"이라고 했다(Heidegger, 2004, p. 16).

여기서의 '그것'은 아직 우리가 인식한 것이 아니다. 이것은 대화 5와 6에서 알버트가 칩을 보는 다른 방법이 있을지도 모른다는 것을 깨닫기 시작하는 지점에서부터 서서히 나타나기 시작한다. 뒤이어 지룩스와 알버트는 집중하여 공동의 노력을 통한 진정한 협업을 하였고, 코드화된 형태의 사고의 예시화를 이끌어냈다. 교사의 동작과 알버트의 말이 동시에 나타나며 하나가 되는 순간에 일어난 공동의 대상화 과정을 통해 코드화된 형태의 대수적 사고는 구체적인 이론적 내용이 생겨난 의식 속에서 모습을 드러냈다. 이 개별적인 이론적 내용은 '각각의' 돼지저금통 문제에만 적용되는 것은 아니다. 알버트는 앞서 시험에서 다루었던 저축과 관련된 것이 하나도 없는 문제와 같이 다른 문제에도 이것을 적용할 수 있게 되었다. 일반자가 구체화된 개별자는 진정으로 완전한 상태이다. 학습이 일어나는 순간은 바로 이러한 완전함이 나타나는 순간이다.

참고문헌

Artigue, M. (1995). The role of epistemology in the analysis of teaching/learning relationships in mathematics education. In Y. M. Pothier (Ed.), *Proceedings of the 1995 annual meeting of the Canadian mathematics education study group* (pp. 7-21). University of Western Ontario.

Artigue, M. (2009). Didactical design in mathematics education. In C. Winsløw (Ed.), *Nordic research in mathematics education*. Proceedings of NORMA08. Rotterdam: Sense Publishers.

Cai, J., & Knuth, E. (2011). *Early algebraization*. New York: Springer.

Gardener, S. (n.d.). Hegel: Glossary. Downloaded Nov 29 2011 from http://philosophyfaculty.ucsd.edu/faculty/ewatkins/Hegel-Glossary.pdf.

Hegel, G. (2009). *Logic*. (W. Wallace, Trans.). Pacifica, CA: MIA. (Original work published 1830)

Heidegger, M. (2004). *On the essence of language*. New York: SUNY. (Original work published 1999)

Janet, P. (1929). *L'évolution psychologique de la personnalité [The psychological evolution of personality]*. Paris: Masson.

Lave, J. (1988). *Cognition in practice*. Cambridge: Cambridge University Press.

Lave, J., & Wenger, E. (1991). *Situated learning: Legitimate peripheral participation*. Cambridge: Cambridge University Press.

Leont'ev, A. N. (1978). *Activity, consciousness, and personality*. Englewood Cliffs, NJ: Prentice-Hall.

Mikhailov, F. T. (1980). *The riddle of the self*. Moscow: Progress Publishers.

Radford, L. (2007). Towards a cultural theory of learning. In D. Pitta-Pantazi & G.

Philippou (Eds.), *Proceedings of the fifth congress of the european society forresearch in mathematics education* (CERME –- 5) (pp. 1782-1797). Larnaca, Cyprus.

Radford, L. (2008). Iconicity and contraction: A semiotic investigation of forms of algebraic generalizations of patterns in different contexts. *ZDM - the International Journal on Mathematics Education, 40*(1), 83-96.

Radford, L. (2010). Algebraic thinking from a cultural semiotic perspective. *Research in Mathematics Education, 12*(1), 1-19.

Radford, L. (2011). Embodiment, perception and symbols in the development of early algebraic thinking. In *Proceedings of the 35th conference of the international group for the psychology of mathematics education* (Vol. 4, pp. 17-24). Ankara: PME.

Radford, L., & Roth, W. -. (2011). Intercorporeality and ethical commitment: An activity perspective on classroom interaction. *Educational Studies in Mathematics*, 77(2-3), 227-245.

Rogoff, B. (1990). *Apprenticeship in thinking*. Oxford: Oxford University Press.

Spinoza, B. (1989). *Ethics including the improvement of the understanding*. (R. Elwes, Trans.). Buffalo: Prometheus. (Original work published 1667)

Taylor, C. (1989). *Sources of the self.* Cambridge, Ma: Harvard University Press.

Veresov, N. (1999). *Undiscovered Vygotsky*. Etudes on the pre-history of culturalhistorical psychology. Frankfurt: Peter Lang.

Vygotsky, L. (1929). The problem of the cultural development of the child. *Journal of Genetic Psychology, 36*, 415-434.

Vygotsky, L. S. (1978). *Mind in society*. Cambridge, Ma: Harvard University Press.

3장 존재와 생성 : 주체화의 과정

1 지식

2004년 9월 Brousseau[1)]와 나는 스위스 로카르노의 알타 스쿠올라 페다고지에서 개최된 수학학회(Convegno di didattica della matematica)에 D'Amore의 초청을 받았고, 학회 일요일 Brousseau와 함께 점심을 먹었다. 그 당시 나는 대상화 이론에 대한 초고를 작업하고 있었는데(Radford, 2006), Brousseau의 심오하고 멋진 교수학적 상황론(Brousseau, 1997)과 대상화 이론 사이에 중요한 차이가 있음을 알게 되었다. 그 차이점은 식사가 끝나고 디저트 타임이 되어서야 드러나기 시작했다. 그것은 교사와 학생 사이의 관계에 대한 것이었다. 교수학적 상황론에서는 2장의 지룩스와 알버트의 예와 같이 교사와 학생이 함께 문제에 대한 답을 탐구하는 활동이 없다. 사실 교수학적 상황론에서 교사의 역할은 양도(devolution)로서, 학생에게 문제해결의 책임감을 느끼도록 하는 것이다. 그 기저에는 교사와 학생 사이에 대한 차이가 있으며, 그 차이가 유지되어야 함을 가정한다. 이 차이는 교사와 학생을 규정짓게 되는데, 수학적 해결은 교사가 아닌 학생에게서 나와야만 한다는 것이다. Brousseau는 다음과 같이 설명하였다. "학생이 문제를 자신의 것으로 받아들이는 순간과 스스로 문제의 답을 구하는 순간 사이에 교사는 자신이 보여주고자 하는 지식을 제시하거나 학생을 간섭하려는 행동을 억제해야 한다."(Brousseau, 1997, p. 30)

Brousseau와 나는 교사와 학생의 역할에 대해 완전히 같은 입장을 취하고 있지

---

1) 역자주 : Brousseau는 2003년 펠릭스 클라인(Felix Klein) 메달을 수상한 수학교육자로서, 교수학적 상황론을 제시하였다. '교수학적 상황'이란 학생이 교사, 학생, 환경 사이의 관계로 교사가 교수학적 의도가 담긴 문제상황 속에서 학생과 상호작용하는 상황이다. '비교수학적 상황(adidactic situation)'이란 교수학적 의도가 감춰진 상황으로, 교사의 중재 없이도 수학적 지식이 문제해결의 도구로 구성되고 기능할 수 있는 상황을 말한다(Brousseau, 1997).

않았다. 토론 중 나는 그에게 그가 계몽운동과 계몽운동에서 이야기하는 자율성의 전형적인 개념에 관심을 기울이고 있다고 말했다.[2] 그러나 사회문화적 입장에서, 특히 Vygotsky의 이론에 따르면 자율성은 학습이 일어날 필요조건은 아니며, 학습의 결과일 뿐이다. 우리는 결정적인 부분에서 서로의 견해가 확연히 다름을 이해하였다. 서로의 생각이 불일치함을 확인하였으나, 우리는 서로를 존중했다.[3] 교수학적 상황론에서 학습의 자율성에 대한 문제는 매우 중요하다. 교수학적 상황론에서 비록 자율성 외에 다른 개념이 변화하더라도 이론 자체를 위협하지는 않지만, 자율성의 개념이 바뀌는 것은 교수학적 상황론을 위태롭게 할 수 있다. 교수학적 상황론에서 다른 개념들 예를 들어, 이미 언급한 양도나 교수학적 상황과 비교수학적 상황 사이의 차이[4], 토파즈 효과[5], 환경의 설계나 행동 등은 근본적으로 연결되어 있으며, 이러한 개념 속에서 학생들은 홀로 자신의 학습에 책임지게 된다.

몇 년이 지난 후, 2008년 10월의 마지막 금요일 오후 쌍파울로의 밴데이란트 대학에서 대상화 이론에 대한 강의를 하고 있을 때, Brousseau와의 토론이 다시 생각났다. 대상화에 대한 아이디어를 설명하기 위하여 2장에서 언급한 교사 지룩

---

2) 역자주 : Kant에 의하면, "계몽이란 스스로 책임져야 할 미성숙 상태에서 인간이 벗어나는 것이다. 미성숙 상태란 다른 사람의 도움 없이는 자신의 오성을 사용할 능력이 없는 상태를 뜻한다. 그 원인이 오성의 부족에 있는 것이 아니라 다른 사람의 도움 없이는 스스로 사용할 줄 아는 결심과 용기의 부족에 있을 경우, 미성숙한 상태는 스스로에게 책임이 있다. 알려고 하는 용기를 가져라! 네 자신의 오성을 스스로 사용할 줄 아는 용기를 가져라! 이것이 계몽의 슬로건이다." 계몽주의의 이상은 '생각하는 자아'를 내세우면서 인간 이성의 자율성 수립이 중요한 관점이 되었다. 주관주의적 이성은 이성에 기초한 판단과 행위만이 행복한 미래와 해방된 사회를 향한 진보를 보증한다고 본다(문학비평용어사전, 2006).

3) 역자주 : 본문을 직역하면, "Brousseau는 우리가 서로 동의하지 않는 내용을 노트북에 기록했고, 호텔 방에 들어와서 이를 정리하고 있는 나를 친절한 미소를 띠며 바라보았다."이나 이를 의역하여 표현하였다.

4) 역자주 : 교사가 때때로 상황 내의 정보나 질문, 방법, 발견술 등을 의사소통함으로써 영향을 주던 교수학적 상황에서 학생들 스스로가 선택된 문제들을 받아들이고 답하게 되는 비교수학적 상황으로 옮겨져서 교사는 중립적인 입장에 놓여야 한다(김남희, 2013).

5) 역자주 : 토파즈 효과란 Brousseau가 마르셀 파뇰(Marcel Pagnol)이 쓴 희곡 〈토파즈〉에서 따온 이름이다. 이 연극에서 받아쓰기를 하는 장면이 나오는데, 여기에서 교사는 학생들이 정확하게 스펠링을 적기를 원하여 원래는 발음하지 않는 묵음을 강조하며 발음한다. '토파즈 효과'는 교사가 가르쳐야 한다는 '교수학적 계약'의 압박 때문에 풀이에 대한 명백한 힌트를 주거나 유도질문을 하여 학생들이 지식을 구성하는 것을 방해하거나 그러한 학습 환경을 일소하게 되는 것을 말한다(강완, 1991).

스와 알버트의 상호작용을 보여주는 비디오클립에 대해 설명했다. 강의를 마칠 때 쯤 한 사람이 손을 들어 "이것은 토파즈 효과에 대한 명백한 예입니다."라고 말하였다. 사실 토파즈 효과는 교사가 학생에게 원하는 대답을 이끌어내기 위해 교사가 학생에게 힌트를 주는 상황을 의미한다.

> 교사는 명백하게 교수학적 상황으로 위장하여, 학생들이 생각해 대답할만한(sought-after) 답을 제안한다. 이러면서 문제는 완전히 바뀌게 된다. 결국 학생들이 기대하는 답을 하도록 학생들을 낮은 수준의 문제로 유도하고, 협상[6])을 하도록 한다. 그 과정에서 교사는 학습의 근본적인 부분에 대한 책임감을 가지게 된다.(Brousseau, 2003, p. 7)

즉, 교사와 학생의 상호과정에서 일어난 것이 토파즈 효과 범주 안에서 일어난 일이라 하면, 교사가 학생들의 답을 '안내한' 것으로, 그 답이 학생으로부터 나온 것이라 할 수 없기 때문에 진정한 학습이 일어난 것이 아니다. 이것은 교사가 학생들에게 일련의 활동을 시키고 힌트와 실마리를 제공해서 학생들에게 답을 말하게 한 것이다. 이러한 입장에서 본다면 교사 지룩스의 행동은 부적절한 것이라고 볼 수 있다. 지룩스의 행동은 학생의 자율성을 위협하는 것이라고 볼 수 있고 실제로도 그렇다.

교사 지룩스의 행동에서 토파즈 효과를 본 사람에게 나는 대상화 이론에서 교사와 학생의 관계는 독립적인 개인 사이에 암암리에 체결한 교수학적 계약의 관점으로 볼 수 없다고 말했다. 교사와 학생의 관계는 계약적인 '유대'를 통해 최대한의 결과를 내려고 하고, 서로 거리를 두고 양쪽의 입장을 유지하는 계약으로 볼 수 없다. 그렇다고 학습이 학생들 사이에서만 일어나야 한다고 생각하는 것은 아니다. 대상화 이론에서 교사와 학생의 관계는 오히려 **윤리적인** 본성을 지닌다. '나'와 '타자[7])'를 구분하지 않음으로써 활동에 참여하는 사람이 진정으로 참여할 수 있는 공간이 생긴다. 교수학적 상황론에서는 교사와 학생 사이의 차이를 유지하

---

6) 역자주 : Radford는 교수학적 현상을 '협상'의 아이디어로 합의에 이르는 과정으로 해석하는 것에 부정적으로 해석하고 있고, 공동의 책임을 가지는 '함께하기'의 중요성을 강조하고 있다. 앞으로 독자는 본문에서 나오는 협상이란 단어에 집중할 필요가 있다.

7) 역자주 : 타자(Others)는 자아의 상대개념이다. Hegel은 현 존재의 단계에서는 어떤 것과 다른 어떤 것과의 불과분의 관계를 고찰하고, 어떤 것은 다른 어떤 것과의 연관성 속에서만 존재함을 밝혔다고 한다. 이런 점에서 현 존재는 타자를 의식하고 고려하며 살아간다(철학사전, 2009).

려고 한다. 그러나 대상화 이론에서의 윤리적인 관계는 교사와 학생 사이의 차이를 희미하게 한다. 이러한 윤리적 관계를 통해 지룩스와 알버트의 상호작용은 진정한 학습에 도움이 되는 것으로 이해할 수 있다.

우리가 교육을 통해 길러내고자 하는 것은 타인에 대한 주체의 성향을 나타내는 윤리적 관계이다. 학생들을 가만히 내버려둔다면, 학생들은 사회 전반에 퍼져 있는 개인주의 패턴에 따라 행동하게 될 것이고, 학교를 은행과 같은 기업으로 바꾸어버릴 것이다(Freire, 2004). 학교는 학생들이 신용과 자격을 쌓아가는 사회적 공간으로, 학생들이 사회 안에서 한 개인으로 성장할 수 있음을 보장할 것이다. 이는 Baldino와 Cabral(1998)과 Paris(2011)가 학교를 '신용 체계'라고 부르는 것과 같이 학교에 대한 결핍된 견해를 나타낸다. 그러나 교육은 사회에서 중요한 역할을 하며, 사회를 재생산하는 힘에서 나오는 것이 아니다. 내가 논하고자 하는 바는, 교육의 힘은 세상을 바꿀 수 있는 잠재성에 있다는 것이다. 교육은 진실로 변화에 관한 것이다. 어떤 것을 학습했을 때 교육을 받은 후에도 교육을 받기 전과 같은 존재라면, 무엇인가를 학습했다고 할 수 없다. 우리는 지배적인 사회적 생산 형태에 복종한 주체로 남게 되며, 이러한 사회적 생산 형태는 개인의 상호작용 형태를 생존과 성장을 위한 미묘한 방식으로 정의한다(Radford, 2012).

수학교육을 수학의 한 부록으로 간주해 버리면, 수학교육을 학생에게 수학 지식을 전달하는 효과적인 교육학적 방법의 탐구로 보게 되는데, 이러한 논의는 전혀 흥미롭지가 않다. 왜냐하면 수학교육을 단지 기술적이고, 수학적인 부산물로 간주한다면, 수학교육에서 주체화의 문제와 그 과정의 윤리적인 성격에 대한 논의를 포함시키지 못하기 때문이다. 그러나 수학교육을 1장에서 제시한 바와 같이 본다면, 즉 수학교육이 공동체의 중요한 쟁점들을 수학적으로 반성할 수 있는 새로운 개개인을 창출하는 사회적, 문화적, 정치적, 역사적인 작업이라고 본다면 이 논의는 매우 중요하다. 이러한 논의의 방향으로 나아가기 위해서는 현재 학교에서 조장하고 있는 사회적 상호작용의 양식과 지식의 생산 양식에 대하여 반성할 필요가 있다. 최근 수학 교실에서 많은 학생들이 소외되어 있다고 말해도 과언은 아닐 것이다. 그들은 스스로 교실과 멀어져가는 자신을 발견한다. 온타리오에서 많은 학생들은 가능한 한 빨리 수학 학습을 중단하려고 한다. 이러한 현상은 10학년 말, 15-16세가 되면서 일어난다. 학업중단의 문제를 더 많이 제시할 수 있지만 이 부분은 나의 논점이 아니다. 나의 논점은 어떻게 하면 학생들이 수학 학습을 중단하는 것을 막을 수 있는가, 어떻게 하면 학생들이 교실에서 소외되는 것을 막을 수 있는가이다. 다음 절에서는 왜 교실에서 학생들이 소외되는지 탐구하고 대상화 이론에서 소외를 어떻게 다루는지 설명할 것이다.

2 소외

앞 절에서 언급한 바와 같이, 대상화 이론과 교수학적 상황론은 교사와 학생 사이의 관계에 대한 서로 다른 견해를 가지며, 이 차이는 지식 생산과 재생산에 관한 서로 다른 가정에서 비롯된다. 오늘날의 많은 교육학 이론은 지식은 학습 과정에서 학생에 의해 나타나고 생성된다고 가정한다. 이러한 아이디어는 어디에서 비롯된 것인가?

이 아이디어는 16세기에 나타난 지식에 대한 새로운 개념에서 비롯된다. Arendt(1958)는 16세기 말 '무엇'에서 '어떻게'로, 즉 **대상** 그 자체에서 **과정**으로 인식론적 변화가 일어났고 주장하였다. Arendt가 정리한 바와 같이, "사물에 대한 관심에서 과정에 대한 관심으로 강조점이 변화했다."(p. 585) 16세기 말부터 이어져 내려온 이러한 맥락에서, 어떤 것에 대한 앎의 가능성은 앎에 숨겨진 대단한 의미를 발견하는 것도 아니며, 중세시대에서 그랬던 것처럼 전통에 의한 것도 아니며, 앎이 생성되어온 **과정**에 대해 이해할 수 있음을 뜻한다. Arendt는 "무언가가 어떻게 존재하게 되었는지 이해할 때, 나는 그것을 '안다'고 할 수 있다."(Arendt, 1958, p. 585)고 주장하였다. 제조업이 발달했던 16, 17세기, 지식을 마치 제조 상품의 형태로 인식하는 것은 당시 일반적인 견해라 할 수 있다.

2.1 주체성의 새로운 형태

"무언가가 어떻게 존재하게 되었는지 이해할 때, 나는 그것을 '안다'고 할 수 있다."는 Arendt(1958, p. 585)의 간결하지만 훌륭한 현대 인식론의 주장에 따르면 앎에 대한 새로운 방법뿐만 아니라 주체성의 새로운 형태에 주의를 기울이게 된다. 이러한 주장은 전례 없이 행하고, 알고, 이해하는 행동에서 개인의 중요성을 크게 부각시킨다. 개인은 더 이상 지식을 받아들이는 **수용자**가 아니라 지식을 **구성하는 사람**이다.

이러한 아이디어는 Vico[8]와 Kant의 이론을 기반으로 한다. 이 아이디어는 주체에 대한 새로운 관점, 특히 **자율적인** 주체에 대한 새로운 시각이 배여 있으며, 자율적인 주체는 Piaget의 발생론적 인식론[9]에 의해 이론화되었다. 이는 Radford (2012)에 자세히 설명되어 있다. 이러한 입장에서 볼 때 지식은 누군가 만들어 전달하는 것으로 볼 수 없다. 오직 자신만이 스스로 지식을 구성할 수 있고, 이러한 관점에서 지식은 자기 자신의 경험의 결과로 볼 수 있다.

이 관점은 개인을 자주적인 주체로 간주한다는 점에서 흥미롭다. 즉, 의미, 개념화, 그리고 의도성[10]의 중심에 개인이 있으며, 모든 것이 개인으로부터 시작된다. 그러나 개인의 역할이 커지면 커질수록, 개인은 자신의 사유 안에 갇히고 세상으로부터 단절된다. 간단히 말하면, 개인은 구체적이고 역사적인 공간에서 멀어지게 되며 결국 소외된다. 주체가 이해할 수 있는 것은 오로지 자기 자신으로부터 비롯된 것이고, 이때 주체는 반복하는 존재가 되어버린다. 이러한 관점에서 개인

8) 역자주 : Giambattista Vico는 이탈리아의 철학자이다. 그는 참된 의미에서의 지식이란 사물이 만들어질 때의 양식에 대한 지식을 가리키는데, 그와 같은 지식을 가질 수 있는 것은 해당 사물의 제작자 자신에 한정된다는 지식이론을 바탕으로 신의 창조물로 이해된 자연계에 대한 지식의 달성 가능성을 거부하였다. 한편, "이 국민들의 세계 또는 국가 제도적 세계(questo mondo delle nazioni, o sia mondo civile)는 분명히 인간들에 의해 만들어진 것이기 때문에, 그 원리들은 우리 인간의 지성 자체의 양태들 안에서 발견될 수 있을 것이다"라는 전망을 바탕으로 문명의 기원에 대한 새로운 학문적 이해의 길을 개척하기도 하였다(오석철, 이신철, 2011).

9) 역자주 : 피아제(J. Piaget)의 지적 발달이론은 개체가 환경 또는 세계를 인식하는 과정에 주안을 두며, 그의 발달이론을 일명 발생론적 인식론이라고 한다. 인간의 정신적 과정 또는 인지과정이란 생물학적 과정의 일부로 이는 곧 적응의 과정이며, 개체가 외계의 지식을 동화하고 조절하는 과정을 통해서 이루어지는 것으로 보고 있다. 나아가 그는 지식의 논리적·합리적 조직과정과 그에 상응하는 형식적·심리적 과정 사이에는 일종의 상등성이 있다는 기본가정을 세우고 있다. 따라서 피아제의 발생론적 인식론은 개체의 발달에 따르는 인지구조의 변화과정에 대한 연구를 중심으로 하며, 이는 곧 각 발달단계에서 나타나는 논리적 과정과 그 선행조건에 대한 연구에 기초를 두고 있다(교육용어사전, 1995).

10) 역자주 : 인간행위의 목적성을 말한다. 일련의 분별 있는 목적만으로 구성되지는 않는다. 행위자의 '담론적 의식' 속에서 행위자의 '식별능력'이라는 좀 더 '암묵적인' 형태로도 존재한다(사회학사전, 2000).

은 같은 말을 반복적으로 독백하는 존재이다.

2.2 소외된 주체

여기서 우리는 개선문을 흔들 만한 긴장감을 느낀다. 우리는 학생들이 스스로 자신의 지식을 구성한다고 가정하지만, 한편으로 학교에서 학생들이 스스로 구성하는 지식은 이미 구성된 지식임을 숨길 수 없다. 그 예로 수의 개념을 살펴보자. 교육과정에서나 교과서, 그리고 책에서 이미 수의 체계를 반영하여 홀수와 짝수 또는 소수와 소수가 아닌 수, 무리수, 대수 등으로 정리하여 설명하고 있다. 이미 그렇게 구성되어 있는 것을 어떻게 학생들에게 스스로 구성하라고 말할 수 있는가?[11)]

이 긴장감은 개인적 구성으로서 지식의 주관적 측면과 교과서, 교육과정, 문서에서 코드화되어 있는 역사적으로 구성된 지식을 조화시킬 때 나타난다. 현대적인 형태로 문서에서 나타난 것과 개념적인 구성 사이의 내재된 모순 때문에 긴장감이 생긴다. Marx(1988)는 노동자와 노동의 산물에 대한 사고를 정리한 그의 책 《경제학 및 철학 수고(Economical and Philosophical Manuscripts)》[12)]에서 이 내재된 모순에 대해 요약한 바 있다. 노동자가 만든 노동의 산물은 노동자의 것이지만 노동자와 관계없이 무자비한 논리로 무장한 상품 세계에 내던져지고, 결국 노

---

11) 물론 우리는 여전히 학생들이 지식을 구성하지 않는 경우에 대해 주장할 수 있다. 그들은 교육과정에서 조직된 문화적 지식을 **재구성**한다. 그러나 면밀히 분석해보면 그것을 보장할 수 있는 어떤 것도 찾을 수 없다. 학생들의 건설적인 시도에서 수학 지식을 **재발명한다**고 생각하는 것은 너무 강력한 가설을 채택하는 것이다. 즉, 수학적인 지식은 그 자신의 결말, 그 자신의 **목적**을 갖고 있다. 다시 말해, 수학 지식은 스스로 **발달의 본질**을 어떻게 해서든지 부여받는다. 바꾸어 말하면, 만약 우리들이 양심적으로 우리 스스로를 본다면, 우리는 모두 같은 본질적인 방법으로 수학적 사고를 하게 될 것이다. 이것은 Piaget (1973)가 그 자신도 인정했다시피 매우 이성적인 가정이다. 그러나 인류학과 민속 수학 연구의 방대한 자료는 그런 단순한 관점에 도전한다(Lancy, 1983; Owens, 2001; Pumuge, 1975). 예를 들어 고대 그리스 수학은 고대 중국 수학과 본질적으로 다르다. 그들은 서로 다른 이론적인 가정 하에 발전하였다. 수학은 불변하는 문화를 의미하지 않으며 같은 방법, 한 방향으로 발전하지 않는다.

12) 역자주 : 베를린 대학에서 학업한 Marx는 Hegel의 사상을 알게 되며 청년 헤겔파의 운동에 참여한다. 프랑스로 이주한 후 프랑스 사회주의와 청년 헤겔파의 철학을 연결시켜, 《경제학 및 철학 수고(手稿)》를 저술하였다.

동자는 자신이 만든 산물을 직접 소비하지 못하고 산물과 단절된다.[13)]

상품 생산 구조 내에서 개별적인 사상, 행동의 구성, 개인의 감정과 가치 그리고 그것을 둘러싼 경제 체계 사이에는 피할 수 없는 간극이 존재한다. 이러한 소외는 고대에도 없었고 중세에도 없었다. 지식도 상품처럼 발생하는 것이라 보는 한 이러한 현상은 피할 수 없었다. 우리는 지식을 개인적으로 구성하는 것으로 인지하면서 지식의 구성을 상품 생산의 형태로 바꾸어 놓았다. 이로써 상품의 형태에 내재된 모순이 인식론의 영역으로도 들어왔다. 학생의 노동으로 생산하는 개념적 대상은 문화적 지식과는 반대되는 것으로 보인다. 여기서 말하는 문화적 지식은 보통 교육과정과 교과서에 나타나는 지식으로, 학생들과는 독립적으로 발전해 나가고 있다. 이러한 모순을 해결할 가능한 회유책은 Piaget가 한 것처럼 합리주의자의 입장을 채택하는 것이며, 학생이 개인적으로 구성해 내는 지식은 어떤 힘에 이끌려 이미 문화에 내재된 지식에 수렴할 것이라고 보는 것이다. 그러한 움직임은 명료성과 합리성을 융합한다. 이 모순을 해결할 또 다른 방법이 있는데, 지식을 생산품의 형태로 보는 아이디어를 포기하고, (급진적 구성주의나 또 다른 버전의 구성주의와 같이) 학생과 학생이 서로 어울리지 않고 개념적 구성이 독자생존가능한 개인적 생각이라 주장하는 것이다. 그러나 이 경우도 다른 긴장감으로 대체할 뿐 긴장감을 해소한 것은 아니다.

Popkewitz[14)]는 지식을 개인적 구성으로 간주할 때, 이 인식론적 전제가 일으키

---

13) 역자주 : 자본가가 노동자를 고용하게 되면 생산해낸 모든 제품들은 모두 자본가의 차지가 된다. 노동자는 자신이 노동하여 얻은 결과로부터 소외되고 자본가가 제공하는 임금을 받게 된다. Marx는 자본을 가진 자가 노동자를 지배함으로써 노동의 소외가 나타날 수밖에 없다고 설명한다. 노동의 소외는 노동 산물로부터의 소외와 노동환경으로부터의 소외, 자기 자신으로부터의 소외, 공동체로부터의 소외가 있다. 이 글에서는 노동 산물로부터의 소외를 설명하고 있다. 노동 환경으로부터의 소외는 자신의 장점과 특성을 살려 노동을 하고자 하나 자신의 특성과 맞지 않는 노동을 함으로써 노동 환경으로부터 소외를 받게 된다는 것이다. 또한 사람들은 더 좋은 환경과 대우를 받으며 노동을 하고 싶어 하는데, 현실은 그렇게 따라 주지 않고, 어느 시점이 되면 자포자기하는 상황이 오게 되며, 이것이 자신으로부터의 소외라 할 수 있다. 고도의 산업문명이 발달함에 따라 인색한 인간관계로 인해 공동체로부터의 소외를 느끼고, 노동으로부터 소외당한 노동자인 프로레타리아 계급에 의한 혁명이 일어날 수밖에 없다고 말한다(강성화, 2005).

14) 역자주 : Thomas S. Popkewitz는 교육과정이론가이며 미국 위스콘신 대학의 교수이다. 교육학과 교사 교육에 관한 교육 정책을 운영하는 이유에 대해 연구한다. 아시아, 유럽, 라틴 아메리카, 남부 아프리카, 미국에서의 국가 교육 개혁에 대한 민족지학적 비교연구가 있다.

는 긴장감을 가장 명백히 드러냈다. Popkewitz가 지적했듯이 교육과정과 교과서는 학생이 거부할 수 없는 아이디어를 포함하고 있고, 수학자나 전문가들이 가지는 규범적인 요소를 전달한다. 결과적으로 학생은 자신의 지식을 구성하고 선택하는 데 있어 자유롭지 못하다. 학생이 자유롭게 개념적 구성을 할 수 있다는 것은 단지 환상에 불과할 뿐이다. 진리와 기술은 학생이 만들어내는 것이 아니라 수학으로부터 나온다.

> 학생은 식과 수학의 모델링 기술을 적절히 활용하여 외부세계에서 주어진 것을 테스트하고 입증하는 사람이다. 문제해결은 참과 거짓을 판정함으로써 과학의 전문적 지식을 명확하게 하는 전략이다.(Popkewitz, 2004, pp. 21-22)

Popkewitz는 우리가 만들어 내는 교수학적 교실 구조에서는 "학생들은 이미 학교와 수학교육 연구에서 적절하다고 알려진 명제에만 관심을 둔다. 수학은 주어진 경험 세계를 확인하고 확정하는 도구이다."라고 말했다(Popkewitz, 2004, p. 21). 이것은 교실에서 일어나는 교수학적 선택과 설계를 통해, 우리가 학생들의 지적 활동과 수학적 개념화를 이미 확립되어 있는 무엇인가로 나아가도록 강요하는 것으로 보이게 한다. 본의 아니게 우리는 **토파즈 효과**를 만들었고[15], 학생들이 스스로 지식을 구성했다고 생각한다.

3 소외 극복하기

앞 절에서 우리는 상품과 지식 생산의 현대적 방식에 의해 주체와 문화적-객관적인 대상 사이의 풀리지 않는 긴장감이 결국 소외로 귀결된다고 주장하였다. 이러한 소외는 지식 생산의 특정한 본성에서 기인한다. 우리는 지식과 주체의 소외를 어떻게 극복할 수 있는가? 그리고 진정으로 극복가능한 것인가?

15) 역자주: 토파즈 효과는 앞서 언급했듯이 교사가 학생에게 원하는 답을 이끌어 내기 위해 힌트를 줘서 학생 스스로 지식을 구성하는 것을 방해하는 상황을 말한다. 이 맥락에서는 학생들이 교실에서 교육과정이나 교과서 등 이미 선택되고 설계된 상황을 통해 이미 알려진 지식을 학습하도록 유도하는 것을 토파즈 효과로 보았다.

철학적이고 인류학적 논의에서 반복적으로 등장하는 주제는 개별자 개념이다. 개별자 개념은 16세기 서구의 개인을 인식하는 방법에서 비롯되었다. 다른 개인들과 그리고 세계와의 중요한 관계는 사라지고, 자주적이며 스스로 존재하는 개인에 대한 인식이 점점 증가하게 되었다. 이에 대하여 독일의 철학자 Husserl[16)]은 개인과 세계 사이의 관계를 다시 생각하려고 시도하였다. 1929년 《데카르트적 성찰(Cartesian Meditations)》[17)] (Husserl, 1982)에서 살아있는 존재에 스스로 둘러싸여 있기 때문에 수반되는 집단의 방식을 탐구하고, 1930년에는 《유럽 학문의 위기와 초월론적 현상학(Crisis of the European Sciences and Transcendental Phenomenology)》(Husserl, 1970)이라는 역작에서 공동의 세계와 그것에 대한 개인의 참여를 강조하는 역사적 관점을 도입하였다. 더 이상 소외된 인식이 개인적 지각과 인지를 통해 사물을 어떻게 인지하는지가 문제가 아니라 인식이 이미 주어진 공적인 세계를 어떻게 맞닥뜨리는가 하는 것이 문제가 되었다. Hegel의 용어로 '즉자'인 세계에 대한 인식이며 인식의 과정에서 즉자는 "우리를 위한 세계"가 된다. 그리고 그것이 바로 2장에서 이론화했던 대상화의 과정이다. 그러나 앞서 언급했듯이 공적인 세계와 생각하고 행하는 형태를 인식하게 되면서, 즉 주체화가 일어난다. 우리는 단지 세계를 인식하는 것에 그치지 않고 세계 안에 우리 스스로의 위치를 정한다. 다른 말로 하면 대상화는 냉정한 과정이 아니라 감정적 과정으로 주체적으로 되어가는 방식으로 행해져야 하는 것이다. 주체성에 의해 우리는 계속 진화하는 독창적인 개인이 된다. 우리는 끝나지 않는 생성과정의 실체이다. 우리는 특별하지도 않고 '나'로 완성되지도 않는다. '나'에게는 항상 그 이상의 것이 있어 나는 '내'가 아니게 된다.[18)]

---

16) 역자주 : Husserl은 현대철학의 주요 사상 중 하나로 자리 잡은 현상학의 체계를 세운 철학자이다. 현상학이란 현상을 중요하게 여기는 현대 철학사조로 살아있는 인간 경험을 연구하려는 철학적 접근이고 연구이다. Husserl 현상학은 사물 그 자체로 다시 돌아가는 것이며, 사실을 있는 그대로 보면서 경험의 본질을 찾아내는 것이었다. 즉, 현상학은 '스스로를 드러냄' 또는 '스스로 드러내는 대로 그 자체를 볼 수 있도록 해줌'을 말한다. 현상학은 어떤 선입견이나 이론의 개념들에 의해 방해 받지 않고 경험세계에 기초하여 본질을 밝히는 것이다(황인술, 2008).

17) 역자주 : Husserl은 Descartes의 '방법적 회의' 전통에 입각해 좀 더 근본적, 체계적으로 자신의 철학을 묘사하고자 했다. Descartes가 방법적 회의를 통해 자의식의 확실성에 도달했던 것과 마찬가지 방식으로 자신의 선험적 현상학을 올바르게 정초시키고자 했던 것이다. Husserl의 이 같은 철학적 작업의 결과물이 《데카르트적 성찰》(1931년)이다(이신철, 2011).

학교와 교육체계가 정치적이고 경제적인 사회 프로젝트 내에 존재함에도 교육자로서 우리는 학교와 교육체계를 쉽게 포기할 수 없다.[19] 현시대의 신자유주의 프로젝트는 생산의 자본주의적 형태에 더욱 중점을 두며, 이는 소외를 부추긴다. 대상화 이론은 수학교육에 대하여 역사적이고 문화적인 입장을 취하고 있다. 그동안 학생들은 문제해결자나 이론 설계자로 축소되어 왔는데, 대상화 이론에서 등장하게 된 문제는 학생에 대한 변화된 관점을 다룰 수 있도록 학생의 적절한 행동 과정을 어떻게 수학교육에서 찾을 수 있는가이다. 학교가 포함된 복잡한 정치적이고 사회적인 망에서(Valero, 2009) 이러한 변화를 가능하게 하는 행동은 한 가지 방식만 있는 것이 아니다. 그러한 것은 단지 동화에서만 가능하다. 서로 연결된 많은 가능성이 존재한다. 예를 들면, 이러한 가능성은 정치적 인식이나 공정함과 포괄성에 대해 고려하는 것으로부터 등장한다.

교육적인 시각에서 소외를 극복할 수 있는 단 한 가지 가능성은 지식 생산 방식을 검토하고, 새로운 양식의 상호작용을 지식에 포함시키는 것이다. 우리는 교실에서 사고와 앎의 개별적인 양식에서 벗어날 필요가 있다. 이를 위해 앞 장에서 활동을 주요하게 설명하였다. 활동은 Hegel의 용어를 빌어 설명하면, **특수자**라 할 수 있다. 활동은 무언가를 성취하기 위한 개개인 간의 단순한 협동으로 보아서도, 단순히 **환경**으로 보아서도 안 된다. 활동은 함께 생각하고 느끼는 공간에서 **협업**하는 것이다. 2장에서 지룩스와 알버트 사이의 상호작용과 같이 협업은 소외되지 않는 주체성에 대한 가능성을 보여준다.

우리가 대상화 이론에서 지속적으로 추구하고자 했던 것은 협업과 윤리적인 차원을 연결하는 것이다. 이는 수학 교실에서 인간성장의 창조적 가능성을 만든다. 이러한 가능성은 다음 절에서 설명할 존재와 생성 사이의 중요한 변증법적 관계를 바탕으로 한다.

---

18) 역자주 : 원문에는 기호를 사용해 we are I $\neq$ I.라고 표현되었으나 이를 풀어 설명하였다.
19) 역자주 : 학교와 교육체계가 소외를 부추기는 사회 안에 있을지라도 교육학자들은 학교나 교육체계 안에서의 교육을 포기할 수 없다는 것을 의미한다.

4 존재와 생성

지식과 앎 사이에 변증법적 관계가 있는 것과 같이, 존재와 생성 사이에도 변증법적 관계가 성립한다. 지식이 동적인 형태로 코드화되는 것과 같이 존재도 **타성**, 즉 타인과의 관계에 따라 코드화되고, 지식이 문화적이고 역사적으로 진화하는 것과 같이 존재 역시 문화적이고 역사적으로 진화한다.

이러한 맥락에서 생성이란 무엇인가? 생성은 주체화 과정을 통한 존재의 **구현**이며, 주체화는 **특수자**에 의해 매개된다. 즉, 존재가 드러나거나 구현되고 예시되는 활동 또는 협업을 말한다. 주체화의 과정에 있는 협업을 통해 우리는 항상 미완성이고 진화하는 존재이다. 이러한 의미에서 주체화는 다른 사람과의 관계 안에서 우리 자신을 만들어 나가는 영원한 변화의 과정이다.

이제 여러 가지 퍼즐 조각을 맞추어 보자. 앞 장에서 학습은 앎과 생성에 대한 것이라고 주장하였다. 앎은 학습을 필요로 하고, 학습은 대상화의 감각적 과정 또는 체화된 과정을 통해 일어나며, 대상화는 주체화 과정과 얽혀있다. 즉, [그림 1]과 같이 앎과 생성은 함께 일어난다.

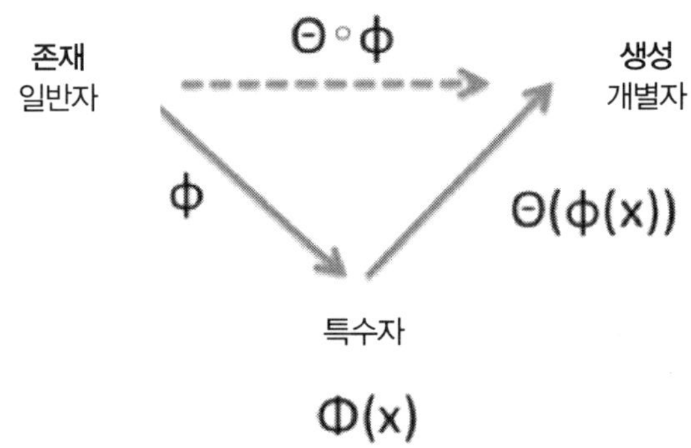

[그림 1] 대상화-주체화 과정의 부분으로써 앎과 생성

앎과 생성이 함께 일어나지 않을 때, 또는 앎과 생성이 조화를 이루지 못할 때, 우리는 소외된 앎과 소외된 학생을 발견할 수 있다. 학생들의 활동 결과는 학생들과 동떨어져 이상하게 나타난다. '즉자'의 지식과 '즉자'의 존재는 학생과 분리되어 남아있다. '즉자'를 인식하는 것은 일어나지 않는다. 학생들은 자신들의 노동 결과에서 그들의 지적, 감정적 노동을 인식하지 못한다. 그것은 지식과 앎을 매개

하는 활동과 존재와 생성을 매개하는 활동이 실패하였음을 의미한다. 이러한 일들은 수학 교수·학습을 기술적인 것으로 접근할 때 자주 발생한다. 학생들은 수학적 담론과 관행 내에서 자신의 위치를 찾지 못하고 결국 수학 내용에 부정적인 감정을 갖게 되고 만다.

앎과 생성을 이해하기 위해서는 일상생활에서 마주치는 거대한 감정의 역할을 인지해야 한다. 서구의 합리주의적 전통에서는 수학을 완전히 지적이고 인지적인 노력의 산물로 보았다. 그러나 이것은 사실이 아니다. 우리는 수학적으로 생각할 뿐 아니라 수학적으로 느끼기도 한다. 감정은 단지 생물학적인 요소가 아니며 사회적으로 발달한다. Vygotsky는 다음과 같이 말했다.

> 다른 모든 정신 작용처럼 감정도 마음의 생물학적 조직체에 의해 처음에 주어진 채로 유지되지 않는다. 사회생활의 과정에서 느낌이 생겨나기도 하고, 발달하며 처음에 가졌던 느낌이 사라지기도 한다. 감정은 새로운 관계 속에서 정신적 삶의 다른 요소와 관련되기도 하며 새로운 체계가 발달하기도 하고, 새로운 정신 작용의 배열과 더 고차원적인 결합이 나타나기도 한다. 이러한 감정은 특별한 패턴을 갖거나 상호 종속적이며 특별한 형태의 연결과 운동이 지배적이다.(Vygotsky, 1999, p. 244)

그러나 학습의 복잡성과 역사적이고 문화적으로 진화된 앎과 생성의 형태로 인해 앎과 생성은 급변하고 있다. 이러한 급변으로 인해 앎과 생성의 연결을 유지하기 위해선 엄청난 교육적 노력이 필요하다.

다음 절에서는 앎과 생성의 단절을 피하기 위해 대상화 이론에서 사용된 아이디어에 대해 논할 것이다.

5 대상화 이론에서 앎과 존재

지식과 같이, 존재도 순수한 잠재성을 가진다. 특수자인 활동을 통해 존재는 예시화되며, 앎과 같이 각각의 학생마다 서로 다르게 굴절되어 나타난다. 대상화 이론에서 강조하는 존재는 공동 윤리 주위에 머무르며, 공동의 윤리는 타인에 대한 책무, 자기 행동에 대한 책임, 배려로부터 비롯된다. **책무**는 협업에서 최선을 다할 것을 약속하는 것이다. **책임감**은 다른 사람의 요구에 응하는 방식, 다른 사람들의 요구에 참여하는 방식이다. **배려**는 누군가에 대한 성향과 관련되어 있다. 배려가 타인을 향한 것인 반면에 책임감은 윤리적인 행동으로 이 행동은 대화에 참여한 사람 간에 형성된다는 기본적인 특징이 있다(Bakhtin, 1990). 공동 윤리의 세 가지 주요 요소는 인지적이지도 합리적이지도 않은 세상을 보는 일반적인 태도를 만들어 낸다. 이 요소들은 논쟁을 하는 **공공의 장소**로 생각되는 교실에서의 참여를 통해 매개되며, 고대 그리스인들은 이를 **폴리스**라고 불렀다. 이 장소에서 학생들이 타인과 공동의 책임, 비판적 인식에 대하여 개방적일 수 있도록 독려한다.

협업과 공동 윤리가 교실에서 자연적으로 발생할 것이라고 볼 수 없기 때문에, 우리는 조건을 만들어 교실에서 협업과 공동 윤리가 드러나도록 해야 한다. 우리가 대상화 이론에서 추구해온 행동 방침은 윤리적인 차원과 관련된다. 이 윤리적인 프로젝트를 위해서, 학생들에게 다른 그룹 학생들의 수학적 아이디어를 함께 논의하게 하였다. 다음 사례는 8-9세의 3학년 학생들에게 나타난 것이다. 첫 단계에서 학생들은 그룹별로 텍스트를 만드는 활동을 한다. [그림 2-(1)], [그림 2-(2)] 처럼, 텍스트에 발명의 스토리, 그 스토리를 대수 방정식으로 변환하기, 그리고 그 방정식의 풀이를 포함한다. 자세한 내용은 Radford(2012)에 나와 있다. 각 그룹은 '짝'그룹이 있고, 이 짝그룹과 매 단계마다 생각을 교환할 수 있다. '짝'그룹은 '짝 정하기'라고 부르는 과정을 통해 결정되는데, 각 그룹이 짝이 될 그룹을 결정하기도 하고, 때로는 교사가 결정하기도 하고 또는 무작위로 결정하기도 한다. 두 번째 단계에서 [그림 2-(3)]을 보면 짝그룹끼리 텍스트를 교환하며, 각 그룹은 짝그룹의 결과를 읽고 평가한다. 학생들은 다음과 같은 기본 요소로 짝그룹의 텍스트를 평가한다.

(1) 텍스트는 명확한가?
(2) 각 그룹은 답을 옳게 구했는가?
(3) 각 그룹의 풀이는 설득력이 있는가?
(4) 각 그룹의 풀이는 아름다운가?

[그림 2-(4)]와 같이 일단 짝끼리 텍스트를 비판적으로 탐구하고 난 뒤, 두 그룹은 함께 모인다. 텍스트에서 그들이 좋다고 생각한 것과 개선해야 한다고 생각한 것 등을 강조하면서 논의 결과를 교대로 제시한다. 그 그룹은 비평에 반응한다.

[그림 2] 그룹 내에서 토의가 이루어지는 장면

[그림 2-(5)]와 같이 교사도 함께 논의할 수 있다. 텍스트에 대한 논의 후에 마지막 단계로 초기에 제출한 텍스트를 개선하는 작업을 함께한다. 또한 [그림 2-(6)]과 같이 학생들은 다른 그룹과 최종 텍스트를 공유한다.

물론, 질문은 단지 어떻게 하면 더 나은 수학적 해답에 도달하는가가 아니다. 비록 이것이 중요할지라도, 이 과정을 통해 학생들이 타인을 이해할 기회를 가지게 되는 것도 똑같이 중요하다. 이해는 단지 인지적인 것만은 아니다. Heidegger[20)]

20) 역자주 : Heidegger(1889-1976)는 실존주의 철학의 대표자이다. Husserl의 현상학으로부

는 "타자에 대한 이해는 그들에 대한 지식으로부터 얻어지는 관계가 아니라, 다른 무엇보다 먼저 근본적이고 실존적인 존재가 타자에 대한 지식과 그와의 관계를 가능하게 한다."고 말했다(Heidegger, 1962, p. 161).

1장의 [그림 5]에서 $\Theta(\phi(x))$ 방향과 같은 이러한 과정을 통해 학생들은 다른 사람들에게 수학적 결과물을 발표하고, 다른 사람들의 결과에 대해 책임감 있게 반응하며, 비판적이면서, 다른 사람의 입장에서 볼 수 있게 된다. 예를 들어, 학생들은 다른 그룹의 아이디어를 반대하거나 옹호하고 확장한다. 또한 성찰을 통해 다음에 무엇을 해야 할지 배운다. 그리고 두 번째 단계에서 교사는 "다른 그룹이 왜 그렇게 적었다고 생각하지?"와 같은 질문할 수 있다. 이것은 주체화와 대상화 과정의 중요한 측면이다.

6 종합

대상화 이론은 수학교육을 더 큰 교육 프로젝트의 한 부분에 두며, 그 안에서 일어나는 학습을 특정한 개념 내용을 학습하는 것으로 여기지 않는다. 대상화 이론에서 학습은 앎과 생성에 관한 것이며, 이 장에서 나는 생성에 대해 논의했다.

나는 앎과 생성은 동시에 이루어지는 과정이라고 주장했다. 대상화가 학생들의 앎의 과정을 설명한다면, 주체화는 학생들의 생성 과정을 설명한다.

앎과 생성에 대한 존재론적 구조는 비슷하다. 즉 생성이 존재에 대한 예시인 것

터 출발하여 기초적 존재론을 이룩하였으며, Kierkegaard의 영향을 받았다. 그의 존재론은 존재하는 것이 무엇인가 묻고, 존재를 스스로 이해하고 있는 인간의 존재, 즉 현존재의 분석으로부터 시작한다. 현존재는 자기의 존재를 이해하고, 다른 것과 관계있는 '관심'으로서의 존재이며, 이 관심이 자기가 죽어야만 하는 존재라는 것에 직면하여 유한적인 시간성 속에 있다는 것이 명확히 되어 본래의 자기를 깨닫는 것이다. 이와 같이 '실존'인 인간 존재는 '무'로 돌아가는 존재이며, 그 존재 방식은 '불안'이라는 것이며, 이 불안에 의해 존재하는 것은 스스로 전체로서 나타나게 되는 결국 무매개로 전체로서 초월하게 되며, 일상성으로부터 탈각한다고 한다. 그리하여 이러한 인간의 존재 방식이 그가 말하는 '세계-내-존재'이며, 인간 존재의 근본적 성격을 이룬다. Heidegger는 이러한 사색 이후 30년대 후반 이래 새로운 사상의 전회를 보여주는데, 현존재가 아니라 존재 그 자체의 연구에 몰두하게 된다(철학사전, 2009).

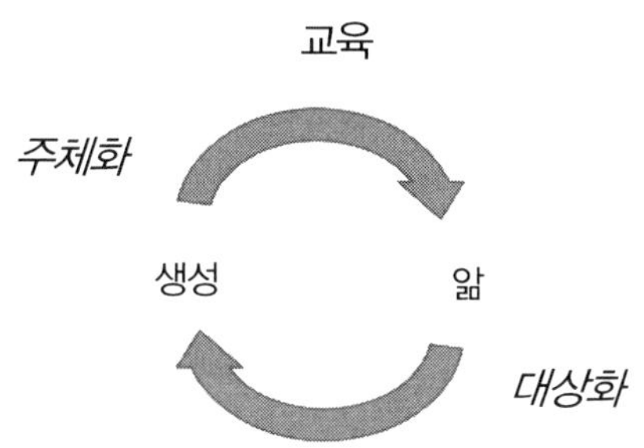

[그림 3] 앎과 생성의 프로젝트로써 교육

처럼 같은 방법으로 앎은 지식의 예시이다. 둘 다 Hegel의 용어로 **특수자**인 협업 안에서 발생한다.

대상화 이론에서 강조하는 존재는 역사적, 문화적으로 구성된 속성을 바탕으로 한 것이다. 이러한 속성은 대상화 이론에서 중점을 두는 부분으로 우리가 교실활동을 통해 신장시키고자 하는 것이다. 이는 책무, 배려, 책임감에 대한 공동 윤리의 기초를 구성한다. 이 세 가지 속성들은 학습이 일어나는 과정에서 협력의 형태로 나타나며, 존재 형태를 상세하게 기술한다. 이는 학생을 사적인 소유자이자 자신만의 지식 생산자로 묘사하는, 자본주의 형태에서 촉진된 개인주의적 존재의 실용적인 형태를 반대하기 위함이다. 나는 개인주의자의 존재 형태는 본질적으로 소외된다고 주장했다. 여기에서 작성한 관점은 교실과 그곳에 있는 사람들, 즉 교사와 학생들을 다시 생각해 보게 한다. 이러한 고찰은 학생인 자기 자신을 재개념화하는 수단과 자원으로 유아론적 관점을 극복할 수 있게 한다. 물론 우리는 사회적 관계와 그 복잡함 그리고 결과물의 새로운 형태를 어떻게 조장하는지 여전히 잘 이해할 필요가 있다.

이 장을 마무리하기 전에 언급하고 가야 할 것이 있다. 교실은 과학적인 담론에 참여하는 공공장소이고, 학생들이 스스로 목소리를 내고 서로 다른 의견들을 평화로운 방법으로 조율하는 꿈만 같은 장소라고 생각하는 것은 아니다. 오히려 협업 또한 긴장과 차이점들로 가득하다. 하지만 이러한 차이점을 신자유학파의 담론이 주장하듯이 적게 가진 자들을 공감하며 자비롭게 받아들여야 하는 피할 수 없는 것으로 생각하는 대신 우리는 이러한 차이점을 지지하는 체계를 이해하기 위해 비판적으로 살펴보는 것이 필요하다. 협업은 실제로 차이점과 모순들로 가득하다. 이러한 차이점과 모순들을 제거할 수 없고 우리가 세상과 우리 자신을 바꾸기 원한다면, 우리는 적어도 그 차이점과 모순들을 이해해야 한다.

참고문헌

Arendt, H. (1958). The modern concept of history. *The Review of Politics, 20*(4), 570-590.

Baldino, R., & Cabral, T. (1998). Lacan and the school's credit system. In A. Olivier & K. Newstead (Eds.), *Proceedings of the 22nd conference of the international group for the psychology of mathematics education* (Vol. 22, pp. 56-63). Stellenbosch, South Africa. University of Stellenbosch: PME.

Bakhtin, M. (1990). *Art and answerability*. Austin: University of Texas Press.

Brousseau, G. (1997). *Theory of didactical situations in mathematics*. Dordrecht: Kluwer.

Brousseau, G. (2003). *Glossaire de quelques concepts de la théorie des situations didactiques en mathématiques* [glossary of some concepts of the theory of didactic situations in mathematics]. *Retrieved on January 20, 2007, From Http://dipmat.math.unipa.it/~grim/Gloss_fr_Brousseau.pdf.*

Freire, P. (2004). *Pedagogy of indignation*. Boulder, Colorado: Paradigm Publishers.

Heidegger, M. (1962). *Being and time*. (Translated by J. Macquarrie & E. Robinson). New York: Harper.

Husserl, E. (1970). *The crisis of the European science*. Evanston: Northwestern University Press.

Husserl, E. (1982). *Cartesian meditations: An introduction to phenomenology*. (D. Cairns, Trans.). The Hague: Martinus Nijhoff Publishers.

Lancy, D. F. (1983). *Cross-cultural studies in cognition and mathematics*. New York: Academic Press.

Marx, K. (1988). *Economic and philosophic manuscripts of 1844*. Amherst, New York: Prometheus Books. (Original work published 1932).

Owens, K. (2001). Indigenous mathematics: a rich diversity. *Mathematics: Shaping Australia. Proceedings of the Eighteenth Biennial Conference of the Australian Association of Mathematics Teachers*, 151-167. Retrieved Feburary 17, 2006, from: http://www.aamt.edu.au/ICSIMAN/resources/papers/owens.pdf.

Pais, A. (2011). *Mathematics education and the political: An ideology critique of an educational research field*. Ph. D. Dissertation. Aalborg, Denmark: Department of Learning and Philosophy. Aalborg University.

Piaget, J. (1973). *To understand is to invent. The future of education*. New York: Grossman.

Popkewitz, T. (2004). The alchemy of the mathematics curriculum: Inscriptions and the fabrication of the child. *American Educational Research Journal, 41*(1), 3-34.

Pumuge, H. M. (1975). The counting system of the pekai-alue tribe of the topopul village in the ialibu sub-district in the southern highlands district, papua new guinea. *Science in New Guinea, 3*(1), 19-25.

Radford, L. (2006). Elementos de una teoría cultural de la objetivación [Elements of a cultural theory of objectification]. *Revista Latinoamericana de Investigación en Matemática Educativa, Special Issue on Semiotics, Culture and Mathematical Thinking*, 103-129 (available at: http://www.laurentian.ca/educ/lradford/).

Radford, L. (2012). Education and the illusions of emancipation. *Educational Studies in Mathematics, 80*(1), 101-118.

Valero, P. (2009). Mathematics education as a network of social practices. In *Proceedings of the 6th conference of European research in mathematics education (CERME 6)*. Lyon, France, Jan., 28th - Feb., 1, 2009. (Retrieved on December 10 2010 from) http://www.inrp.fr/publications/edition-electronique/cerme6/plenary2-valero.pdf).

Vygotsky, L. S. (1999). *Collected works (vol. 6)*. R. W. Rieber (Ed.). New York: Plenum.

제 2 부

4장 초기대수적 사고 : 인식론, 기호학, 발달과 관련된 주제

이 글은 어린 학생들과 함께한 5년간의 종단 연구 프로그램에서 발견에 대한 것이다. 이 프로그램의 궁극적인 목적은 체화된 비기호적 대수적 사고의 발생과 그것이 문화적으로 발달된 기호적 사고양식으로 점진적으로 이행하는 것을 체계적으로 탐구하는 것이다. 이 연구를 통해 교수·학습의 문화적, 역사적 이론인 대상화 이론을 도출하였다. 이 이론은 인간 사고의 감각적, 신체적, 사회적, 그리고 물질적 차원을 강조하며, 문화적이고 역사적으로 구성된 수학적 지식의 형태와 기호적으로 매개된 교실활동 사이에 존재하고 있지만 아직 밝혀지지 않은 교수학적 과정, 즉 발달의 문화적 관점에 대해 설명한다.

1 도입

대수는 학교수학에서 가장 어려운 영역 중 하나이다. 한 예비교사는 과거 자신의 수학적 경험에 대한 질문에, 중학교에서 대수를 배우기 전까지만 해도 수학에 별 문제가 없었다고 고백했다. 갑자기 그는 현대 과학의 에스페란토어[1]가 된, 이해할 수 없는 의미를 가진추상적 기호의 상형문자 앞에 서 있음을 발견하고 경악했다.

대수 학습과정에서 학생들에게 자주 나타나는 어려움에 비추어, 저학년부터 대

1) 역자주 : 에스페란토어는 국제공통어로 사용되기 위해 1887년 폴란드의 라자로 루드비코 자멘호프에 의해 만들어진 언어이다. 이 문장에서는 수학적 기호가 현대 과학의 공통적인 언어로서 사용되지만, 이 예비교사에게는 그것이 이해할 수 없는 상형문자와 같이 느껴졌다는 의미에서 사용되었다.

수를 점진적으로 도입하는 것이 나중에 학생들이 좀 더 발달된 대수 개념에 접근하는 것을 용이하게 할 것이라는 주장이 제기되기도 했다(Carraher & Schliemann, 2007). 특히, 대수적 사고를 일찍 발달시키는 것이 대수적 기호주의에 쉽게 접근할 수 있도록 할지도 모른다(Cai & Knuth, 2011).

하지만 이 아이디어의 이론적 근거와 실제적 실행 사이에는 논란의 여지가 있다. 전통적으로 대수는 학생들이 산술에 대해 많은 지식을 습득한 후에야 가르쳐졌다. 즉 산술적 사고는 대수적 사고의 발생과 발달에 필요한 전제조건으로 가정되어 왔다. 분명히, 앞 문단에서 말한 저학년 시기의 대수 도입의 문제는 전통적인 교육방법의 가정을 따르지 않는다. 만약 대수가 산술 이후에 가르칠 필요가 없다면, 문제는 이 두 교육 방법 사이의 관계와 차이점을 밝히는 것이 된다.

이러한 질문을 회피하는 것은 아무런 도움이 되지 않는다. 예를 들어, 온타리오 수학 교육과정에서, 교사가 대수를 도입할 때, 학생들에게 수열과 수열의 일반화를 탐구하며 어떤 패턴을 공부하도록 한다. 초등학교 1, 2, 3학년 학생들은 패턴을 확인하고, 설명하고, 확장하게 하고, 5학년 학생들은 수열에서 멀리 떨어져 있는 항을 예측하게 한다. 그렇다면, 저학년 학생들에게 수열을 확장하거나 설명하고, 멀리 떨어져 있는 항을 예측하도록 하는 것은 대수적인 과정인가 아니면 산술적인 과정인가? 무엇이 이러한 과정을 대수적으로 만드는가? 이러한 과제에서 요구되는 대수적 개념은 무엇인가? 예일대학교 수학자 Roger Howe가 주장한 바와 같이, 위와 같은 질문을 회피하는 것은 산술적 사고와 대수적 사고의 문제를 하찮아 보이게 한다.

> 최근, 일부 수학교육자들에 의해, “대수”는 다소 다르게 이해되어 왔고, 그 생각은 국제학업성취도평가(NAEP : The USA National Assessment of Educational Progress)에 반영되었다. 특히, ‘패턴’을 학습하는 것이 대수적인 어떤 것으로 선언되었다. 나는 이것이 생산적인가에 회의적이다(Howe, 2005, p. 1)[2)]

패턴으로 초기 대수 학습에 접근하는 것을 옹호하는 관점은 대수는 내재적으로 산술적 요소가 있고 산술은 내재적으로 대수적 요소가 있어 패턴 활동을 통해 두 가지 면을 합할 수 있다고 주장한다. 즉 산술과 대수 사이에는 계통적 관계가 있

---

2) 역자주 : 패턴을 학습하는 것이 대수적인 어떤 것으로 선언 될 수 있는 것은 아니며, 산술적 사고를 대변하는 패턴 학습과 대수적인 사고와의 차이를 이해하는 것이 선행되어야 함을 설명하는 것이다.

다는 것이다. 그러나 그 둘은 일치하는 것이 아니기 때문에 그 사이에 분명히 차이점 또한 존재할 것이다. 이 글은 그러한 차이점을 찾는 것이 교육적 관점에서 중요하다는 것을 논하고자 한다. 이러한 차이에 민감하지 않으면, 우리가 대수를 가르친다고 생각하는 동안 산술을 가르치게 될지도 모른다. 그렇게 되면 우리는 진정한 초보적 형태의 대수적 사고를 기르는데 실패할 수도 있다. 이것이 산술과 대수의 구분이 초기 대수교육의 연구에 있어 빠져서는 안 되는 이유이다. 최소한 학교수학에서 산술과 대수의 분명한 구분과 두 분야 사이의 인식론적 관계가 주어지지 않는 한, 저학년 시기에 대수적 개념을 얻을 수 있는 교실 활동을 조직하고, 이후에 보다 복잡한 대수적 개념을 배우도록 학생들을 준비시키는 것은 어렵다(불가능하진 않다). Howe가 언급했듯이 산술과 대수의 명확한 구분 없이는 패턴이 조기에 대수를 학습하는 데 유용하다고 주장하는 것은 불가능하다.

다음 절은 산술과 대수의 관계에 대한 질문에 대해 간단히 논할 것이다. 역사적이고 교육적인 연구로부터, 두 분야에서 요구하는 사고방식의 인식론적 차이를 제안할 것이다. 그리고 8세의 2학년 학생이 6학년이 될 때까지 진행한 5년간의 종단 교실연구 프로그램에서 발견한 것을 제시할 것이다. 체화된 비기호적인 대수적 사고의 발생과 발달 그리고 문화적 형식을 갖춘 기호적 사고로의 점진적 이행에 초점을 맞출 것이다.

2 산술과 대수 : 계통적 관계 그리고 분리

1980, 1990년대의 교육연구의 주요 연구 주제 중 하나는 산술과 대수의 계통적 관계와 분리에 대한 것이었다. 이러한 질문은 몇몇 연구 프로그램의 핵심이었다(예를 들어, 멕시코의 Filloy, & Rojano(1989), 캐나다의 Bednarz, & Dufour-Janvier(1996)). PME 워킹 그룹과 연구 보고서에서도 자주 논의되었다(Sutherland, Rojano, Bell, & Lins, 2001).

Filloy와 Rojano(1989)는 산술과 대수의 근본적인 구분을 **단절**(cut)[3]이라고 불렀다. 이러한 단절은 학생들이 $Ax+B=Cx+D$ 형태의 방정식을 푸는 상황의 임상 연구에서 관찰되었다. $Ax+B=D$ 형태의 방정식을 풀 때, 효율적인 산술적 방법으로서의 '역연산', 즉 보통학생들이 하는 D에서 B를 빼고 A로 나누는 방법은 $Ax+B=Cx+D$ 형태의 방정식을 풀 때엔 응용할 수 없다[4]. 이를 해결하기 위해 학생들은 미지수를 **조작**하는 진짜 대수적인 아이디어에 의존해야 한다. 미지수를 조작하거나, 일반적으로 정해지지 않은 양, 예를 들어 변수나 매개변수를 조작하기 위해서는 반드시 **해석적으로** 생각해야 한다. 즉 학생들은 정해지지 않은 양을 마치 알고 있는 것처럼, 그것이 특정한 수인 것처럼 생각해야만 한다(Kieran 1989, 1990; Filloy, Rojano & Puig, 2007; 인식론적 해석을 위해서는 Radford와 Puig(2007); Serfati(1999)를 참고하라). 발생적인 관점에서 알지 못하는 수를 알고 있는 수처럼 다루는 해석적 사고방식은 산술과 대수를 구분한다. 그리고 그것은 현대 기호적 대수의 발견자인 프랑스의 수학자 François Viète가 해**석술**이라 밝힌 대수의 특징이기도 하다(Viète, 1983).

산술과 대수의 이러한 차이로부터 오는 결과는 다음과 같다. 대수의 해석적 본성 때문에, 대수에서의 식은 **연역된다**[5]. 대수의 해석적 특성을 알아차리지 못하면, 우리는 패턴에서 어떻게 그것이 생성되는지는 고려하지 않은 채 식을 생성한 것을 대수적 사고의 결과라고 생각할 수도 있다. 그러나 Howe (2005)가 주장한 대로, 식을 만드는 것이 단지 식을 추측하고, 그것이 맞는지 확인하는 문제가 될 수 있다. 시도하고 추측하는 방법에는 어떠한 대수적 사고도 존재하지 않는다는 그

3) 역자주 : 단절(cut)이란 산술적 사고와 대수적 사고의 간극을 의미한다. 이것은 산술적으로 방정식을 푸는 데 필요한 지식(역연산)과 대수적으로 방정식을 푸는 데 필요한 지식(미지수를 조작하는 것)의 차이에서 나타난다. 산술적으로 사고하는 학생들은 직관적으로 대수적 표현을 연산의 절차로서만 받아들이기 때문에, 미지수가 두 가지 이상인 식을 다루는데 한계가 있다(Lewis, B., G. M., Cooper, T., Pillay, H. & Wills, L., 1998).

4) 역자주 : 학생들이 $Ax+B=D$ 형태의 방정식을 풀기 위해서는 기계적으로 D에서 B를 빼고, 그것을 A로 나누는 역연산(산술적 방법)만 해주면 되었다. 그러나 $Ax+B=Cx+D$ 형태의 방정식을 풀기 위해서는 x를 미지의 것으로 취급하는 해석적 사고를 해야 하기 때문에 역연산과 같은 산술적인 방법은 응용될 수 없다는 의미이다.

5) 역자주 : 예를 들어 수열의 일반항을 찾는 문제에서 알 수 없는 것(항의 수)을 아는 것처럼 다룬다면(해석적 사고) 논리적 추론을 통해 연역적으로 식을 이끌어내게 된다. 대조적으로, 시행착오를 통해 수열의 일반항을 알아내는 것은 해석적 사고가 이루어지지 않았으므로 산술적 사고라고 볼 수 있다. 이때는 논리적 추론이 아니라, 시행착오를 통해 일반항을 찾아냈으므로 산술적 사고의 결과물은 연역적이라고 할 수 없다.

의 의견에 전적으로 동의한다. 실제로 시도와 추측의 전략은 오로지 산술적 개념에 기반한다.

인식론적 연구 또한 산술과 대수를 구별하는 논의에 공헌했다. 이러한 연구는 두 분야의 차이가 단지 표기법의 문제로 설명될 수 없음을 말한다. 오늘날 알고 있는 글자와 숫자를 혼용하는 대수적 상징체계는 실제로 최근에 발명된 것이다. 서구 르네상스 시기, 노동분업과 생산방식의 변화가 회화와 공간표현에서 관점의 변화가 나타난 것처럼, 대수적 상징체계도 다른 형태의 표현으로 나타났다(Radford, 2006). 대수는 현대적 기호주의의 모습으로 탄생하지 않았다. 유클리드는 **원론**에서는 대수적 아이디어를 사용하지 않으면서 문자를 사용했고(Unguru, 1975), 고대 중국의 수학자들은 연립방정식의 표기법을 사용하지 않으면서 대수적 사고를 했으며, 바빌로니아인들은 대수적으로 생각하기 위해 기하적 그림을 사용했다(Høyrup, 2002). 즉 역사적으로 고찰해보면 대수에서 문자 사용이 대수적 사고의 필수조건은 아니다. 물론 현대 대수적 기호주의는 다른 형태의 기호주의에서는 어렵고 불가능한 표현을 전환할 수 있도록 했다. 그러나 방금 보았듯이, 표기법이 대수적 사고의 징후라는 생각을 버리면 저학년 학생들이 하는 대수적 사고의 초등 형태에 대한 연구에 새로운 길이 열린다.

3 연구의 배경

여기 서술한 저학년 학생들의 대수적 사고에 대한 연구는 2007년에 시작되었다. 10년 전, 나는 청소년과 젊은 성인들의 대수적 사고에 관심을 가지고 있었고, 1998년 7학년 학생들이 2006년에 고등학교를 마칠 때까지 그들과 함께 할 수 있는 기회가 생겼다. 다른 연구자들과 같이 나는 기호적 대수, 즉 문자와 숫자가 혼용된 기호에 의해 중재된 대수적 활동에 초점을 맞추기 시작했다. 목표 중 하나는 기호적 대수식을 세우기 위해 학생들이 겪는 과정을 이해하는 것이었다. 우리는 학생들이 숫자와 문자가 혼용된 표현에 의미를 부여하는 방법을 이해하기 위해서 언어에 관심을 가져야 한다는 가설을 가지고 있었다(Radford, 2000). 그러나 비디오로 촬영된 수백 시간의 수업을 분석하는 동안, 학생들은 단지 언어에만 의존하는 것이 아니라 제스처, 그리고 상호작용의 단순한 부산물과는 거리가 먼 다른 감각적 양상의 것에도 의존한다는 것이 명백해졌다. 제스처, 그리고 다른 형태의 체화된 행동들은 학생의 기호화 과정과 인지적 기능이 통합된 부분임이 분명했다. 문제는 비디오 분석에 근거해서 체화된 요소들이 통합되어 있는 학생들의 대수적 사고에 대해 해석을 제공하는 적합하고 이론적으로 설명 가능한 원리를 제공하는 것이었다. 2000년대 초기 일부의 언어학자들과 인지심리학자들이 체화의 문제에 대한 흥미로운 결과를 밝혔지만(Johnson, 1987; Lakoff & Núñèz, 2000), 그것을 교실과 같이 복잡한 상황에 적용하기는 쉽지 않았으며, 지식의 역사적이고 문화적인 차원을 필연적으로 고려하지도 못했다. 이후 몇 년 동안 몇몇의 학생과 공동연구자들의 도움으로 이론적 접근을 개선할 수 있었으며(Radford, 2002), 전통적 연구들이 제시한 것과는 다른, 체화된 형태의 대수적 사고를 밝힐 수 있었다(Radford, 2003). Radford, Bardini, 그리고 Sabena(2007)는 9학년 학생이 패턴 활동에서 대수식을 만들어내는 데 놀라운 일련의 감성적 양상의 흐름이 있음을 보고하였다. 이 연구에서 놀라웠던 점은 단어, 적혀진 기호, 그림, 제스처, 지각, 그리고 리듬의 미묘한 조화이다. [그림 1]은 학생이 수열 뒤에 숨겨진 수학적 구조를 지각하기 위해 노력하는 과정에서 나타나는 흥미로운 일련의 제스처를 보여준다. 수열의 첫 번째항에 초점을 맞추어([그림 1-(1)]) 학생 미미는 첫 번째 행에 있는 첫 번째 원을 검지로 가리키며 '하나'라고 말했다. 그녀는 손가락을 첫 번째 원으로부터 아랫줄의 첫 번째 원으로 옮기며 다시 '하나'라고 말했다. 그리고 그녀는 '더하기 셋'이라고 말하면서 세 개의 남은 원을 가리키기 위해 손가락을 오른쪽으로 움직이며, 원을 그리는 듯한 제스처를 취하였다(손가락을 돌려 원을 그리며 세 개의 남은 원을 가리켰다). 미미는 수열의 두 번째 항([그림1-(4)])을 가리키며, 이번에는 '2, 2 더하기 3'이라고 말하면서 위와 같은 일련의 제스처를 다시 하였다. 그녀는 세 번째 항을 다루면서도 위와 같은 일련의 제스처를 취하였다(세 번째 항에 대해서는 [그림 1-(4)]를 보라 우리는 미미가 제스처를 취할 때 가리켰던 원들을 표시하기 위해 수열의 항들에 선을 그어놓았다). 이러한 과정에서, 미미는 문자로 표현하는 것 대신에 말과 제스처로 만들어진 체화된 식을 밝혀냈다. 식은 구체적으로 다음과 같다. "1, 1 더하기 3 2, 2 더하기 3 3, 3 더하기 3" 그리고 그녀는 식을 (그려져 있지 않아 상상해야만 하는) 10번째 항에 적용했

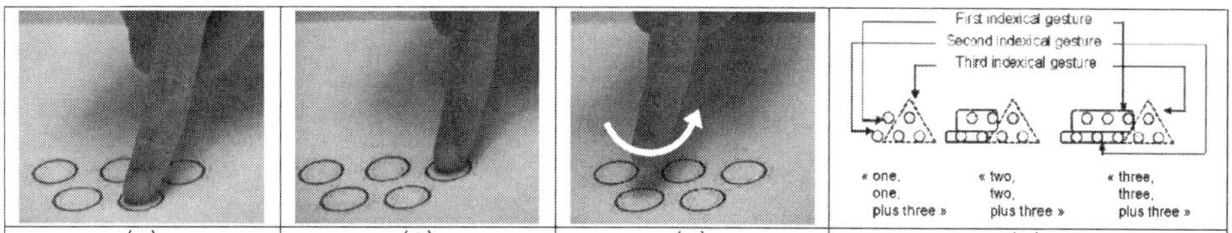

(1) (2) (3) (4)

[그림 1] 9학년 학생이 기호학적 자원을 다양한 방식으로 조화시키는 것을 인상적으로 보여주고 있다. 비디오로부터 재구성 되었다.

다: "10개의 점[즉, 원]을 가질 거예요. (그녀는 책상 위에다 원의 위치를 가리키는 제스처를 취한다), 10개의 점(그녀는 유사한 제스처를 취한다) 더하기 3" 앞서 제시한 바와 같이, 체화된 식[6]은 변수의 사용과 함수적 관계에 기반하는데, 이는 내가 앞서 말한 대수의 특징인 해석적 성질을 갖는다. 비록 변수인 '항의 수'가 문자로 표현되지 않았음에도 불구하고, '항의 수'는 체화된 형태로 나타나며, 이것은 변수가 취하는 특정 수를 대체한다. 식은 예시된 변수에 대한 일련의 계산으로 나타난다. 그런 의미에서 그 식은 대수적이다. 지금 9학년 학생들은 문자와 숫자가 혼용된 기호체계를 사용하며 '$n\times 2+3$'으로 변형될 '$n+n+3$'과 같은 식을 만들어냈다(Radford, Bardini, & Sabena, 2007). 그래서 이 9학년 학생들은 체화된 형태의 사고에서 기호적 사고로 문제 없이 이동하였다.

우리는 제재가 되었거나 제재가 되지 않은 또 다른 해석으로 돌아가서, 감각과 기호의 다양하고 섬세한 조화가 청소년기에 일어나는 광범위한 현상임을 알았다. 그러자 지난 8년간 나를 복잡하게 만들었던 연구 질문이 떠올랐다. 앞과 유사하게 체화된 형태의 대수적 사고가 어린 학생들에게도 가능할까? 만약 그렇다면, 학생이 한 학년에서 다음 학년으로 이동함에 따라 그러한 체화된 형태의 사고가 어떻게 발달할까? 온타리오에서는 여전히 2학년 때 읽고 쓰기를 배우기 때문에 2학년이 연구를 시작하기에 좋은 학년으로 보였고, 이 주제를 초등학교로 옮겨 새로운 종단 연구를 시작하게 되었다.

---

6) 역자주 : 현대 기호적으로 표현하면 $x+x+3$ 과 대응되며, 여기서는 손의 움직임과 말로 체화되어 있다.

4 2학년 : 어린 학생의 비기호적인 대수적 사고

2학년 교실에서, [그림 2]와 같은 수열을 이용하여 첫 번째 일반화 활동을 하였다.

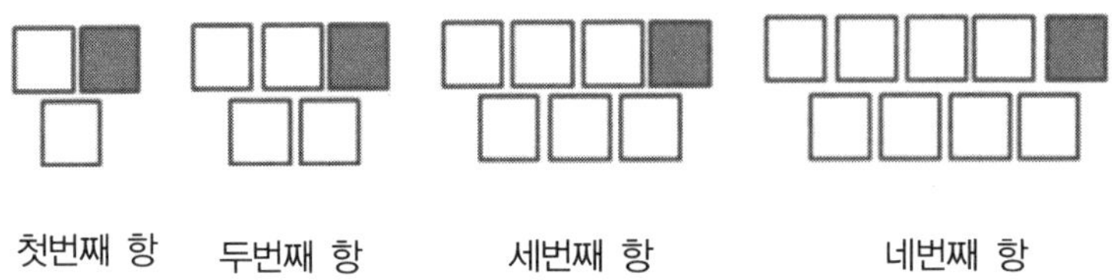

[그림 2] 2학년 학생이 대수 수업에서 탐구한 수열의 항

학생들에게 수열을 6항까지 확장시켜보도록 하였다. 그 다음으로 12항과 25항에서 직사각형 수를 결정하는 절차를 찾아내라고 하였다. 카를로스와 제임스는 [그림 3]과 같이 답했다.

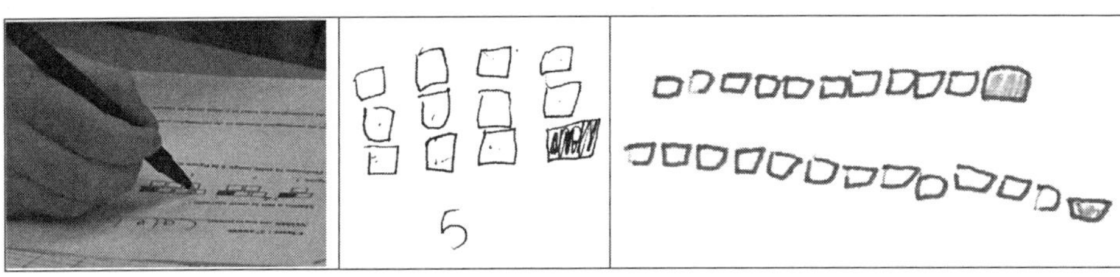

[그림 3] 왼쪽 그림은 카를로스가 세 번째 항, 첫 번째 행의 사각형들을 순차적으로 가리키며 소리 내어 세고 있다. 가운데 그림은 5항에 대한 카를로스의 그림이다. 오른쪽 그림은 5항(위)과 6항(아래)에 대한 제임스의 그림이다.

청소년기의 학생을 대상으로 한 연구에서 관찰한 것과는 대조적으로, 2학년 학생 대부분은 수열을 확장하는 데 있어서 항의 수치적인 측면에만 초점을 맞추었고, 주로 수세기 활동을 하였다.

일반적으로 그림으로 된 수열을 확장할 때, 규칙성을 알기 위해서는 **공간적** 그리고 **수치적**인 두 가지 서로 다른 구조를 연결해야 한다. 사각형의 **공간적 위치**에 대한 감각은 공간적 구조로부터 발생하는 반면, 사각형의 수량성은 수치적 구조로부터 발생한다. 카를로스는 일반화 활동에서 수치적 구조에 집중하는 동안, 공간적 구조는 일관성 있게 관심을 두지 않았다. 이것은 카를로스, 제임스, 그리고 다른 학생들이 그림을 두 수평적 행의 합성으로서 보지 않았다는 것을 의미하는 것은 아니다. 이것은 학생들이 기하적 구조는 다소 뒤로 남겨둔 채 수치적 구조에 집중한다는 것을 뜻한다. 여기서 수열의 항의 모양은 세기 과정을 용이하게 한다고 말할 수 있다. [그림 3]의 첫 번째 사진처럼 카를로스는 항상 공간적으로 정렬된 방식으로 사각형을 셌다. 그러나 기하적 구조가 의미 있고 효과적인 방법으로 수치적 구조와 관련되어 나타나지는 않았다. 따라서 학생이 12항과 25항에 대한 질문에 답하기 어려워했을 것이라는 점은 당연하다. 효과적인 세기 방법에 의존하지 않은 채 지각의 수준을 넘어서 멀리 떨어진 항들의 사각형을 하나하나 세는 세기 과정은 극단적으로 어려워진다.

수열[7]의 공간적인 함축이 주는 어려움 때문에, 어린 학생들이 수열을 확장하며 '위'나 '아래' 같은 지시어를 사용하지 않는 것은 놀랄 일이 아니다. 공간적인 구조와 수치적인 구조를 연결하는 데 성공한 학생의 경우에도 공간적 구조는 단지 표면적으로만 드러났다. 즉 '위'나 '아래' 같은 행에 대한 구분은 학생 담론에서 나타나지는 않고, 실제로 행을 세고 가리키는 행동을 통해 나타났다. 공간적 구조는 행동과 지각의 체화된 영역에 숨어있다. 다음 날 교사는 학생들과 함께 수열에 대해 토론했고 학생들이 공간적 구조와 수치적 구조의 연계에 대해 주의를 기울일 수 있도록 수열의 행들을 직접적으로 언급하였다. 그러기 위해 교사는 수열의 처음 다섯개 항들을 칠판에 그렸다. 그리고 학생들에게 행을 세는 어떤 학생을 상상하게 하였다. 그녀가 학급에 말하기를, "이 학생은 1항에서(그녀는 항의 이름을 가리켰다), 아랫줄에 하나의 사각형이 있고(아랫줄의 사각형을 가리킨다), 윗줄에 하나의 사각형이 있고(사각형을 가리킨다), 그리고 하나의 검은 사각형이 있다는 것을 알았어(검은 사각형을 가리킨다)"라고 말했다. 다음으로 그녀는 2항으로 이동하여 그 안의 사각형의 수와 그림의 공간적인 행과 관련된 '아래'나 '위'와 같은 공간적인 지시어들을 조화롭게 사용하며 리듬감 있게 동일한 세기 과정을 반복했다. 모든 학생이 따라오고 있음을 확인하기 위해 그녀는 1항과 3항을 학생들이 함께 세도록 했고, 5항까지 함께 하였다(그림 4).

7) 역자주 : 연구에서 사용된 것은 그림으로 나타난 그림 열이다. 하지만 편의상 수열이라 번역했다. 그림으로 나타나있기 때문에 공간적인 함축이 나타나는 것이다. 이러한 함축을 읽어내지 못하면, 학생들은 그림을 부분으로 나누어 이해할 수 없다. 그래서 위, 아래 같은 지시적 단어를 사용하지 못한다.

[그림 4] 교사와 학생이 리듬감있게 말하며 세고 있다. (사진 1을 보라) '5항'; (사진 2) '아랫줄에 5'; (사진 3) '윗줄에 5'; (사진 4) '더하기 1'.

그리고 교사는 학급 학생들에게 25항에 있는 사각형의 수에 대해 물어보았다. 매리는 손을 들어 "아랫줄에 25, 윗줄에 25 더하기 1"이라고 대답했다. 학급은 잠시 동안 50항, 100항과 같은 '멀리 떨어진' 항을 다루며 시간을 보냈다. [그림 5]는 칼이 교사와 같은 그룹의 친구들에게 50항이 어떻게 보이는지에 대해 설명하고 있는 것이다.

[그림 5] 칼이 50항을 설명하고 있다.

[그림 5]의 왼쪽 사진에서, 칼은 50항의 아랫줄에 50개의 흰 사각형이 있다고 말하면서 50항의 아랫줄을 가리키기 위해 그의 팔과 몸을 왼쪽에서부터 오른쪽으로 활발하게 움직인다. 그는 그의 팔을 좀 더 움직이며 50항의 윗줄을 의미하기 위해 팔로 제스처를 반복한다. 그리고 검은 사각형을 의미하는 반원을 허공에 그린다.

학생들은 멀리 떨어진 항을 좀 더 다루었다. 칼의 그룹에서는 50항과 500항을 중심으로 질문이 나타났다.

[1] 칼 : 500에 500을 더하면 어떨까?

[2] 에리카 : 아니야. 더 간단한 걸 하자.

[3] 칼 : (거의 동시에 말하며) 500 더하기 500은 1000과 같아.

[4] 에리카 : 더하기 1, 1001.

[5] 칼 : 더하기 1, 1001과 같아.

[6] 신디 : (50항에 대해 이야기하며) 50 더하기 50, 더하기 1은 101과 같아.

대략적으로 말하자면, 멀리 떨어진 특정 항에 있는 사각형의 개수를 묻는 질문에 대한 학생들의 답변은 '$x+x+1$'(x는 항상 특정한 수이다)이다. 식이 비록 표준적인 표기법으로 표현되지 않았어도, 나는 그 식이 대수적이라고 주장한다. 이 경우 부정성과 해석성은 명백하다기보다는 직관적인 형태로 나타난다. 이때 자연스럽게 떠오르는 질문은 "모든 2학년 학생들이 이러한 행동이 가능할까?"이다. 사실 대답은 "아니다"이다. 다음 절에서 보게 될 것처럼, 우리는 좀 더 개선된 형태의 대수적 사고를 발생시키기 위한 조건을 만들 수 있었다.

4.1 직관적인 부정(不定)성을 넘어서 : 메시지 문제

패턴을 일반화하는 교수·학습 과정의 다섯 번째 날, 교사는 첫 번째 날 보여준 수열로 되돌아갔다([그림 2]). 간략하게 말하면, 교사는 며칠 전 교실에서 다룬 수열에 대해 토론과 소그룹 활동에서 배운 것을 공유하기 위해 몇 개 그룹의 학생을 교실앞으로 불렀다. 그리고 교사는 학생들에게 새로운 질문을 던졌다. 학생들 앞으로 상자를 가져와서 그 안에 5, 15, 100, 104 등의 숫자가 적힌 몇 장의 카드들을 넣었다. 각 숫자들은 [그림 2]에서 보여준 수열의 몇 번째 항인지를 나타낸다. 교사는 학생을 불러내어 임의로 카드 중 한 장을 고르도록 한 뒤, 그것을 학생과 교사 아무도 모르게 다시 봉투에 집어넣었다. 교사는 다른 학교에서 온 학생인 트리스탄에게 그 봉투를 전달할 것이라고 말했다. 2학년 학생들은 카드와 함께 봉투에 어떤 메시지를 담아 전송해야 하는데, 그 메시지를 통해 학생들은 카드가 가리키는 항의 사각형 수를 어떻게 하면 빠르게 계산할 수 있는지 트리스탄에게 설명하는 것이다. 지금 항의 수는 공개되지 않는다. 그렇다면 학생들이 아직 공개되지 않은 항의 사각형 수를 계산해내고 체화된 식을 일반화하는 것이 가능할까? 다시 말해, 2학년 학생들은 어떻게 직관적인 부정성을 넘고, 그에 대응하는 대수적 사고의 초등적 형태를 넘어설 수 있을까? 이전의 수업과 같이 학생들은3명씩 소그룹 활동을 하였다. 일반적인 대답은 예시를 사용하는 것이었다. 예를 들어, 칼은 "만약 (카드에 적힌) 수가 50이라면, 50, 더하기 50, 더하기 1을 해요"라고 제안했다. 교사는 이 학생의 아이디어를 칭찬하였지만, 카드의 수가 다를 수 있으니 예시에 의존하지 않는 또 다른 방법을 생각해보도록 하였다. 집중토론이후에, 학생들은 다음과 같이 제안하였다.

[7] 에리카 : 어떤 수가 있어요. 아랫줄에 그 수가 있고, 윗줄에도 그 수가 있고, 더하기 1 …

[8] 교사 : 아주 훌륭해요. 그런데 그 항을 그릴 필요는 없다는 것을 잊지 마세요[8]. 더하기만 하면 돼요. … 그러면 이 좋은 생각을 어떻게 말할 수 있을까요?

[9] 에리카 : 계산기를 쓸 수 있어요!

[10] 교사 : 좋아요. 그리고 계산기로 무엇을 해야 할까요?

[11] 에리카 : 숫자를 입력해요(계산기에 숫자를 입력하는 시늉을 한다) … 같은 수를 더하고, 1을 더해요 (말한 대로, 그녀는 계산기에 숫자를 입력하고 1을 입력하는 시늉을 한다).

다른 그룹은 "그 수를 두 배 하고 1을 더해요"라고 제안하였다. 당연히 계산기 사용은 가상이다. 학생의 실제 계산기를 사용한다면, 학생이 입력하는 수는 특정한 숫자일 것이다. 그럼에도 불구하고 계산기는 학생들이 말한 식이 놓친 해석적 차원을 다룰 수 있도록 도움을 주었다. 가상적인 계산기를 사용함으로써 특별히 정해지지 않은 변수를 사용한 계산이 이루어졌다.

2학년 학생들이 대수를 배운 첫 주 동안 이루어낸 성취에 대하여 요약해 보자. 초기 대부분의 학생들은 수량에 초점을 맞추어 [그림 1]에 나타나있는 것과 같은 그림 열을 다루었다. 멀리 떨어진 항에 있는 사각형의 개수를 알아내는 것은 쉽지 않았다. 두 번째 날에 교사와 학생들이 함께했던 세기 과정은 학생들이 다른 방법으로 수열을 바라볼 수 있게 도와주었다. 교사와 함께한 세기 과정은 학생들이 수학적 일반화의 새로운 형태를 깨닫고 서술할 수 있도록 하였다. 특히 그들은 사각형의 개수를 세는 과정이 항의 수와 아랫줄의 사각형과 같이 그림에 반영되어 항의 수를 연결 짓는 **관계적 아이디어**에 기반할 수 있다는 사실을 알게 되었다. 이것은 항의 수와 항 그 자체에 대한 통합된 새로운 지각을 요구한다. 이 항들은 단지 순서 매긴 사각형의 묶음이 아니라 분해된 어떤 것으로 나타나며, 분해된 부분은 대수적 관계에 잠재적인 단서를 제공한다. 흥미롭게도 역사적으로 기하학적 도형을 (예를 들어 직선) 더 단순한 형태로 '분해'하는 아이디어는 17세기 대수적 아이디어의 발달에 중요한 역할을 한 Descartes의 책 《기하학》(Barbin, 2006)[9]에서 체계

---

8) 역자주 : 에리카가 아랫줄에 그 수가 있고, 윗줄에 그 수가 있다고 말한 것에 대하여 교사는 이것이 그림으로 표현된다면 하나의 예를 상상한 것이라 본 것이다.

적으로 발달되었다. 그림의 분해는 알려진 수와 미지수 사이의 관계를 만들어 내고, "알려진 것과 알려지지 않은 부분 사이를 구분하지 않는" 계산을 수행하도록 했다(Descartes, 1954, p. 8). 우리의 연구는 2학년 학생을 대상으로 연구한 다른 연구들과 마찬가지로(예를 들어 Rivera, 2010), 공간적 구조와 수치적 구조의 연결이 대수적 사고의 발달에 중요함을 나타낸다. 그러한 연계는 수열을 바라보는 방법의 문화적 변화에 기반한다. 이러한 변화를 눈의 길들임(Radford, 2010)이라고 명명했다. 수학자의 눈으로는 그저 당연하지만, 2학년 학생들이 수학자처럼 볼 수 있도록 확장하기 위해서는 수학자가 수열을 인지하는 이면의 복잡성을 알아야 한다. 결과가 말하듯이, 구조를 파악하는 과정은 결코 자연스럽지 않다. 대수적으로 의미 있는 것을 성공적으로 다루는 것이[10] 대수적으로 사고하는 것을 학습하는 한 부분이다. 이러한 눈의 문화적 변화는 2학년 학생에게만 국한된 것은 아니다. 그것은 학생들의 다른 발달 궤도에서도 나타난다. 이것은 나중에 학생들이 인수분해를 다룰 때 다시 나타나는데, 인수분해에서 구조적 **구문론적 형식**들은 공통인수를 인식하거나 전형적인 표현을 인식하는 데 중심적 요소가 된다(Hoch & Dreyfus, 2006).

대체로 공간적 구조와 수치적 구조의 연계는 체화된 식으로 나타나는 대수적 사고의 초등적 방식을 발생시켰다. 이러한 식은 특수한 예를 통해 표현된 변수가 포함된 '$x+x+1$'(여기서 x는 항상 **특정한** 수)로 도식화할 수 있다. 기호학적이고 인식론적인 배경에서, 나는 이 식이 진정으로 대수적이라고 주장한다. 그렇다고 저학년 학생들에 의해 제시된 모든 식이 대수적임을 의미하지는 않는다. 예를 들어, 한 학생이 100항의 사각형의 개수를 알아내기 위해 2를 더하는 것을 1항에서부터 100항에 다다를 때까지 반복하는 것을 제안할 수 있다. 이것은 산술적 일반화의 예시이지 대수적인 것은 아니며 여기에는 해석적인 성격을 포함하지 않는다. '메시지 문제'는 학생들에게 직관적인 부정성을 뛰어넘어 미지수를 명백하게 계산하고 생각해 말할 수 있도록 했다. 일부 학생들은 "그 수 더하기 그 수 더하기 1"과 같이 말로 된 명백한 식을 만드는 것이 가능했고 다른 학생들은 예를 통

9) 역자주: 16세기 이전까지 기하학은 연속된 것에 대한 학문, 대수학은 불연속적인 것에 대한 학문이라는 인식이 강했는데, 이 책을 통해 Descartes는 대수학과 기하학의 통합을 시도하였다.

10) 역자주: 이 맥락에서는 교사가 학생이 수열의 공간구조를 인식할 수 있도록 눈을 길들였고, 이것을 대수적으로 의미 있는 학습과정으로 해석한 것이다.

해 일반적인 미지수가 표현되는 식을 생성해냈다. 이것은 Mason(1996)이 **특수한 사례를 통해 일반성 보기**라고 말한 것과 같다. 말로 된 명백한 식이나 특수한 것을 통해 일반적인 것으로 가는 식, 이 둘은 행동으로 변수와 식이 드러나는 체화된 식 보다는 더 복잡한 형태의 초등 대수적 사고의 증거를 보여준다.

앞에서 언급된 2학년 학생들의 대수적 사고의 초등적, 전(前)기호적 형태는 첫 번째 연구질문의 답이 된다. 즉 청소년기의 학생에게서 관찰된 체화된 형태의 사고가 더 어린 학생들에게도 가능하다. 그러나 거기에는 차이점이 존재한다. 청소년들은 종종 말과 제스처 사이의 불일치의 시기를 겪은 후에 일반적으로 조화로운 방법으로, 제스처를 취하거나 말하고 기호화하는 경향이 있다(Arzarello & Edwards, 2005; Radford, 2009a). 대조적으로 2학년 학생들은 에너지 넘치고 활발한 제스처를 취한다([그림 5]를 보라). 에너지가 넘치고 활발한 제스처는 학생들이 변수, 그리고 알려진 수와 미지수 사이의 관계를 지각할수록 점차 감소된다. 하지만 에너지 넘치고 활발한 제스처는 청소년기의 학생과 비교하면 상대적으로 강하게 남아있다(Radford, 2009a, 2009b). 이러한 현상은 "어떻게 어린 학생들의 대수적 사고가 **발달하는가?**"라는 두 번째 연구질문과 관련된다.

심리학자들이 확인한 바와 같이 발달과 관련된 질문은 매우 까다롭다. 매해 자료를 모아서 학생이 1년차엔 무엇을 했고, 2년차엔 무엇을 했는지를 비교하는 것으로 발달과 관련된 질문에 답하는 것으로는 충분치 않다. 차이를 드러내는 것이 무언가를 **보여줄** 수는 있지만 어떤 것도 **설명할** 수는 없다. 청소년에 대해 연구할 때, 약 10년간 수학적 사고의 발달에 대한 문제를 고민하였으나 어떠한 만족스러운 결과를 만들지 못했다. 그러나 청소년과 함께한 이 연구를 통해 발달에 관련된 질문을 고민하는 데 도구가 될 수 있는 수학적 인지의 감성적이고 물질적인 개념을 생각할 수 있었다(Radford, 2009b). 학생들이 이후에 수행한 것을 설명하기 전에, 발달에 관련된 질문을 먼저 곱씹어 볼 필요가 있다.

5 사고와 그 발달

정신의 인지적 접근과는 반대로, 나는 사고는 단순히 '머릿속'에서만 일어나는 것이 아니라고 제안해 왔다(Radford, 2009b). 사고는 물질적이고 관념적인 요소들로 만들어짐을 고려해야 한다. 이것은 (내적 그리고 외적) 말, 감각적 상상의 대상화된 형태, 제스처, 감촉, 그리고 문화적 도구를 사용하는 실제적 행동으로 구성되어 있다. 개념적 범주는 우리가 어떤 것을 강조하고 알아차리고, 어떤 것에 집중할 수 있도록 하며, 그러한 인지적 행동은 문화적으로 전형적인 방법 안에서 일어 난다. 따라서 [그림 5]처럼 칼이 개념적 범주의 무리와 언어를 통하여 생각하고 또 그 안에서 생각하고 있는 것과 마찬가지로 몸을 통해 몸과 함께 생각하고 있다. [그림 4]의 교사도 마찬가지이다. 비록 이것이 교사와 학생들이 단순히 아이디어를 의사소통하고 있는 것으로 분석될 수 있을지라도, 나는 생각과 의사소통 사이를 구분하는 것에 반대한다. 그것은 오직 마음을 아이디어로 만들고 산출한 이후에서야 의사소통하는 개인적 공간으로 보는 맥락에서만 가능하기 때문이다. 마음에 대한 이러한 산출적인 관점은 서구 관념론자와 이성주의 철학의 전통에서 오랜 역사를 가진다. 여기서 내가 그리고자 하는 것은 마음 대 몸, 관념 대 물질이라는 이분법적 가정에 저항하는 것이다. 여기서 나타난 사고는 성찰과 행동의 관념적이고 물질적 형태이며, 단순히 머릿속에서만 일어나는 것이 아니고, 말, 몸, 제스처, 기호, 그리고 도구들의 복잡한 기호학적 조화를 통해 그리고 그 안에서 일어나는 것이다. 이것이 우리가 어려운 대화를 할 때, 우리가 표현하고자 하는 아이디어에 대해 이성적으로 파헤쳐서 말하는 것이 아니라, 스스로의 생각을 들으면서 우리가 무엇을 생각하고 있는지를 깨닫게 되는 이유이다.

사고가 (내적 그리고 외적) 말, 감각적 상상의 대상화된 형태, 제스처, 감촉, 그리고 문화적 도구를 사용하는 실제적 행동으로 구성되어 있다고 한 것이 사고가 이러한 항목들의 모임이라는 것을 의미하지 않는다. 예로 돌아와서, 카를로스([그림 3]의 왼쪽을 보라)는 상반신을 움직이며 수열의 첫 번째 항의 사각형들을 세기 위해 가리키는 제스처와 단어를 사용한다. 말과 제스처는 항의 수치적인 것을 다루는 그의 지각적인 활동을 안내했다. 카를로스와 마찬가지로, 칼도 그의 상반신을 움직이며 팔과 손의 제스처를 만들고 언어에 의존했다([그림 5]). 식 '숫자 더하기 숫자, 더하기 1'을 설명하면서, 에리카는 그녀가 마치 계산기를 두드리는 것과 같은 제스처를 취했다(Radford, 2011). 그러나 지각, 제스처, 그리고 단어 사이의 관계는 같지 않다. 그것은 사고가 단순히 항목들의 모임은 아니라는 것을 의미한다. 사고란 물질적이고 관념적인 구성요소의 동적인 **통합**이다. 이것이 같은 제스처라도(예를 들어 3항의 윗줄에 있는 사각형을 가리키는 듯한 행동) 그것이 개념적으로 복잡한 어떤 것을 의미할 수도 있고, 매우 단순한 어떤 것일 수도 있는 이유이다. 즉 사고의 구성요소의 진정한 의미는 그 구성요소가 활동하는 역할들을 **통합**의 맥락에서 이해할 때 인식될 수 있다는 것이다.

이제 발달과 관련된 질문을 할 수 있다. 만약 사고가 관념적이고 물질적인 구성요소의 **체계적인 통합**이라면, 사고의 발달을 사고의 구성요소 하나에 초점을 맞추어 연구하는 것은 잘못된 것일 수 있다. 그렇다면 대수적 사고의 발달은 그것의 기호적 구성요소(예를 들어 표기법의 사용)의 발달로서 축소될 수 없다는 것이다. 대수적 사고의 발달은 그것의 다양한 구성요소의 **변증법적**인 발달과 밀접하게 관련된 설명을 통해 반드시 **전체적인 것**으로서 연구되어야 한다(Radford, 2012a). 만약 앞 절에서 '눈의 길들임'을 말했다면, 이 길들임은 '손의 길들임'과 관련되어야 한다. 그리고 실제로 이것은 2학년 교실의 둘째 날에 일어났다. 기억을 돌이켜보면, 교사([그림 4])는 명백한 제스처를 사용하고 분명한 리듬과 학생이 사용할 수 있는 지시어를 만들었다. 그 학생들은 새로운 방식으로 눈과 손을 사용하기 시작했고 그것을 효과적으로 사용할 수 있었다. 이것은 다른 형태의 수열에 성공적으로 적용할 수 있는 수학적 일반화의 문화적 형식으로 진전되었다.

요약하면, 그것은 단지 촉각이나 지각, 또는 발전적으로 변형된 기호사용 활동이 아니다. 지각이 발달하는 것과 같은 방식으로 말(예를 들어 공간적 지시어를 통하여)와 제스처(리듬과 정밀함을 통하여) 또한 발달한다. 지각, 말, 제스처, 그리고 상상은 서로 연관되어 발달한다. 단어, 제스처, 그리고 기호는 더 일반적으로는 대상화의 수단으로 사용되어 사고의 물질적 관념적 구성요소의 새로운 통합을 형성한다. 이러한 대상화의 의미로 통합되는 것에 대해 Vygotsky는 "자발적 관심의 수단으로서, 추상화와 특성의 분리의 수단으로서 그리고 종합과 기호화의 수단으로서"(1987, p. 164) 라고 말한 바 있다. 이러한 맥락에서 대수적 사고의 발달에 대한 질문은 사고의 물질적이고 관념적인 구성요소(예를 들어 제스처, 내적,

그리고 외적 말) 사이에서 새롭고 체계적으로 구조화 되는 관계의 모습에 대한 것이며, 그러한 관계가 조직되고 재조직되는 방법에 대하여 묻는 것이 된다. 이러한 발달적 관점에서 이후 몇 년간 수집된 데이터를 연구했다. 이 글의 나머지는 3학년과 4학년에 초점을 맞추어 요약하겠다.

6 3학년 : 기호적 축약

평소와 같이 3학년 학생들에게 소그룹으로 하는 일반화 과제가 제시되었다. 첫 번째 과제는 n개의 원이 수평으로 배치되고 $n-1$개의 원이 수직으로 배치된 그림열 S_n과 관련된 것이었다. 학생들에게는 4번째 항까지 제시되었다. 2학년 때 보여준 것과는 대조적으로, 카를로스는 처음부터 그 항의 공간적 형태를 이용할 줄 알았다. 카를로스가 소그룹 동료에게 4항에 대해 "여기(수직 부분을 가리키며) 4개가 있어. 여기(즉, 수직인 부분)를 다 가지는 것과 같이(4개의 원이 둘러싸이도록 선을 그린다), 여기(수평 부분)도 다 가질 수 있어(둘러싸이도록 선을 그린다. [그림 6], 사진 1을 보라). 그래서 우리는 이렇게 5개를 그려야 하고(수직인 부분이 그려져야 할 곳을 수직적 제스처를 취하며), 5개를 이렇게(수평적 제스처를 취하면서) 그려야 해."라고 말했다([그림 6], 사진 2~3을 보라).

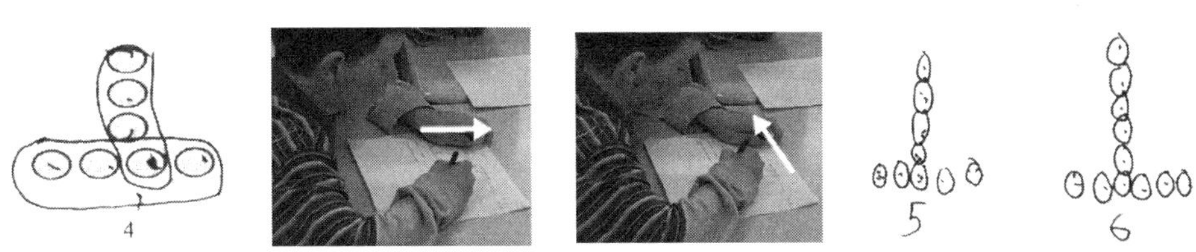

[그림 6] 왼쪽은 주어진 수열의 4항이다. 가운데 사진은 5항을 그리는 것에 대해 상상하고 이야기하는 동안 카를로스의 수직적, 그리고 수평적 제스처이다. 오른쪽 사진은 카를로스가 그린 5항과 6항이다.

교사가 이 그룹을 보러 왔을 때, 그녀는 카를로스에게 10항을 그리고, 50항을 그리도록 했다. 불특정 지시어와 제스처를 써가며 첫 번째 답을 하였다. 그는 빠르게 "10을 이렇게(수직적 제스처) 그리고 10을 이렇게(수평적 제스처) 그려요."

라고 말했다. 특정한 지시적 단어 '수직으로'는 50항에 대한 질문에 대답하면서 사용되었다. 그는 "50개가 수직으로 … 그리고 49 …라고 말했다. 교사가 떠났을 때, 학생들은 6항을 어떻게 쓸 것인지에 대한 토론을 계속 했다. 카를로스는 "6 수직으로 그리고 5 수평으로"라고 적었다.

발달의 측면에서, 이것은 대수적 사고의 관념적 물질적 구성요소의 통합의 진화라 볼 수 있다. 지금 카를로스는 쉽게 스스로 제스처, 지각, 그리고 말을 조화시켰다. 사고의 외부적 구성요소들의 조화는 우리가 2학년 때 관찰한 것에 비하면 훨씬 더 개선되었다. 이러한 개선을 우리는 **기호적 축약**(Radford, 2008a)이라 부르며, 무엇이 관련 되었는지, 관련되지 않는지를 선택하는 동안 기호적 축약이 발생한다. 이전에 이루어진 기호적 활동의 축약을 유도하고, 기호적 자원 사이에서 좀 더 개선된 연결을 도출한다. 이것은 더 깊은 수준의 의식과 현재 다루어지는 문제의 이해를 수반하고, 이것이 배움의 징후이며 개념적 발달이다.

7 4학년 : 손의 길들임

발달의 문제를 확인하기 위해, 그들이 2학년에서 다루었던 수열을 4학년 때 제공하였다([그림 2]를 보라). 카를로스는 처음부터 항들이 두 개의 행으로 분할될 수 있음을 지각하였다. 그는 그룹의 친구들과 대화하며 5항의 첫 줄에 대해 마치 시시한 것에 대해 이야기하는 것처럼 "5개의 흰 사각형. 1항이기 때문에 1항에는 1개의 흰 사각형이 있을 거야(빠르게 가리키는 제스처를 취한다). 2항, 2[개의 사각형](또 빠르게 가리키는 제스처를 취한다), 3(빠르게 가리키는 제스처를 취한다), 3."이라고 말했다. 그는 5항의 첫 줄에 5개의 흰 사각형을 그리고 "네가 검은 사각형을 더한 다음"이라고 덧붙였다. 그리고 4항의 아랫줄에 대해서 "여기 4개가 있어. 거기(5항)에는 5개가 있어."라고 언급하였다. 교사가 그들의 작업을 보기 위해 다가왔을 때, 카를로스와 그의 친구는 "우리는 2항을 보았어요. 이것은 같은 것이에요(즉, 2개의 흰 사각형이 위에 있는). 6항은 6개의 흰 사각형을 가질 거예요."라고 설명했다.

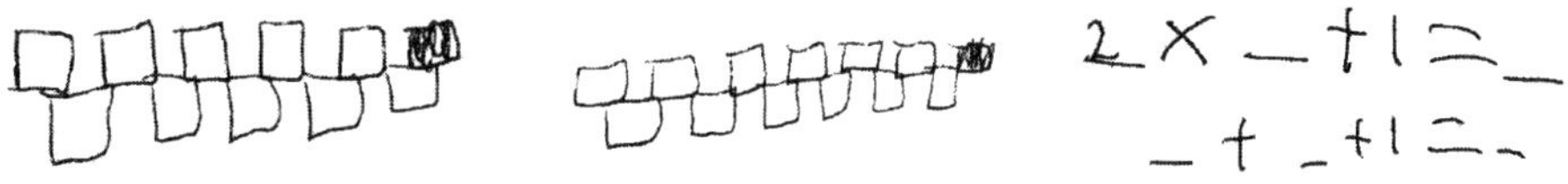

[그림 7] 왼쪽은 5항과 6항에 대한 카를로스의 그림. 오른쪽은 카를로스의 식들

학생들에게 상상의 학생 피에레에게 어떻게 이 수열의 큰 항을 만들 수 있는지(큰 항 문제) 설명하도록 하였다. 2학년 때 학생들은 체계적으로 특정한 항을 선택했다. 이번에 카를로스는 "그는 (흰 사각형이) 항의 수만큼 윗줄과 아랫줄에 필요하고, 검은 사각형 하나를 위에 더하여라."라고 적었다.

7.1 다시 한번 '메시지 문제'

수업의 마지막 부분에서 학생들은 다시 한번 '메시지 문제'를 풀었다. 2학년 때 오랜 과정이 걸렸던 것과는 다르게 특별한 예시 없이 메시지를 만들어 즉시 대답하였다.

[12] 데이비드 : 네가 계산하는 항의 숫자를 두 배 하고 1을 더해. 그거야!
[13] 카를로스 : (데이비드의 아이디어를 다시 말하며) 수를 두 배 하고 1을 더해.

활동은 새로운 도전과 함께 종료되었다. 교사는 학생들에게 메시지를 '수학적 식'으로 적으라고 요구했다. 카를로스의 그룹은 말로 된 것과 수학적 식으로 된 것 사이의 차이점에 대해 토론한 후, 식은 오로지 연산만 포함해야 한다는 것에 동의했다. 카를로스의 식은 [그림 7]의 세 번째 사진에 나타나 있다.

발달적인 관점에서, 카를로스의 언어 사용이 어떻게 개선되었는지를 볼 수 있다. 2학년 때 카를로스는 '큰 항'에 관련된 이 문제에 대답하기 위해 특정한 항(1000항)에 의존하였다. 그러나 이번에는 '항의 수'라는 표현을 통해 부정성을 쉬운 방법으로 다루었다. 심지어 더 나아가 정해지지 않은 항의 사각형의 수를 계산하기 위해 두 개의 상징적 표현을 만들어냈다([그림 7]의 오른쪽). 지각하기, 제스처 취하기, 언어화하기, 그리고 상징화하기에 대한 기호적 활동은 크게 발달되었다. 기호활동이 2학년 때에는 나타나지 않았고 3학년 때에는 충분하지 않았는데,

4학년이 되어서 서로 연관성이 개선되고, 일관성을 가지게 되었다. 이 인지 발달적 개선은 교사가 표기법으로 학생들을 유도해 갈 때 더 명백해졌다.

7.2 표기법의 도입

표기법의 도입은 [그림 8]에 보이는 과제에 대한 학생들의 답에 대해 토론할 때 등장하였다. 토론은 앞의 절에서 언급했던 '메시지 문제'에 대한 전체 토론 후에 이루어졌다.

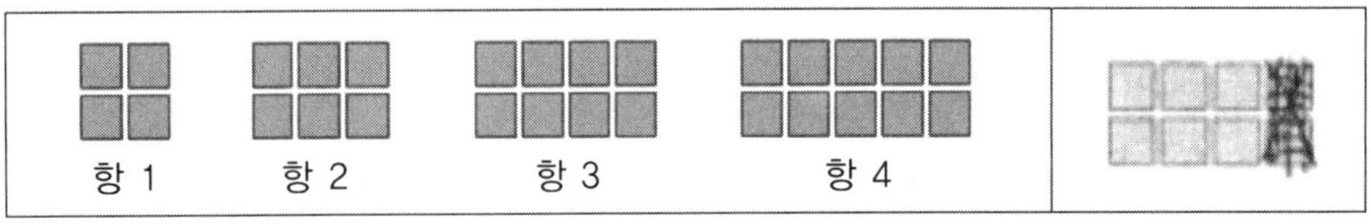

[그림 8] 왼쪽은 과제의 수열, 오른쪽은 카를로스의 3항의 분해

교사는 학생들에게 소그룹으로 숙제에 대한 답변을 비교하고 토론할 기회를 주었다. 카를로스의 그룹에서 수열의 항은 두 개의 행을 가지고 있고, 각각은 항의 수만큼의 사각형을 갖고 있고, 거기에 끝의 두 사각형의 합만큼을 갖고 있는 것으로 인식되었다([그림 8]의 오른쪽을 보라). 카를로스가 15항에 대해 언급하며 "15개가 위에, 15개가 아래에, 더하기 2, 그래서 32"라고 말했다. 셀리아라는 카를로스의 소그룹 학생은 "15더하기 1은 16과 같은데, 그래서 16 더하기 16 … 그래서 32"라고 설명하였다. 10분간의 소그룹 토론 이후에, 교사는 학생들이 '메시지 문제'에서 만들었던 것과 같은 식을 만들어보기를 유도했다. 그러고 나서 학급은 여러 그룹에서 발견한 것에 대해 발표하는 전체 토론으로 옮겨갔다. 에리카가 칠판에 가서 '1+1+2×___ = ___'와 같은 식을 제안했다. 교사는 밑줄 대신 다른 방법으로 적는 것이 가능할지를 물어보았다. 한 학생이 물음표를 사용할 것을 제안하였다. 교사는 물음표가 사용될 수 있음을 인정하고, 다른 생각은 없는지 물어보았다. 사만다가 의문과 함께 대답하였다.

[14] 사만다 : 문자?

[15] 교사 : 아! 내가 1 더하기 1 더하기 n의 두 배라고 적을 수 있나요? n은 무엇을 의미하나요?

[16] 학생 : 수 …

17] 교사 : 우리가 이것(즉 1 더하기 1 더하기 2배의 n)을 n과 같다고 적을 수 있나요? (일부 학생들은 "예"라고, 다른 학생들은 "아니오"라고 대답한다. 칠판에 있는 에리카에게 말한다) 좋아요. 에리카가 생각한 식을 적어보세요 (에리카는 $1+1+2+n=n$이라고 적는다).

[18] 카를로스 : 아니야, 왜냐하면 n(첫 번째 것을 의미한다)은 n(두 번째 것을 의미한다)과 같지 않아.

[19] 교사 : 아! 왜 n이 n과 같지 않다고 말했어요?

[20] 카를로스 : 왜냐하면 2와 n을 곱했으면, 그것은 (두 번째) n과 같지 않기 때문에요.

[21] 교사 : 와우!

학생들이 표기법의 세계로 급하게 이동하는 것을 막기 위해, 교사는 총합을 나타내는 두 번째 문자를 사용하는 것에 대한 질문을 늦추기로 결정했다. 이 질문은 다음 활동에서 나타난다. 이제 남겨진 식은 $1+1+2\times n=$____이다.

다음 활동은 곧바로 시작되었다. 학생들은 [그림 9]에 나타난 것과 같은 수열이 있는 새 활동지를 받았다. 교사는 학생들에게 수열의 임의의 항에 있는 사각형의 수를 결정하는 식을 최대한 많이 찾아내길 요구했다.

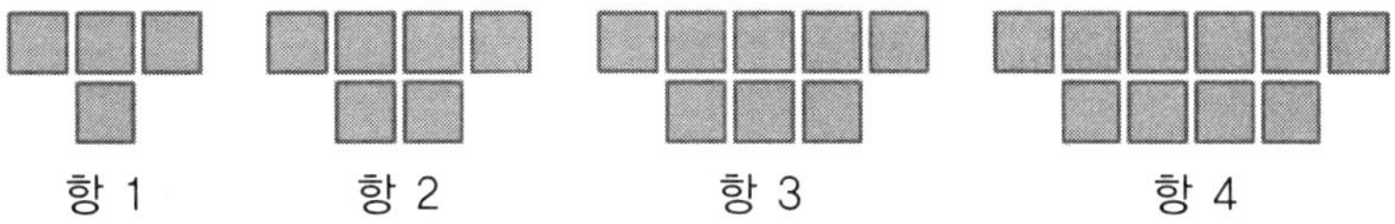

[그림 9] 새 활동에 제공된 수열

소그룹 토론 동안 윌리엄이 항을 인지하는 방법을 설명하였다. 활동지에 그들이 그린 6항에 대해 언급하며 윌리엄은 카를로스에게 "여기 (사각형) 8개가 있어. 왜냐하면 $6+2=8$이기 때문에. 너도 보다시피, 밑줄에는 언제나 항의 수만큼 있어. 그렇지?"라고 말했다. 그는 특정한 두 손가락으로 밑줄을 가리키는 제스처를 취하며 말했다([그림 10]의 왼쪽을 보라). 그는 "그리고 위에는 언제나 2를 더해([그림 10]의 오른쪽에 보이는 동작을 하며)."라고 말했다.

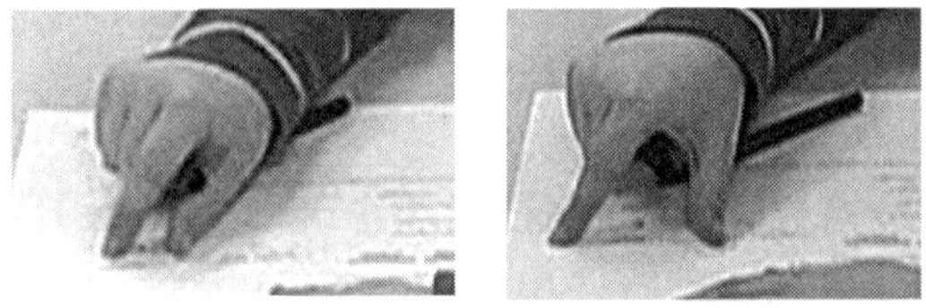

[그림 10] 윌리엄이 6항을 언급하기 위해 특정한 제스처를 취하고 있다.

'메시지 문제'에 대한 답을 어렵지 않게 구하였다. 카를로스는 주저없이 "좋아. 숫자를 두 배 하고 2를 더해"라고 말했다. 교실활동은 곧 수열에 대해 인식한 형태 및 식을 쓰는 형태의 차이점을 토론하는 전체 토론으로 옮겨갔다. 마리아네가 칠판으로 가서 항은 두 개의 같은 행과, 하나의 사각형은 윗줄의 왼쪽에, 하나의 사각형은 윗줄의 오른쪽에 더해진 것으로 상상할 수 있다고 설명하였다. [그림 11]에서 3항을 언급하며 그녀는 우선 윗줄을 가리켰다(세 개의 사각형으로 이루어진 것으로 보인다. [그림 11-(1)]을 보라). 그리고 그녀는 아랫줄을 가리켰다([그림 11-(2)]). 그리고 윗줄 오른쪽의 남은 사각형([그림 11-(3)])과 윗줄 왼쪽의 남은 사각형([그림 11-(4)])를 가리켰다. 셀리아는 항이 앞 항의 오른쪽 끝에 두 개의 사각형을 더한 것과 같다고 제안하였다. [그림 11-(5)]와 [그림 11-(6)]에서 그녀는 2항과 3항의 오른쪽 끝의 두 개의 사각형을 가리고 남은 것이 앞의 항과 같음을 보여준다. 이것은 명백히 지각-제스처-언어의 구조적인 통합이 이루어진 발달적 개선이 일어난 것이다.

그리고 학생들은 식을 나타내었다. 카를로스는 $\underline{N}+\underline{N}+2=$ ______와 같은 식으로 나타내었다. 식에서 변수를 위한 자리는 문자 그리고 밑줄 기호로 기호화되었

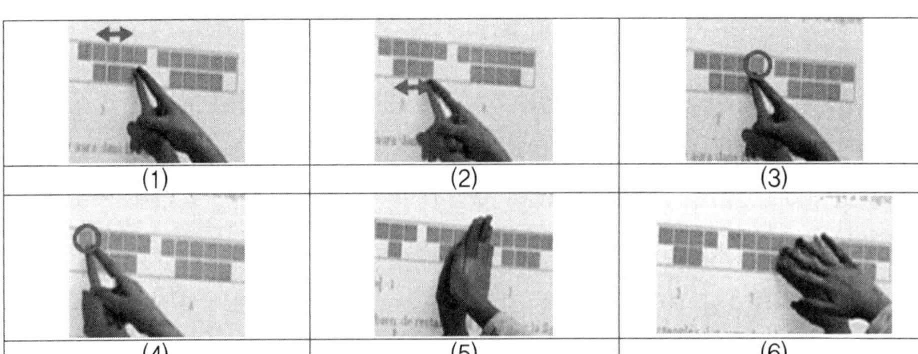

[그림 11] 마리아네(1~4)와 셀리아(5~6)의 제스처

다. 카를로스의 식에서 문자는, 여전히 예전의 기호화([그림 7]의 오른쪽)의 흔적이 남아 있고, 소극적으로 나타났다.

교사는 결과를 나타내기 위해 또 다른 문자를 사용하는 것이 가능한지 물었다.

[22] 교사 : 자, (식에 쓰인) 이 문자에서 시작해봅시다. 우리가 이 문자를 계속 쓸 수 있을까요?

[23] 카를로스 : 아니요!

[24] 교사 : 왜 안되나요?

[25] 카를로스 : r?

[26] 교사 : 무슨 r?

[27] 클레브 : 답의 r(프랑스어에서 답은 la réponse)이다.

카를로스는 식을 $\underline{N}+\underline{N}+2=\underline{R}$로 완성했다. [그림 12]에 보이는 바와 같이, 또 다른 식들도 제시되었다.

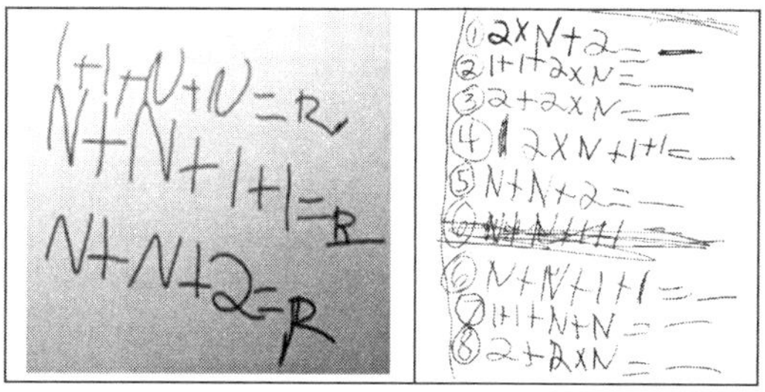

[그림 12] 왼쪽 그림은 교실 토론에서 나타난 몇 개의 식, 오른쪽 그림은 에리카의 그룹에서 나타난 식

8 종합과 결론

이 장은 두 개의 연구질문을 다루었다. 첫 번째는 사전 연구에서 청소년들에게서 발견했던, 체화된 형태의 대수적 사고가 저학년 학생들에게도 가능할 것인지에 관한 것이었다. 두 번째 연구질문은 어린 학생의 대수적 사고의 발달을 어떻게 설명할 것인가 이었다.

글의 첫 번째 부분에서 역사적-인식론적, 그리고 기호학적 배경에서, 대수적 사고는 표기법에 의한 매개된 활동으로 축소될 수 없음을 제시하였다. 현대의 문자와 숫자를 병기하는 기호체계는 매우 강력한 기호 체계를 구성함에도 불구하고, 그것이 대수적 사고를 특징짓는다고 할 수 없다. 선행연구에서 주장하듯이, [그림 2]에 나타난 수열의 사각형 개수를 계산하기 위한 식은 산술적인 시행착오로도 얻어질 수 있다. 이것은 그림, 혹은 순수하게 숫자로 이루어진 수열을 다룰 때 청소년기 학생들에게서 실제로 자주 일어나는 일이다(Radford, 2008a). 대수의 대가인 Viète(1983)와 Descartes(1954)가 미지수와 상수를 동등하게 다루는 해석적 방식이 대수의 특징이라고 언급한 것처럼, 나는 대수적 사고는 정해지지 않은 수를 다루는 것이라고 주장한다. 이러한 관점으로 대수적 사고를 바라보는 것은 정해지지 않은 양을 기호화하는 방식에 대해서 다시 생각해 볼 수 있는 가능성을 열어준다. 여기에서 기호적 논의가 가능하다. 실제로 기호학은 개인이 기호화하는 방식을 이해하는 것에 흥미를 갖고 있다(Eco, 1988). 엄격한 비디오 분석을 통해 학생들이 과다한 기호적 자원에 의지하여 정해지지 않은 수를 기호화한다는 것을 확인했다. 그 다음 물질적이고 형체를 가진 자원이 단지 사고의 부산물로 존재하기보다 매우 의식적인 조화를 이루면서 구성된다고 제안했다. 물론 이를 위해서는 마음이 계산적이고, 적응 가능한 내적 기관이라는 생각은 포기해야 한다. 사고에 대한 다른 개념화가 전면적으로 드러난다. 분명한 관점을 세우기 위해, 감성적 인식의 개념을 통해 정교화하려고 했고(Radford, 2009b), 심리학자Leontyev(1981)와 인류학자Geertz(1973), 그리고 최근에 인식론에 대해 감성적 이고 물질적인 부분에 호소하고 있는 Malafouris와 Renfrew(2010)의 작업에 의존하였다. 인식론에 대한 감성적인 관점으로부터, 7~8세의 학생들이 효과적으로 대수적 사고를 시작할 수 있다는 것을 알아내는 것은 어렵지 않았다. 두 번째 연구질문으로 이동하는 것이 더 어려웠다. 어떻게 인지 형성의 발달을 설명할 것인가? 발달이라는 용어는 18세기부터 사용되어왔고 그것은 이미 형성되어 있던 구조를 펼치거나 잠재된 가능성이 자연스럽게 꽃피는 것으로 이해되었다. 여기서 지지하는 관점은 다르다. 다른 모든 사고의 문화적 형태(예를 들어 미학적, 법률적, 정치적, 예술적)와 같이 대수적 사고는 문화사 과정에서 발생하고, 진화하고 개선될 수 있는 이론적 형태이다. 대수적 사고는 학생들이 교실에서 활동하기 전에 이미 이상적으로 발달된 형태로 존재한다.

Vygotsky(1994)가 말했듯이, 아동 발달의 가장 큰 특징은 문화적이고 역사적으로 구성된 이상적 형태가 이미 환경이나 사회 속에 있는 것이 아니라, 이러한 형태가 실제로 아동의 사고에 어떻게 영향을 미치는지에 달려있다. 그러나 이러한 이상적인 형태가 어떻게 아동에게 영향을 줄 수 있는가? Vygotsky의 답은 이상적인 형태와 아동 사이의 특수한 상호작용의 조건 하에서 영향을 줄 수 있다는 것이다(1994). 이 연구의 경우, 문화적이고 이상적인 형태로서의 대수적 사고와 2학년 학생들 사이의 특수한 조건하에서 일어난 상호작용은 연속된 활동으로 구성되었고, 연속된 활동은 의도적으로 이상적인 대수적 사고 형태를 전달하였다. 의도성은 주로 반복되는 수학적 질문(수열 확장하기, 큰 항 다루기, 메시지 문제, 표기법의 이슈)을 통해 드러났다. 순수하지도 않고, 개념적으로 자연스럽지도 않은 수학적 질문에는 이미 문화적 의미와 의도된 목적론적 발달 방향이 있었다. 당연히 학생들은 대수적 사고라고 불리는 문화적으로 이상적인 형태에 맞닥뜨리고 인식하도록 한 질문의 숨겨진 이론적 의도를 알아차리지 못한다. 문화적 의미와 (대수적) 추론과 행동의 형태는 역사적으로 구성되며, 학생들이 이를 접하고 획득하는 과정은 길고 창의적이며 점진적이다. 이 과정을 Hegel에 따라 대상화라고 명명했다(Radford, 2002; 2008b).

그러나 이상적인 형태로 대상화가 성공적으로 일어남을 보장하기에는 교실활동에 깔려있는 이론적인 의도만으로 충분하지 않다. 성공은 독특하고 예기치 않은 그대로의 활동(사건으로서 활동)으로 우발적으로 일어난다. 이것이 누구도 학생의 머릿속에 문화적으로 이상적인 형태의 사고를 심을 수 없는 이유이다. Vygotsky는 그의 시대의 많은 교육이론이 "학생을 새로운 지식을 흡수하는 스펀지처럼 다룬다"는 것에 비판하곤 했다(1997, p. 48). 이상적인 형태의 대상화는 일시적인 연속성과 대상화될 지식의 안정성(예를 들어, 학생은 반복되는 교수학적 주제를 이해한다)을 요구한다. 또한 이상적인 형태의 대상화는 교수·학습이라는 동시적 활동에 참여하는 교사와 학생 간의 상호 감정적이고 윤리적인 약속을 요구한다 (Radford & Roth, 2011). 그러나 어떠한 발달과정에 대한 정확한 설명은 고려하는 현상과 그것의 실험 연구에 대해 정확한 이론적인 서술을 요구한다. 감성적인 인지와 발달에 대한 아이디어를 이끌어낼 때, 대수적 사고의 발달은 새롭고 체계적으로 구조화된 용어로 연구될 수 있다고 제안하였다. 그것은 사고의 물질적-관념적 구성요소(예를 들어 제스처, 내적, 외적 말)와 그것들이 학생의 활동 속에서 조직되고 재조직되는 방식 사이의 관계를 의미한다. 이 실험 연구에 대한 데이터의 분석은 그러한 관계와 관계의 점진적인 개선에 초점을 맞추었다. 예를 들어 행동적이며 기호적인 활동의 발달과 지각의 발달이 동질적이라는 것을 보았다.

그러나 전체적인 이야기는 더욱 복잡하다. 한편으로 학생들이 표를 포함하는 대수적인 활동에서 학생들이 접하게 되는 다른 부분(예를 들어 Roth & Radford, 2011을 보라)이나 방정식을 다루는 매우 큰 부분에 대해서는 논하지 않았다. 대수적 사고의 발달에 대한 설명을 그림으로 된 수열을 일반화하거나 패턴화하는 것에 국한시켰다. 또 학생이 개인적으로, 혹은 집단적으로 문제를 다루는 것에 따른 학생의 수학적 사고의 발달에 대한 중요한 부분을 여기에서 다루지 않았다 (Radford, 2012b). Valero(2004)가 설득력 있게 주장하였듯이, 수학교육 연구는 학생의 개인적 인지에만 지나치게 제한되어왔다. 그러나 Vygotsky(1994)는 발달은 오로지 우리가 학생들이 실제로 감정적으로 세계를 경험하는 방식에 대해 고려할 때에만 이루어질 수 있다고 강하게 주장하였다. 러시아 심리학자가 그의 삶 마지막 강의에서도 주장한 이 감정적 경험은 주체와 환경 사이의 관계이며, 언제나 변화하는 주체(되어가는 과정에서의 끊임없는 존재)와 개념적, 정치적, 관념적으로 움직이는 사회 환경 사이의 관계이다. 발달을 설명하는 것에 있어 감성적 경험은 명백하고 의미있게 추가 연구되어야 하지만, 여전히 개념화하고 연구하는 데 있어 어려운 연구 문제이다.

감사의 말

이 글은 캐나다 사회과학 및 인문학 연구위원회(SSHRC/CRSH(Social Sciences and Humanities Research Council of Canada)에 의해 후원된 다양한 연구 프로그램의 결과이다. 이 논문의 초기 형태에 대한 Giorgio Santi와 Chiara Andrà의 조언과 제안에 대해 감사드린다.

참고문헌

Arzarello, F., & Edwards, L. (2005). Gesture and the construction of mathematical meaning. In *Proceedings of the 29th PME conference* (pp. 123-54). Melbourne: PME.

Barbin, E. (2006). The different readings of original sources. *Oberwolfach*, Report No. 22/2006, 17-19.

Bednarz, N., & Janvier, B. (1996). Emergence and development of algebra as a problem-solving tool : Continuities and discontinuities with arithmetic. In N. Bednarz, C. Kieran, & L. Lee (Eds.), *Approaches to algebra, perspectives for research and teaching*(pp. 115-36). Dordrecht Boston London: Kluwer.

Cai, J., & Knuth, E. (2011). *Early algebraization*. New York: Springer.

Carraher, D. W., & Schliemann, A. (2007). Early algebra and algebraic reasoning. In F. K. Lester (Ed.), *Second handbook of research on mathematics teaching and learning* (pp. 669-705). Greenwich, CT: Information Age Publishing.

Descartes, R. (1954). *The geometry*. New York: Dover. (Original work published 1637).

Eco, U. (1988). *Le signe* [the sign]. Bruxelles: Éditions Labor.

Filloy, E., & Rojano, T. (1989). Solving equations: The transition from arithmetic to algebra. *For the Learning of Mathematics, 9*(2), 19-25.

Filloy, E., Rojano, T., & Puig, L. (2007). *Educational algebra: A theoretical and empirical approach*. New York: Springer Verlag.

Geertz, C. (1973). *The interpretation of cultures*. New York: Basic Books.

Hoch, M., & Dreyfus, T. (2006). Structure sense versus manipulation skills. In *Proceedings of the 30th PME conference* (pp. 305-12). Prague: PME.

Howe, R. (2005). *Comments on NAEP algebra problems*. Retrieved on 24.03.12 http://www.brookings.edu/~/media/Files/events/2005/0914_algebra/Howe_Presentation.pdf

Høyrup, J. (2002). *Lengths, widths, surfaces*. New York: Springer.

Johnson, M. (1987). *The body in the mind*. Chicago: Chicago University Press.

Kieran, C. (1989). A perspective on algebraic thinking. *Proceedings of the 13th PME conference* (v. 2, pp. 163-171). Paris: PME.

Kieran, C. (1990). A procedural-structural perspective on algebra research. In F. Furinghetti (Ed.), *Proceedings of the 15th PME conference* (pp. 245-53). Assisi: PME.

Lakoff, G., & Núñez, R. (2000). *Where mathematics comes from*. New York: Basic Books.

Leontyev, A. N. (1981). *Problems of the development of the mind.* Moscow: Progress.

Malafouris, L., & Renfrew, C. (Eds.) (2010). *The Cognitive life of things: Recasting the boundaries of the mind.* Cambridge: McDonald Institute Monographs.

Mason, J. (1996). Expressing generality and roots of algebra. In N. Bednarz, C. Kieran, & L. Lee (Eds.), *Approaches to algebra* (pp. 65-86). Dordrecht: Kluwer.

Radford, L. (2000). Signs and meanings in students' emergent algebraic thinking: A semiotic analysis. *Educational Studies in Mathematics, 42*(3), 237-268.

Radford, L. (2002). The seen, the spoken and the written. *For the Learning of Mathematics, 22*(2), 14-23.

Radford, L. (2003). Gestures, speech and the sprouting of signs. *Mathematical Thinking and Learning, 5*(1), 37-70.

Radford, L. (2006). The cultural-epistomological conditions of the emergence of algebraic symbolism. In F. Furinghetti, S. Kaijser, & C. Tzanakis (Eds.), *Proceedings of the 2004 conference of the international study group on the relations between the history and pedagogy of mathematics & ESU 4 - revised edition* (pp. 509-24). Uppsala, Sweden.

Radford, L. (2008a). Iconicity and contraction. *ZDM - the International Journal on Mathematics Education, 40*(1), 83-96.

Radford, L. (2008b). The ethics of being and knowing: Towards a cultural theory of learning. In L. Radford, G. Schubring, & F. Seeger (Eds.), *Semiotics in mathematics education* (pp. 215-34). Rotterdam: Sense Publishers.

Radford, L. (2009a). "No! He starts walking backwards!" *ZDM - the International Journal on Mathematics Education, 41*, 467−-480.

Radford, L. (2009b). Why do gestures matter? Sensuous cognition and the palpability of mathematical meanings. *Educational Studies in Mathematics, 70*(2), 111-126.

Radford, L. (2010). The eye as a theoretician: Seeing structures in generalizing activities. *For the Learning of Mathematics, 30*(2), 2-7.

Radford, L. (2011). Grade 2 students' non-symbolic algebraic thinking. In J. Cai & E. Knuth (Eds.), *Early algebraization* (pp. 303-22). Berlin: Springer-Verlag.

Radford, L. (2012a). On the development of early algebraic thinking. *PNA, 6*(4), 117-133.

Radford, L. (2012b). Education and the illusions of emancipation. *Educational Studies in Mathematics, 80*(1), 101-118.

Radford, L., Bardini, C., & Sabena, C. (2007). Perceiving the general. *Journal for Research in Mathematics Education, 38*, 507-530.

Radford, L., & Puig, L. (2007). Syntax and meaning as sensuous, visual, historical forms of algebraic thinking. *Educational Studies in Mathematics, 66*, 145-164.

Radford, L., & Roth, W. -. (2011). Intercorporeality and ethical commitment. *Educational Studies in Mathematics, 77*(2-3), 227-245.

Rivera, F. D. (2010). Second grade students' preinstructional competence in patterning activity. *Proceedings of the 34th PME conference* (pp. 81-88). Belo Horizonte: PME.

Roth, W. -, & Radford, L. (2011). *A cultural historical perspective on teaching and learning*. Rotterdam: Sense Publishers.

Serfati, M. (1999). La dialectique de l'indéterminé, de viète à frege et russell. In M. Serfati (Ed.), *La recherche de la vérité* (pp. 145-174). Paris: ACL-Les éditions du kangourou.

Sutherland, R., Rojano, T., Bell, A., & Lins, R. (2001). *Perspectives on school algebra*. Dordrecht: Kluwer.

Unguru, S. (1975). On the need to rewrite the history of Greek mathematics. *Archive for the History of Exact Sciences, 15*, 67-114.

Valero, M. (2004). Postmodernism as an attitude of critique to dominant mathematics education research. In P. Walshaw (Ed.), *Mathematics education within the postmodern* (pp. 35-54). Greenwich, CT: Information Age Publishing.

Viète, F. (1983). *The analytic art*. New York: Dover. (Original work published 1591).

Vygotsky, L. S. (1987). *Collected works (vol. 1)*. New York: Plenum.

Vygotsky, L. S. (1994). The problem of the environment. In V. d. Veer & J. Valsiner (Eds.), *The Vygotsky reader* (pp. 338-54). Oxford: Blackwell. (Original work published 1934).

Vygotsky, L. S. (1997). *Educational psychology*. Boca Raton, Florida: St. Lucie Press.

Baldini, C., Radford, L. & Sabena, C. (2005). Struggling with variables, parameters, and indeterminate objects or How to go insane in mathematics. *Proceedings of the 29th PME conference*, (v. 2, pp. 129-136) Melbourne: PME.

Lewis, B., G. M., Cooper, T., Pillay, H. and Wills, L. (1998). Teaching Mathematics in New Times, *Proceedings of the Annual Conference of the Mathematics Education Research Group of Australasia Incorporated*, (v. 1, pp. 114-120). Australia.

5장 대수적 방법으로 방정식 풀기

Proceedings of the 28 Conference of the international group for the psychology of mathematics education(PME 28), Vol. 4, pp 73–80. Norway: Bergen University College.

이 장에서는 7학년 과정에 제시된 세 가지 방정식 풀이 방법에 관한 일련의 교수법에 대해 논의한다. 이 교수법은 기본적인 풀이 방법인 '추상화 과정을 장려하는' 아이디어를 기반으로 하고 있다.

7학년의 방정식 풀이는 보통 시행착오 방법으로 해결한다. 시행착오 방법은 사실상 산술에서 비롯된 것이다. 이러한 산술적 방법은 대수적 방법에 의한 방정식 풀이와는 다르다. 특히 양변에 같은 수를 더하거나 빼더라도 등식이 유지된다는 대수적 아이디어는 산술적 방법과는 같지 않다. 이제 7학년에서 방정식을 대수적으로 해결하는 방법을 살펴보자.[1]

다음과 같은 아이디어로 수업을 시작한다.

학생과 교사는 문장제 문제를 어떻게 해결할지 토론한다. 문제는 카드와 알려지지 않은 개수의 카드를 넣은 봉투에 대한 이야기로 되어있다. 두 명의 학생이 구체물, 초록색 종이, 봉투로 가려진 카드를 미리 준비하여 칠판에 방정식을 세웠다([그림 1]).

[그림 1] 카드를 넣은 봉투의 문제를 모의 실험하는 두 학생

모델링 과정은 그리 어렵지 않다. 학생들은 방정식을 풀기 위해 이미 알고 있는 시행착오

1) 몇몇 학자들은 대수적으로 방정식을 풀이하는 방법을 좀 더 빨리, 예를 들어 4학년 때부터 도입할 수 있음을 주장하기도 한다(p. ex., Carraher, Schliemann et Brizuela, 2001; Brizuela et Schliemann, 2004).

와 같은 산술적인 방법을 이용할 것이다. 교사는 가능한 한 학생이 방정식을 산술적 방법으로 해결하지 않고, 대수적 방법을 활용하여 해결할 수 있도록 지도한다.

그 다음 학생들은 3, 4명의 소그룹으로 활동하고, 대수적 방법에 대해 인지하고 어느 정도의 인지적인 평형에 도달하기 위해 두 개의 연습 문제를 푼다. 학생과 교사가 교실에서 토론한 내용 중 몇 가지를 발췌하여 소개하면 다음과 같다.

1 대수적 아이디어의 출현

다음은 교사가 수업을 시작하며 제시했던 문제이다.

> 폴레트와 리차드의 어머니는 아이들에게 카드가 담긴 봉투를 선물로 주었다. 각각의 봉투에 같은 수의 카드를 넣었기에 모든 봉투에 들어 있는 카드의 개수는 동일하다. 폴레트는 7개의 카드를 가지고 있고, 1개의 봉투를 더 받았다. 리차드는 2개의 카드를 가지고 있고, 2개의 봉투를 더 받았다. 두 아이가 가지고 있는 총 카드의 개수가 같을 때, 한 봉투에 들어 있는 카드는 몇 개인가?

예상한 바와 같이 두 학생은 어렵지 않게 칠판에 방정식을 세웠다. [그림 1]의 학생들이 자리에 앉자 교사는 학급 학생들에게 다음과 같이 질문했다. "이 방정식을 어떻게 풀면 될까요?"

마리아는 폴레트와 리차드가 가지고 있는 카드 중에서 2개의 카드를 각각 뺄 것을 제안했다([그림 2]의 왼쪽을 보라). 그러자 지니는 봉투에 5개의 카드가 들어 있었다고 결론을 내렸다. 그녀는 다음과 같이 말했다.

> "그러면 폴레트에게 5개의 카드가 남아요. 따라서 리차드의 봉투 하나에는 5개가 들어 있을 것이고, 결국 모든 봉투에는 5개의 카드가 들어 있어요."

[그림 2]는 마리아와 지니가 제안한 전략을 그림으로 보여준다.

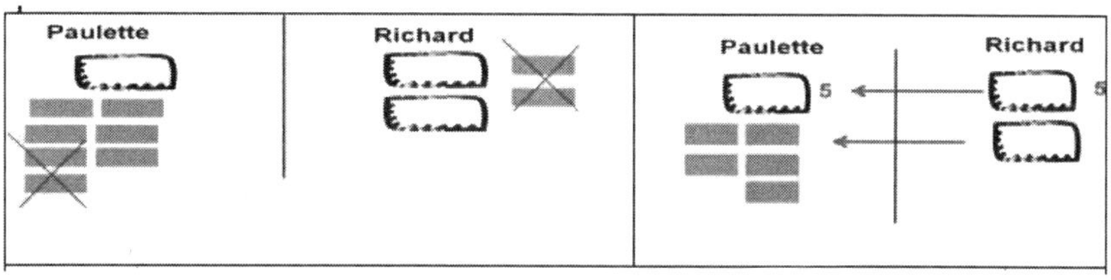

[그림 2] 마리아는 왼쪽 그림의 양쪽에서 카드 2개를 뺄 것을 제안했다. 오른쪽 그림에서 지니는 윗쪽의 두 개의 봉투를 짝지은 후 아랫쪽 봉투에 5개의 카드가 있다고 결론지었다. 모든 봉투에는 같은 수의 카드가 들어 있기 때문에 그녀는 "모든 봉투에는 5개의 카드가 들어 있어요."라고 말했다.

물론 지니의 답은 옳다. 그러나 교사는 그 답에 관심이 없고, 대수적인 방식에 집중한다. 지니가 사용한 방법은 '상등'이다. 즉 왼쪽 상단의 봉투에 들어 있는 카드 개수는 오른쪽 상단의 봉투에 든 것과 같아야 한다. 그러므로 등식이 성립하기 위해서는 왼쪽 5개의 카드는 오른쪽 아래 봉투 속의 카드 개수가 같아야 한다.

지니의 사고과정은 정교하지만, 교사는 학생들이 지속적으로 등식을 단순화시키기 위해서 남은 봉투들을 제거하고 미지의 한 봉투만 남길 수 있다는 것을 이해하기 바랐다.

교사는 다시 문제를 풀기 시작하고, 대수적 풀이의 핵심 요소들을 강조한다. 방정식을 처음 상태로 다시 둔 후 교사는 다음과 같이 말했다.

[1] 교사 : 시작하기 전에 이 선은 무엇을 나타내지요? 폴레트의 묶음과 리차드의 묶음 간에 특별한 의미가 있나요? 무엇이 특이하죠?

[2] 지니 : 음, [양쪽의 카드의 개수가] 똑같아요.

[3] 교사 : (지니의 단어를 그대로 사용하며) 그 둘은 똑같지요. 이것(방정식의 왼쪽을 가리키며)은 저것(방정식의 오른쪽을 가리키며)과 같아요. 어때요? 라파엘 생각엔?

[4] 라파엘 : 음, 전, 폴레트가 7개의 카드를 가지고 있고 봉투에 든 것이 5개라면 총 12개인데, 리차드는 2개의 카드를 가지고 있고 각각의 봉투에 5개가 들어 있다면 10 더하기 2 해서 총 12로 같아지기 때문에, 각각의 봉투에 5개의 카드가 들어 있다고 생각했어요.

[5] 교사 : 좋아요. 대답 잘했네요. 라파엘은 암산으로 봉투를 카드로 바꾸었기 때문에 정답을 이야기할 수 있었어요.

라파엘은 시행착오의 방법으로 답을 말했다. 라파엘의 방법은 간단한 문제를 해결하여 정답을 얻을 때 유용할 수 있다. 그러나 이러한 경우는 매우 제한적이다. 예를 들어, 답이 2.329와 같이 소수점 이하를 가진 수가 나오는 문제였다고 생각해보자. 라파엘의 방법으로 2.329와 같은 답을 찾는 것은 사실상 불가능하다. 교사는 단순히 문제를 해결하는 방법을 보여주려고 해서는 안 된다. 만약 교사가 단순히 문제를 해결하는 방법을 보여준다면 학생들은 그것을 그대로 흉내내기만 하는 전통적인 교수법에 빠지게 되는 것이다.

그래서 교사는 다시 방정식의 양변에 같은 숫자를 빼더라도 등식이 성립한다

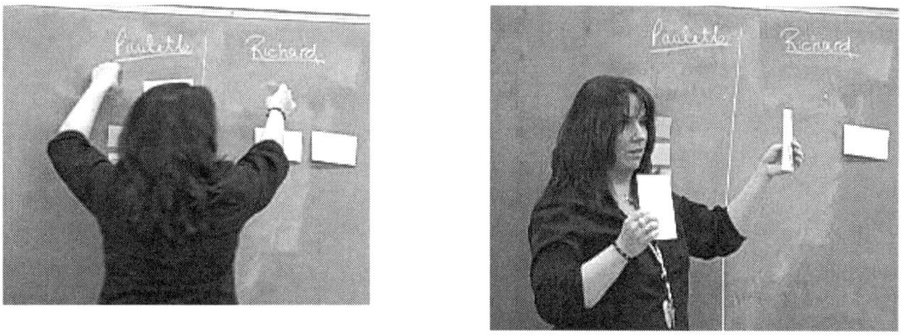

[그림 3] 왼쪽 그림에서 교사는 방정식의 양측에서 2개의 카드를 제거한다. 오른쪽 그림에서 양측에서 봉투 하나씩을 제거한다. 칠판 왼쪽엔 다섯 개의 카드가, 오른쪽에는 하나의 봉투가 남아있다.

는 아이디어를 강조한다.

[6] 교사 : 선생님이 다시 단계적으로 해보죠. 선생님이 어떻게 해야 할지 마리아가 알려주었어요. ([그림 2]의 왼쪽을 보라.) 왼쪽에서 카드 두 개를 제거해요. 오른쪽에서도 두 개를 제거해요. 여러분은 선생님이 양쪽에서 같은 개수를 제거했다는 것에 동의하나요? ([그림 3] 왼쪽을 보라.)

[7] 학생들 : 네.

[8] 교사 : 양쪽이 같죠. 만약 선생님이 이렇게 하면요? (교사는 양쪽에서 봉투 하나씩을 제거한다.) 같은 것을 제거했죠? ([그림 3]의 오른쪽을 보라.)

[9] 학생들 : 네.

[10] 교사 : 그러므로 양쪽은 같아요. 이제, 다시 질문을 할게요. 한 봉투에 몇 개의 카드가 들어 있을까요? 로즈?

[11] 로즈 : 다섯 개요.

[12] 교사 : 다섯 개죠. 폴레트는 다섯 개의 카드가 있고, 리차드는 하나의 봉투가 있는데 선생님이 매번 같은 것을 제거했기 때문에 그 둘은 같은 거예요. 즉 봉투에는 5개의 카드가 들어 있죠.

교사는 대수적 방법의 핵심 아이디어를 이끌어내는 데 성공했다. 즉 같은 개수의 카드와 같은 개수의 봉투를 양쪽에서 뺄 수 있다. 이때 교사가 답을 설명하는 방법에 주목해야 한다. 12번째 대화에서, 교사는 다음과 같이 말했다. "매번 같은 것을 제거했기 때문에 …" 그것이 바로 **수량 보존**(maintenance of the number)의 대수적 원칙이다.

교사는 그 다음 풀이 과정을 기술할 수 있는 방법을 학생들과 함께 토론했다. 과정을 기술하는 것은 추상화로 가기 위한 단계이다. 즉 구체물(여기서는 네모난 종이)을 활용한 구체적인 행동을 통해 방정식을 해결하는 대신에 그 과정을 드러내야 하는 것이다.

수업 도입 부분에서 전반적인 논의를 한 후 학생들은 자율적인 방식으로 소그룹 활동을 할 준비가 되어 있었다. 다음 절에서는 그 활동 중 몇 가지 내용을 발췌하여 살펴볼 것이다.

2 구체물을 활용한 방정식 풀이

학생들이 풀어야 하는 문제는 다음과 같다.

> 매트와 매틱의 어머니는 아이들에게 선물을 주기로 하였다. 어머니는 아이들에게 카드가 들어 있는 봉투를 준다. 봉투가 서로 동일하도록 각각의 봉투에 같은 개수의 카드를 넣는다.
> 매트는 이미 7개의 카드가 있고 어머니는 1개의 봉투를 더 주었다. 매틱은 이미 3개의 카드가 있고 어머니는 그에게 3개의 봉투를 더 주었다.
> 이제 두 아이는 같은 수의 카드를 갖고 있다.
> 각각의 봉투에는 몇 개의 카드가 들어 있는가?

학생들은 어려움 없이 방정식을 모델링하였다. 한 그룹에 속해 있는 실베인(왼쪽에 앉아있는 아이), 베로니크(중앙에 앉아있는 아이), 피에르(오른쪽에 앉아있는 아이)의 소그룹 토론 내용을 보자. 매틱의 것은 실베인의 책상(왼쪽 책상) 위에 놓여 있고, 매트의 것은 피에르의 책상(오른쪽 책상) 위에 놓여 있다.

[13] 실베인 : 피에르, 3개 카드를 빼봐.

[14] 피에르 : 그[매트]가 1개의 카드, 또 하나의 다른 카드, 그리고 또 다른 카드를 뺀다. … ([그림 4]의 왼쪽을 보자.)

[그림 4] 왼쪽 사진에서 실베인과 피에르는 3개의 카드를 빼서 그것을 베로니크의 책상 위에 놓는다. 가운데 사진에서, 실베인은 봉투 하나를 뺀다. 오른쪽 사진에서 피에르는 그의 차례가 되자 역시 한 개의 봉투를 뺀다. 방정식의 한쪽에는 2개의 봉투가, 다른 쪽에는 4개의 카드가 남는다.

[15] 실베인 : 넌, 1개의 봉투를 빼고, 나도 한 개의 봉투를 뺄게. ([그림 4]의 중앙과 오른쪽 사진을 보자.)

[16] 베로니크 : 각각의 봉투에 몇 개의 카드가 있지?

[17] 실베인 : 각각의 봉투에는 2개의 카드가 있어.

방정식을 일단 세우면, 학생들이 그것을 해결하는 데 약 30초가 소요된다. 그 후에 학생들은 그 과정을 그림으로 그린다. [그림 5]는 베로니크의 풀이 과정을 보여준다.

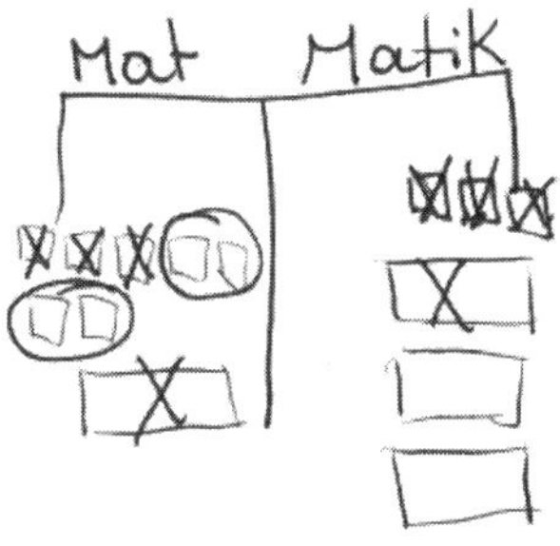

[그림 5] 베로니크의 풀이 과정 그림

3 두 번째, 추상화 과정

앞의 절에서 문제를 해결할 때 추상화 과정을 필요로 한다는 점을 언급하였다. 학생들은 사물을 이동시키는 구체적인 행동을 한다. 방정식은 점차 간단해지고,

결국 방정식에서 봉투만 남게 된다. 그러나 그림으로 나타내었을 때는 카드를 자유롭게 제거하는 것이 쉽지 않다. 따라서 몇 개를 제거하는 것을 나타내기 위해서 학생들은 문제의 사물 위에 X표를 쳐야 한다.

앞 문제의 방정식을 풀기 위해 수행한 과정을 학생들이 설명하도록 했다. 이때 방정식이 주어져 있지 않기 때문에 또 다른 중요한 추상화 과정이 필요하다. 이 과정은 학생들이 앞서 마주친 방정식들과 비슷한 임의의 방정식에 관한 것이다. 이 새로운 단계의 추상화로 이행하는 것은 몇 가지 어려움을 보여주는데, 그럼에도 불구하고 학생들은 결국 그것을 극복하였다. 다음은 베로니크 그룹에서 토의한 내용을 발췌한 것이다.

[18] 실베인 : 넌 같은 수의 카드를 빼도록 해… 잠시만, 아니야, 아니다. 넌 가장 적은 수의 카드를 가진 사람의 것과 같은 개수의 카드를 빼야만 해.
[19] 피에르 : 그래.
[20] 실베인 : 그 다음에, 너는 가장자리 봉투 하나를 제거해. [⋯]
[21] 피에르와 베로니크: 제거했어.
[22] 실베인 : 넌 가장 적은 수의 카드를 가진 사람의 카드를 제거하는 거야, 봉투 두 개가 남을 때까지.
[23] 베로니크 : 왜 봉투가 두 개만 남을 때까지인 거지?
[24] 실베인 : 음, 봉투가 더 이상 남지 않을 때까지.
[25] 피에르 : 아무것도 남지 않을 때까지. [⋯]
[26] 베로니크 : 양쪽에서 같은 수의 카드와 봉투를 제거하는 거야.
[27] 피에르 : 어느 한쪽에 봉투와 카드가 더 이상 존재하지 않을 때까지.
[28] 실베인 : 아니야, 아니야. 그럴 리가 없어.

앞에서 보이듯이 특정 방정식을 푸는 것은 문제가 되지 않는 반면에 풀이법을 설명하는 것은 일반적으로 쉽지 않다. 그러나 이러한 노력은 학생들이 대수적 방법을 좀 더 심도 있게 이해하기 위해 필요한 것이라 할 수 있다. 이러한 이해는 기호화로 가는 과정에서 중요할 것이다. 다시 학생들의 토론으로 돌아와서 그들이 어떻게 아이디어를 구체화시켰는지 보자. 학생들이 방정식 풀이의 일반적인 방법을 설명해내는 것에 합의를 보지 못했기 때문에 매트와 매틱의 문제를 다시 다루었다. 학생들은 다시 구체적인 사실로 돌아와 아래와 같이 토론을 시작했다.

[29] 피에르 : 넌 같은 수의 카드와 봉투를 제거해, 더 이상 봉투 또는 카드가 없을 때까지 … 더 이상 봉투가 없을 때까지. 더 이상 봉투가 없어질 때까지.

[30] 실베인 : 아냐 피에르. 양쪽에 모두 카드가 없을 때까지 …

[31] 베로니크 : 복잡하네.

잠시 토론한 후에, 학생들은 답안을 썼다. 베로니크의 답안은 다음과 같다.

> 카드가 없어질 때까지 양쪽에서 같은 수의 카드를 제거한다. 그 다음 한쪽에 봉투가 더 이상 없을 때까지 같은 수의 봉투를 제거한다. 남은 카드 개수를 봉투 개수로 나눈다. 예를 들어, 100개의 카드와 4개의 봉투가 있으면, 100 나누기 4는 25가 되고 각각의 봉투에 카드 25개를 배정할 수 있다.

4 대수적 기호로의 이행

다음날, 학생들은 문자로 된 방정식을 이용해서 전날 풀었던 문제와 다른 여러 가지 문제들을 풀었다.

교사는 마리오와 챈탈의 방정식을 대수적 기호로 쓰는 방법에 대해 토론하는 것으로 시작했다. 문제는 다음과 같다.

> 마리오와 챈탈의 어머니는 아이들에게 선물을 주기로 했다. 그녀는 아이들에게 카드가 들어 있는 봉투를 주었다. 봉투가 동일하도록 그녀는 각각의 봉투에 같은 수의 카드를 넣었다.
> 마리오는 이미 12개의 카드가 있고 어머니는 그에게 1개의 봉투를 주었다.
> 챈탈은 이미 3개의 카드가 있고 어머니는 그에게 4개의 봉투를 주었다.
> 이제 챈탈은 마리오와 같은 수의 카드를 갖고 있다.
> 각각의 봉투에는 몇 개의 카드가 들어 있는가?

다음은 교사에 의해 주도된 토론의 일부분이다.

[32] 교사 : (학생들에게 말을 걸면서) 어제 수업에 이어서 진도를 나갈게요. 책

에 있는 문제 2번을 보세요. 더 이상 실습도구가 없기 때문에 그 문제의 상황을 다른 방식으로 표현해보세요. 문제를 표현하는 데 있어서 수학적 기호를 이용했으면 좋겠어요. 피에르?

[33] 피에르 : $x+y$.

[34] 교사 : 좋아요, 왜 x와 y를 이용하죠?

[35] 피에르 : 음, x는 카드 개수를 나타내고 y는 봉투를 의미해요!

[36] 교사 : 카드의 개수를 표현하기 위해 x가 필요한가요? 언제 우리는 습관적으로 x를 쓰지요? 자네트?

[37] 자네트 : 미지수를 나타낼 때요.

[38] 교사 : 그런데 카드의 개수가 미지수인가요? (학생들은 아니라고 대답한다.) 아니죠, 왜냐하면 문제에서 마리오는 12개의 카드가 있다고 했고 챈탈은 3개의 카드를 가지고 있다는 것을 알죠. 그러므로 카드 개수를 표현하기 위해 x를 이용할 필요는 없어요. 제인?

[39] 제인 : 칠판에 카드 개수를 써주세요. 마리오가 12개를 가지고 있고 거기에 봉투 하나를 더해요.

[40] 교사 : 좋아요, 마리오의 12개 카드로부터 시작하죠. (교사는 칠판에 12를 적는다.) [⋯] 봉투 안에 몇 개의 카드가 있는지 아나요? (학생들은 아니라고 대답한다.) 아니죠. 하지만, 만약 그냥 '1'을 적는다면 그건 12개 카드에 더해서 1개의 카드를 더 가지고 있다는 의미가 되지만 그건 아니죠. 안에 카드가 들어 있는 봉투 하나를 갖고 있어요. 하지만 그 안에 카드 개수를 몰라요. 그러면, 자네트?

[41] 자네트 : 12를 적고, 더하기 y나 x?

[42] 교사 : n을 이용할 거예요, 이해되나요? n은 무엇을 의미하죠?

[43] 자네트 : 봉투요?

[44] 알리안 : 봉투 안의 카드 개수요!

[45] 교사 : 봉투 안의 카드 개수! n은 봉투 안의 카드 개수를 의미해요. 왜냐하면 우리는 아직 그 개수를 모르기 때문이죠. 좋아요, 계속할게요. (칠판에 쓴다.) 이건 마리오의 것이죠? (칠판 위의 방정식 $12+1n$을 가리킨다.) 그 다음 챈탈의 것을 볼까요, 베로니크?

[46] 베로니크 : $3+4n$?

[47] 교사 : (교사는 칠판 위에 적는다.) 3, 왜냐하면 3개의 카드가 있기 때문이죠. 4, 왜냐하면 4개의 봉투가 있으니까요. […] 여기서 뭔가 부족해요. (교사는 $12+1n$과 $3+4n$을 칠판 위에 쓴다.) 둘 사이에 무언가가 부족하죠.

[48] 제인 : 그건, 등호요. 왜냐하면 $12+1n$은 $3+4n$과 같아요.

이 부분은 학생들이 방정식을 대수적 기호로 표현하는 방법에 대해 인지하는, 점진적 수업 과정을 비교적 상세히 보여주고 있다. 처음 학생들의 아이디어는 카드와 봉투의 개수를 표현하기 위해 문자를 사용하는 것이었다. 36번에서부터 38번까지의 대화 과정에서, 교사는 카드 개수가 알려져 있기에 그것을 문자로 표현할 필요가 없다는 점을 주지시켰다. 대수에서 문자는 미지수를 표현할 때 쓰인다.

그 다음 문제는 문자와 그 의미 선택이다. 42번 대화에서 교사는 다음과 같이 말한다. "n을 이용할 거예요, 이해되나요? n은 무엇을 의미하죠?" 한 학생이 n은 봉투 개수를 의미한다고 대답한다. 그러나 그것은 옳지 않다. 문자 n은 봉투 안의 카드 개수를 표현한다. 이것이 바로 교사가 45번 대화에서 44번의 알리안의 대답에 이어 명확히 밝힌 점이다. 교사의 매우 정교한 작업을 따라 방정식이 나타났다. $12+1n=3+4n$. 이 에피소드는 방정식의 풀이에 관한 토론과 함께 끝이 난다.

전날처럼, 학생들은 소그룹으로 공부했다. 학생들은 매트와 매틱의 방정식을 세우고 문제를 풀어야 했다. 문제가 이미 구체물의 도움으로 풀렸다 하더라도, 문자로 풀이를 생각하는 것, 즉 대수적 기호로 문제를 푸는 것은 그렇게 명백하진 않다. 구체물을 활용하여 문제를 해결하는 것은 30초도 걸리지 않았다. 문자로 해결하는 것은 5분 이상 소요되었다. 다음은 베로니크 그룹의 대화내용이다.

[49] 베로니크 : n은 봉투에 든 카드 수와 같을까?

[50] 실베인 : n이 봉투 안에 든 카드 수와 같다고?

[51] 실베인 : 7 더하기 1, 7 더하기 n […]

[52] 베로니크 : 그것은 3 더하기 $3n$과 같아.

[53] 피에르와 실베인 : (그들은 결국 방정식을 쓴다. [그림 6]의 첫 번째 줄을 보라.) […]

[54] 실베인 : 그 다음, 우리는 약간의 숫자를 뺄 거야.

[55] 피에르 : 7 … 빼기 3, 더하기 n. 그리고 3 빼기 3 … 더하기 $3n$([그림 6]의 두 번째 줄을 보라.)

[56] 실베인 : 좋아, 그 다음 4 더하기 n을 하자.

[57] 베로니크 : 4 더하기 n은 $3n$과 같다. ([그림 6]의 세 번째 줄을 보라.) [⋯] 거기서, 4 더하기 n 마이너스 1, 그것은 ⋯

[58] 실베인 : (중단한다.) 소문자 n 다음에 1을 뺄 거야.

[59] 베로니크 : 3 더하기 n 마이너스 1.

[60] 피에르 : 위 첨자 1([그림 6]의 네 번째 줄을 보라.)

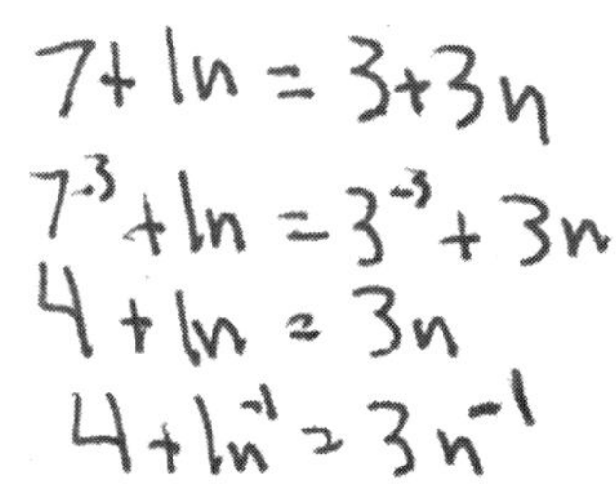

[그림 6] 피에르가 쓴 방정식과 풀이의 첫 단계

토론하는 동안, 교사와 학생은 〈빼기〉가 상단에 위치한 작은 숫자(위첨자)로 쓰이는 것에 동의했다. 교사는 피에르 그룹이 막 네 번째 줄을 마쳤을 때 그들의 풀이 과정을 보기 위해 왔다. 교사는 표기가 혼란을 줄 수도 있다고 지적했다. 교사는 피에르에게 말했다.

[61] 교사 : 거기에 무엇을 적었죠, 피에르? 무엇을 뺀 거죠? (교사는 방정식 오른쪽의 작은 1을 가리킨다. [그림 7]의 왼쪽을 보라.)

[62] 피에르 : 봉투 하나요.

[63] 교사 : 좋아요, 하지만 무엇을 뺀 거죠? 마이너스 1, 그것이 무엇을 의미하죠?

[64] 피에르 : 아! 하나의 n이요. 제가 깜빡했네요.

[65] 실베인 : 봉투 하나를 뺐구나. (피에르는 소문자 n을 더한다. [그림 7]의 중앙, 4번째 줄을 보라.) [⋯]

[66] 베로니크 : 네, 그 다음에, 그것은 ⋯

[67] 실베인 : 4는 ⋯ $2n$과 같다. ([그림 7]의 중앙, 5번째 줄) 그 다음, 거기서, 아니다, 아니야.

[68] 피에르 : 맞아!

[69] 실베인 : 아니야, 아니야! 4 나누기 ⋯ [⋯]

[70] 베로니크 : 거기서, 4 나누기 2는 ⋯

[71] 실베인 : 아? 우와!, 거기서 잠시만 […] 4는 $2n$과 같아. 알겠어?

[72] 베로니크 : 4 나누기 2는… $2n$을 …로 나눈 것과 같지…

[73] 실베인 : 우와, 우와.

[74] 베로니크 : 아니야, 거기서 말이 안 돼.

[75] 실베인 : 4 나누기 $2n$ […]

[76] 베로니크 : 4 나누기 2는 $2n$ 나누기 2와 같아. ([그림 7]의 중앙, 6번째 줄) […]

[77] 실베인 : 정확해, $2n$ 나누기 … 아니야, 아니야, 4 나누기 $2n$.

[78] 피에르 : 아! 뭔가 나누는 것을 잊어버렸구나.

[79] 실베인 : $2n$ 나누기 2. 아, 아니야, 아, 맞나. […]

[80] 베로니크 : 2는 $1n$과 같아. ([그림 7]의 중앙, 7번째 줄)

[81] 실베인 : 작은 등호 표시를 적어봐. 그러면 그건 각각에 들어 있는 두 개의 카드와 같아.

[82] 피에르 : 응, 그거야. 2는 $1n$과 같아. 한 개의 봉투에는 두 개의 카드가 들어 있어.

[83] 실베인 : 각각의 봉투 안에.

[84] 피에르 : 응, 아!

[85] 실베인 : 이번엔 내 뇌가 열심히 일하고 있어. (학생들은 잠시 웃는다. [그림 7]의 오른쪽)

이제 학생들의 대화는 추상화 단계에 어느 정도 익숙해진 것으로 보인다. 방정식 풀이 과정에서 맥락적인 단어의 부재에 주목하는 것은 흥미롭다. 49번과 50

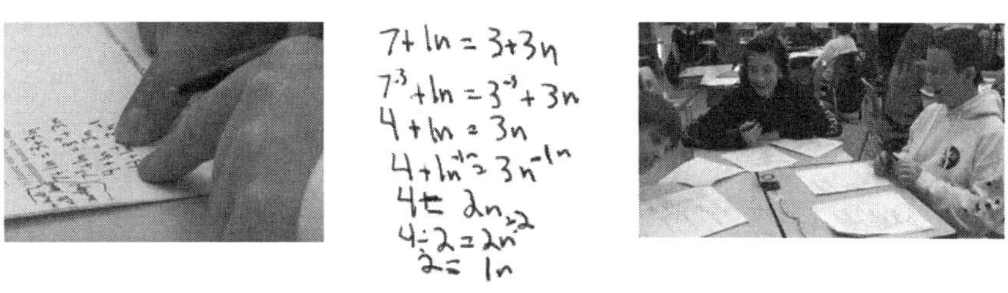

[그림 7] 왼쪽 사진에서 교사는 피에르에게 방정식 표기의 정확성을 살피도록 한다. 가운데 사진에서, 4번째 줄에 피에르는 표기를 수정한다. 나머지 풀이는 5번째에서 7번째 줄에 있다. 오른쪽 사진에서, 실베인은 방정식의 대수적 풀이를 하는 동안에 뇌가 열심히 일했다고 말하여 그룹 동료들을 웃게 만든다.

번의 대화에서 학생들이 카드와 봉투를 참조한다고 해도, 카드와 봉투란 단어들은 그 다음 문장들에서 사라지고, '마이너스 1'의 의미를 되짚어봐야 했던 65번 대화에서야 나타날 뿐이다.

두 번째 날 막바지에, 학생들은 과제를 받았다.

제인의 과제 중 처음 두 문제의 풀이는 다음과 같다.

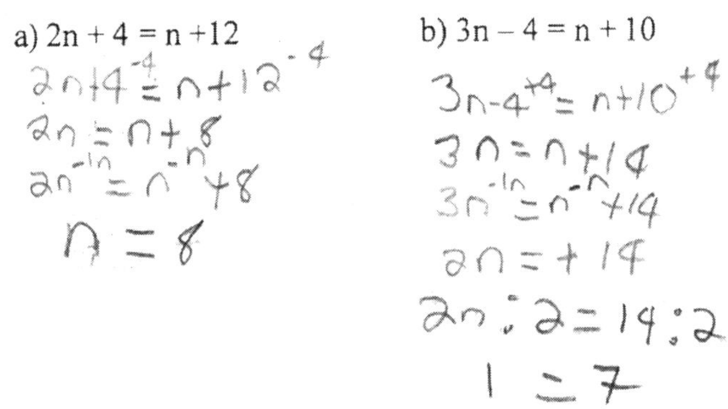

[그림 8] 방정식을 두 번 학습한 후에 과제로 받은 두 개의 문제[2)]

5 다른 방정식들

수학적인 추상화를 향한 학생들의 발전은 거기에서 멈추지 않았다. 그 다음날, 학생들은 상황제시가 없는 방정식, 즉 기호 형태로 주어진 방정식을 다루게 되었다. 이 세 번째 과정은 숙제를 검토하는 것으로 시작되었다. 그 다음, 학생들은 소그룹으로 나뉘어 공부했다.

학생들이 다룬 두 개의 문제는 다음과 같다.

- $7n + 2 = 6n + 8$
- $2x + 3 = x + 5$

2) 방정식 b)에서, 학생은 마지막 줄에 $1n = 7$을 적는 것을 잊어버렸음에 주목해야 한다. 그러나 숫자 '1'의 의미는 명백하다. 그것은 미지수의 값이다. '$1n = 7$'

첫 번째 문제는 큰 어려움 없이 풀렸다. 그러나 두 번째 문제는 문자 x의 의미에 대한 토론을 야기했다.

[86] 베로니크 : 거기서 x는 봉투를 의미하는 것일 거야.
[87] 피에르 : 맞아.
[88] 실베인 : 아니야, 우리는 x값이 무엇인지 찾아내야 해.
[89] 베로니크 : 그건 봉투지.
[90] 피에르 : 그건 미지수야.
[91] 실베인 : $2x$, 그건 2 곱하기 어떤 수야, 거기에 3을 더한 것은 어떤 수에 5를 더한 것과 같아.
[92] 베로니크 : 곱하기 무엇?
[93] 피에르 : 아니, x는 n과 같아.
[94] 실베인 : 아니야.
[95] 피에르 : n은 봉투 개수였잖아.
[96] 실베인 : n은 봉투였지, 우리는 봉투 안에 든 것의 개수를 알아내야 했어.
[97] 피에르 : 음, x가 봉투라고 가정하자.
[98] 실베인 : 음, x는 n이 아니야.
[99] 피에르 : 음, 그냥 가정만 하는 거야!
[100] 실베인 : 수학에서 가정이란 없어!
[101] 베로니크 : 같은 거야, 단지 n 대신에 x를 말한 거지.

학생들은 결국 x가 봉투와 같은 맥락에서, 미지수와 다른 무엇을 나타낼 수 있다고 합의하였다. 베로니크의 풀이는 [그림 9]에 나타나 있다.

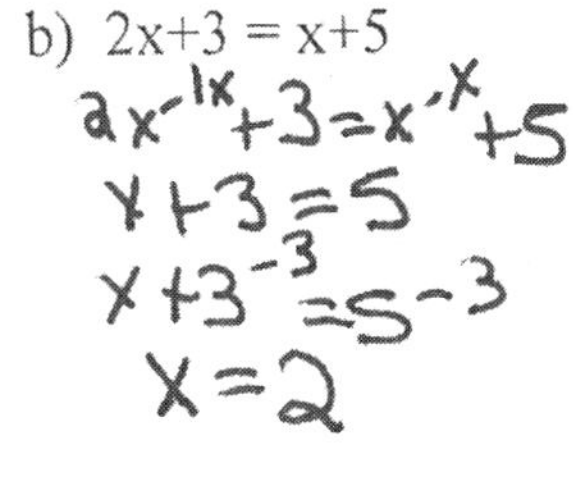

[그림 9] 미지수가 문자 x로 표현되어 맥락이 주어지지 않은 방정식의 풀이

6 결론

이 장에서는 구체적인 활동으로부터 추상화로의 이행을 장려하는 수업의 특징을 제시하고 있다.

특히, 카드와 봉투 안에 카드를 넣는 것과 같은 학생들에게 친숙한 상황을 이용하는 것이 중요하다는 것을 보았다. 또한 구체물의 중요성을 알 수 있었다. 상황과 구체물은 학생들로 하여금 복잡한 대수적 추론을 비교적 구체적인 수준으로 수행할 수 있도록 돕는다. 소그룹으로 나누어 전체 학생들이 논의하는 것은 학생들이 아이디어를 공유하고 구체화하는 것을 장려한다.

이 세 가지 요소(상황, 구체물, 그룹토론)에 덧붙여 적절한 문제 선택이 중요하다. 문제는 교사가 의도한대로 대수적 개념을 필요로 하는 방식으로 제시되었다. 물론, 제시된 문제는 교사가 명백히 피하고자 했던 산술적인 방법으로 풀릴 수도 있었다(즉 체계적인 시행착오에 의한 방법). 교사가 중요한 역할을 했던 부분이 바로 이 점이다. 이 장에서는 구체적인 질문을 통해 교사가 어떻게 학생들을 의도한 대수적 개념에 다다를 수 있도록 하는지 설명하였다. 학급의 전체 토론은 학생들로 하여금, 제시된 문제를 풀기 위한 좀 더 직접적이고 효율적인 다른 방법들을 이해할 수 있도록 하였다.

앞의 수업에서 나타난 성공의 핵심적인 요인은 **개념적 단위**로서 학생들에게 주어진 문제의 난이도에 점진적으로 차등을 주는 것이다. 이 앞 장에서 힌트를 주지 않고 단지 문제 풀이를 통해 학생들의 수학적인 사고가 발전할 수 있을 거라고 믿는 것은 잘못된 것이라는 점을 언급하였다. 문제에 힌트를 부여하는 것, 점차 복잡해지는 하나의 주제 중심으로 문제를 일관적으로 배열하는 것은 수학 교육에서 중요한 부분이다.

다음 장에서는 다시 이러한 부분에 대해 논의할 것이다. 대수적 개념을 7학년에 도입한 시도는 온타리오 교육과정에 나와 있는 것보다 훨씬 빨리 학생들에게 대수적 방법을 이용한 방정식 풀이를 소개할 수 있음을 확실하게 보여준다. 여기서 개략적으로 보인 접근법을 자연스럽게 9학년에도 이용할 수 있다. 하지만 미국, 호주, 그리고 이탈리아의 연구자들에 의해 진행된 연구와 더불어 이 장의 연구에 비추어 볼 때, 뒤늦게 방정식을 대수적으로 풀기 시작하는 것이 배움에 방해가 되는 것은 아닌지 의문을 가질 수 있다. 학생들이 산술적 방법에 지나치게 익숙해져버리면 9학년에서 대수 학습을 하는 데 있어 걸림돌이 되기도 한다.

참고문헌

Brizuela, B., and A. Schliemann (2004). "Ten-year-old students solving linear equations", *For the Learning of Mathematics, 24*(2), pp. 33-40.

Carraher, D., A. Schliemann and B. Brizuela (2001). "Can young students operate on unknowns?", in M. v. d. Heuvel-Panhuizen (Ed.), *Proceedings of the 24th Conference of the International Group for the Psychology of Mathematics Education,* vol. 1, Utrecht University, The Netherlands, pp. 130-140.

Filloy, E., L. Puig and T. Rojano (2007). *Educational Algebra: A Theorical and Empirical Approach*, New York, Springer Verlag.

Radford, L. (2002). "Algebra as tekhnē. Artefacts, symbols and equations in the classroom", *Mediterranean Journal for Research in Mathematics Education, 1*(1), pp. 31-56.

Radford, L. (2008). "Iconicity and contraction: A semiotic investigation of forms of algebraic generalizations of patterns in different contexts", *ZDM-The International Journal on Mathematics Education, 40*(1), pp. 83-96.

Radford, L., et M. Grenier (1996). "Entre les idées, les choses et les symboles. Une séquence d'enseignement d'introduction à l'algèbre", *Revue des sciences de l'éducation, 22*, pp. 253-276.

Rossi Becker, J., and F. Rivera (2006). "Sixth graders' figural and numerical strategies for generalizing patterns in algebra", in S. Alatorre, J. L. Cortina, M. Sáiz and A. Méndez (Eds.), *Proceedings of the 28th annual meeting of the North American Chapter of the International Group for the Psychology of Mathematics Education*, vol. 2, Mérida, Mexico, Universidad Pedagógica Nacional, pp. 95-101.

Rossi Becker, J., and F. Rivera (2006). "Establishing and justifying algebraic generalization at the sixth grade level", in J. Novotná, H. Moraová, M. Kratkná and N. Stehliková (Eds.), *Proceedings of the 30th Conference of the International Group for the Psychology of Mathematics Education*, vol. 4, Prague, Czech Republic, pp. 465-472.

6장 "아니야! 그는 뒤로 걷기 시작했어!"

: 모션 그래프와 공간, 위치, 거리에 대한 질문의 해석

이 장에서는 8학년 학생들의 직교좌표에서의 모션 그래프에 대한 해석을 다룬다. 사회문화적 이론적 틀로 학생들이 그래프를 이해하기 위해 시도하는, 논증적이고 기호적인 과정에 주목한다. 학생들의 이론 지식의 대상화 구조와 그들이 더 높은 단계의 개념화에 도달하기 위해 의지하는 수학적 기호, 제스처, 단어들의 배열을 통해 학생들의 해석 과정을 조사한다. 비디오와 담화를 세밀히 분석하여, 학생들이 '기호적 축약(semiotic contractions)'과 '상징적 통합(iconic orchestrations)'의 결과를 통해 해석을 더 집약적으로 발달시키는 방법을 설명한다.

[주요어] 직교좌표계, 해석, 대상화, 의미, 기호학, 기호적 노드

1 서론

공간과 시간은 인간 경험에서 두 가지 기본적인 차원을 이룬다. 그 기초가 인간의 생물학적 체계와 맥을 함께한다고 할 수도 있지만, 감각적인 신체를 넘어선 경험과 현상학적인 공간인 '여기'와 시간인 '지금'을 상황화할 때 공간과 시간은 오직 개념화의 대상이 된다. 다시 말해 공간과 시간은 행동과 성찰에 대한 참조적이고 관계적인 요소를 형성함으로써 개념적 대상이 된다.

직교좌표계 그래프는 성찰을 통해 흥미로운 방법을 제공하는 기호학적 구인이다. 이러한 예에 적합한 경우는 움직임을 다루는 문제에서 직교좌표계 그래프를 사용하는 것이다. 그러나 직교좌표계 그래프를 읽고 해석하기 쉽다고 생각하는 오해가 있을 수 있다(diSessa, Hammer, Sherrin, & Kolpakowski, 1991; Nemirovsky and Monk, 2000; Radford, Miranda and Guzmán, 2008; Roth and Lee, 2004). 사실, 직교좌표계 그래프는 복잡한 수학적 기호이다. 직교좌표계 그래프는 여러 가지 그래프 중 하나라고 할 수 있다. 중세의 mappamundi[1] (Woodward, 1985)와 같이 다른 종류의 그래프에 비해 직교좌표계 그래프가 묘사하는 것은 각 요소 그 자체가 아니라, 요소들 사이에 있는 특정한 수학적 관계이다. 직교좌표계 그래프가 기술하거나 설명하는 것은 현상을 그대로 복제한 것이 아니기 때문에, 그 그래프를 만들고 해석하는 것은 사소한 시도라고 할 수 없다. 역사적으로 말하자면, 직교좌표계 그래프는 수백 년 동안 적용되고, 정제되어, 일반화된 의미를 전달하는 정교한 방법에 기반하고 있다.

이 글에서는 초심자인 학생들이 모션 그래프를 해석하는 것을 다룬다. 특히 학생들이 모션 그래프를 이해하기 위해 시도하는 담론과 기호적 과정을 이해하는 데 집중한다. 이론적 접근은 사회문화적 관점에 기반을 두며, 이 관점은 경험적 접근의 근거뿐만 아니라 목표와 방법론을 제공한다. 이론적 접근에서는 학습의 문제를 문화적 아이디어와 사고의 방법을 대상화하는 문제로 간주한다(Radford, 2008a). 학생들이 학교에서 접하는 수학은 긴 역사를 가지고, 개인, 문화, 제도에

---

1) 역자주 : Mappa mundi(라틴 [mappa mʊndi :], 복수 = mappae mundi)는 중세 유럽의 세계지도이다. 이 용어는 중세 라틴어 단어 mappa[천(cloth) 또는 차트라는 의미]와 mundi(세계라는 의미)에서 유래하였다. 크기가 큰 벽지도를 크기를 줄이고 간단히 도식화하였다.

의해 형성된 이론에 근거를 두고 있다. 이러한 맥락에서 대상화는 학생들이 문화적이고 수학적인 아이디어와 사고 방법을 점진적으로 알게 되는 것을 통해 진행되는 사회적 과정을 나타낸다.

대상화는 단지 어떤 개념적 내용에 노출되거나 동화되는 것이 아니다. Vygotsky(1986)가 그 시절에 행동주의자들의 접근에 반대하여 주장했던 것과 같이, 성인은 아동의 마음에 성인 자신의 개념을 주입할 수 없다. 사실, 문화-역사적 혹은 일생의 진화에서 지식의 가장 근본적인 특징은 **발생적 차원**이다. 지식은 역동적인 것이다. 그것은 단순히 전달할 수 없는 **발생**과 **이동**이다. 지식의 전달이라는 아이디어에 기반을 둔 교수방법의 문제는 그것이 비효율적이라는 것이 아니다. 더 정확히 말하면 그것은 옳지 않다.

그런 이유로 대상화의 관점에서 수학 학습은 학생이 수학적 대상과 사고의 형식에 대한 문화적 논리를 이해하고, 친숙하게 되는 과정으로 나타난다. 여기서 학습은 수학적으로 전문적인 특정한 기술을 유창해질 정도로 습득하는 것만 한정하지 않는다. 또한 전체적으로 학습은 학생의 의식과 주관성을 형성하고 문화적 담론 안에 학생이 자리 매김을 하는 것이다. 대상화의 관점으로 바라본 학습은 감각적으로 매개된 문화적 실천과 의식에 학생들이 참여하여 얻는 변증법적인 결과물이다. 여기서 의식은 역사적으로 형성된 실천에 대한 인식과 존재론의 지원과 통제 속에서 반성적으로 성장한다(Radford, 2008b).

학생의 그래프 해석에 대한 탐구에서 '학습 공간'이라고 불리는 작은 부분에 초점을 맞춰보자. '학습 공간'은 대상화를 가능하게 하는 다양한 요소를 포함하는 복잡한 공간이다. 모션 그래프에 대한 학생 해석의 발생과 진화는, 역사적으로 응축되어 형성된 그래프의 의미를 이해하고자 시도하는 학생들이 직면한 순간으로 다루고자 한다. 즉, 인지를 문화적 실천의 성찰적 참여로 보는 관점(Ilyenkov, 1977; Leont'ev, 1978; Vygotsky and Luria, 1994; Wartofsky, 1979)과 인위적 산물과 신체의 매개적 역할로 보는 관점(Arzarello, 2006; Bartolini Bussi and Mariotti, 2008; Edwards, 2009; Radford, 2009a; Robutti, 2006)을 조화시켜, 담화 및 기호, 신체, 행동, 공학 도구를 탐구하고자 한다. 이 장은 10개의 작은 절로 나뉘어져 있다. 처음 6개의 절에서는 학생들의 활동을 간단하게 전사한 것을 바탕으로, 특히 학생들이 모션 그래프에서 거리와 공간을 포함한 주요 개념을 다루는 데 있어 그것을 사용하는 방법을 강조하는 학생들의 활동을 중심으로 논의한다. 학생들의 대상화 과정을 더 깊이 이해하기 위해, 그 이후의 절에서는 기호적 노드(node)와 배열, 진화의 면에서, 학생들의 해석활동이 어떻게 수행되었는지에 대해 상세한 기호적 분석을 제공할 것이다. 그리고 결론에서는 교수와 연구에 대한 몇 가지 제안을 할 것이다.

2 그래프 해석

이 장에서는 8학년 학생들의 수학 활동을 녹화한 영상에서 보여지는 흐름에 대해 논의하고자 한다. 학생들의 활동은 교사가 속해있는 연구팀[2]이 계획하였고 그래프의 해석, 재현, 구성에 초점을 맞추었다. 활동의 설계에 따라 학생들은 세 명씩 한 그룹으로 구성되었고, 이론적으로 난이도가 높아지는 문제를 다루었다. 첫 번째 부분에서 학생들에게 '티나의 걸음'와 '진의 걸음'이라고 하는 두 그래프를 보여주었다([그림 1], [그림 2]). 그리고 그들에게 다음과 같은 세 가지 활동을 하도록 하였다.

(1) 그래프를 해석하여라.
(2) 줄자와 정밀한 시계를 사용하여 어떻게 걸었는지 걸음을 재현해보아라. 그리고 준비가 되었다고 생각하면,
(3) TI-83+ 계산기와 움직임 탐지기(CBR, Calculator-Based Ranger©)를 이용하여 걸음을 기록하여라.

그 중 네 그룹의 학생들을 각각 한 대씩의 비디오카메라로 녹화했다. 다섯 번째 카메라는 교실에서 움직이는 교사를 따라다니며 24명의 학생들을 8개로 나눈 각 그룹과 토론하는 것을 녹화했다.

그래프와 함께 제시된 문제의 상황에서, 티나는 걷기 시작할 때 분수로부터 1m

---

2) 연구팀은 Mélanie André, Serge Demers, Alain Girouard, Isaias Miranda, Andrew Sanderson, and Sonia Gonçalves이 속해있다.

떨어져 있고, 진은 같은 길에 있고 분수로부터 4m 떨어져 있으며 티나와 동시에 걷기 시작한다. [그림 1]의 왼쪽 그래프는 '티나의 걸음'을, 오른쪽 그래프는 '진의 걸음'을 나타낸다. 다음은 메리, 제프, 다니엘로 구성된 그룹 학생들이 '티나의 걸음' 그래프에 대하여 나눈 대화이다. 앞에서 언급했듯이 학생들이 그래프를 해석하는 방법에 초점을 두고, 지식 대상화 과정에서 사용하는 기호의 의미에 주의를 기울일 것이다.

[1] 메리 : 그래서 … 여기가 아마 1m일 거야. 이건 … 3초 동안 1m가 될 거고 … (그녀는 왼손으로 세로축의 1m를, 펜 끝으로 가로축의 3초를 가리키고 있다; [그림 2]의 사진 1)

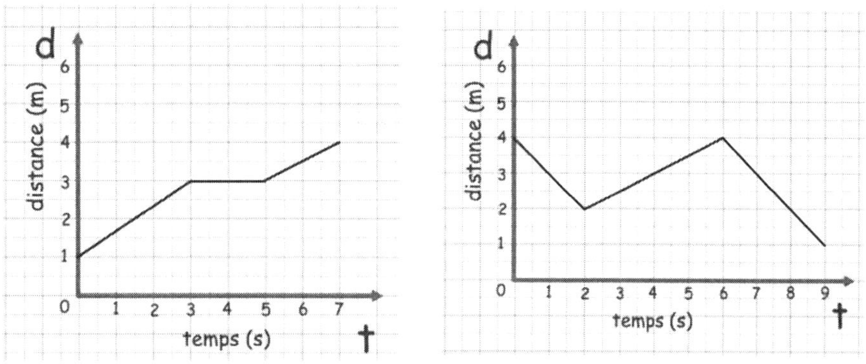

[그림 1] 학생들에게 주어진 2개의 그래프. 왼쪽이 '티나의 걸음', 오른쪽이 '진의 걸음'

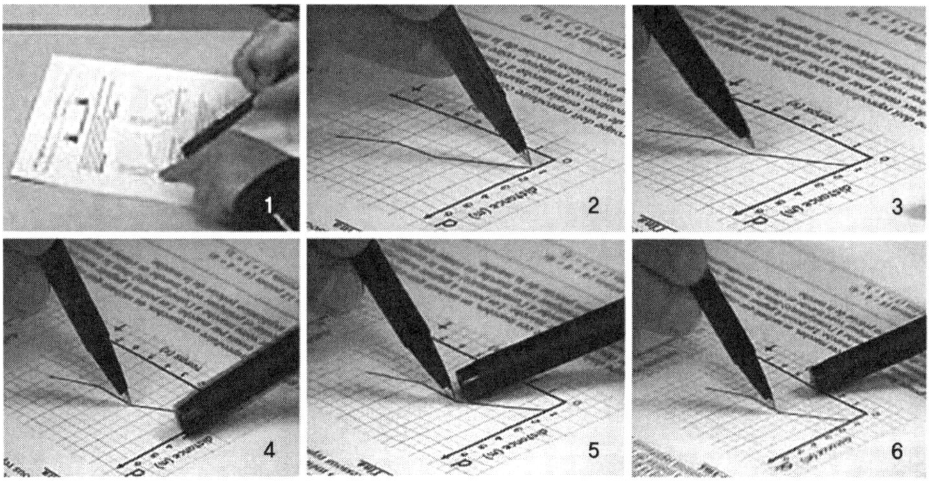

[그림 2] 학생들이 [1]~[3]에서 만든 지표적 제스처

사진 1: 3초 동안 1m ([1]), 사진 2: 이미 1m에서 출발 ([2]), 사진 3: 1부터 3까지 ([2]), 사진 4: 3m ([3]), 사진 5: 동안 ([3]), 사진 6: 3초 ([3]).

[2] 제프 : 아냐. 3초 동안 2m야. 왜냐하면 너는 … 이미 … 1m에서 출발했으니까([그림 2]의 사진 2). 넌 아직 걷기 시작하지 않았어. … 그래서 1부터 3까지 (펜으로 첫 번째 선분을 따라 움직이며; 사진 3) 3초에 2m를 가고 있어.

[3] 메리 : 아! 3초 동안 3m! (사진 4~6은 메리의 행동을 보여준다.).

[4] 다니엘 : 그러고 나서, 너는 멈췄어… 2초 동안.

[5] 제프 : 2초 동안 멈춘 다음에.

[6] 다니엘 : (두 번째 선분을 찾으며) 그 다음에 너는 2초 동안 더 나아갔어.

[1]에서, 메리의 관심은 세로축에서 읽은 '1'과 가로축에서 읽은 '3'이라는 두 개의 기호이다. 메리는 잠시 "티나의 이동 거리를 "3초 동안 1m"로 해석했다. 그녀는 세로축을 이동 거리로, 가로축은 소요 시간으로 해석했다. 이 해석은 그녀가 [3]에서 3초 동안 3m를 갔다고 주장하게 만들었다. 제프는 이 해석에 반대하였고, 세로축은 거리의 측정과 더불어, **위치 정보**를 제공한다는 아이디어에 기초하여 다른 해석을 내 놓았다. 즉 첫 번째 선분의 시작지점을 가리키며([그림 2]의 사진 2) 제프는 "너는 … 이미 … 1m에서 출발했으니까"라고 말했다. 달리 표현하면, 제프의 세로축에 대한 개념은 **관계적**이다. 이 토론에 분수가 명시적으로 언급되지 않았지만, 제프는 걷기의 시작점을 분수의 위치와 비교하여 티나의 위치를 해석하고 있다. 세로축은 특정한 위치인 **참조 지점**으로부터 측정된 거리를 의미한다. 이것이 제프에게 세로축에 있는 '1'이라는 기호가 단지 구간의 길이만을 의미하는 것이 아닌 이유이다. 그것은 "1m에서 출발했으니까([2])."라고 한 지점을 가리키고 있기도 하다.

또한 제프는 자신의 그래프에 대한 해석이 메리의 해석과 다르게 하는 또 다른 측면에 대해 설명한다. 제프의 해석은 공변적 방법으로 거리와 시간의 변수를 포함한다. 즉 제프에게 직교좌표계 그래프에서 첫 번째 선분의 시작은 거리와 위치 이상의 것을 나타낸다. 그것은 정밀하게 관찰 중인 현상의 일시적인 차원에 대한 것을 알려준다. 첫 번째 선분의 시작점은 "넌 아직 걷기 시작하지 않았어 …."라는 것도 가리킨다. 다시 말해, 이것은 시간을 일시적으로 중단된 상태에서 걷는다는 행동 형태의 전면에 옮겨놓는다는 것을 가리킨다. 그러고 나서 제프는 첫 번째 선분을 수정하는 것과 같이 가리키는 제스처를 통해 그래프의 위치와 공변적 해석을 운동감각적으로 표현한다([그림 2]의 사진 3). 제프는 처음에 직교좌표계 그래프의 세로축에 있는 '1'과 '3'이라는 기호를 첫 번째 선분에 의해 제시된 것으로 언급했다 (그는 "1부터 3까지"라고 말했다). 잠시 뒤에 이러한 기호는 '위치의 거리', 즉 분수로부터 측정된 거리로 해석된다. 이 해석은 그에게 티나가 3초 동안 2m를 움직였다([2]의 마지막)고 추론할 수 있게 해주었다. 사실 메리는 자신의 펜을 점 (0, 3)으로부터 점 (3, 3)까지 움직이며 "3m"라고 말했다([그림 2]의 사진 4, 사진 5), 그러고 나서 그녀는 펜을 점 (3, 3)부터 점 (3, 0)까지 세로로 움직이며 "3초"라고 말했다. 그녀의 제스처가 명백히 보여준 것과 같이 그렇게 함으로써 변수의 공변에 대한 인식을 표현했다. 하지만 공변의 성질은 **포괄적**이다. 즉 [1], [3]과 아래 [7]에서도 나타난 것과 같이 공변은 이동 거리와 소요 시간 사이의 관계를 표현한다. 사실 [4]-[6]에서 다니엘과 제프는 두 개의 다른 선분의 해석을 계속 발전시킨다. 하지만 메리는 여전히 첫 번째 선분의 의미를 납득하지 못했다. 그래서 첫 번째 선분에 대한 토론으로 돌아와서 메리가 묻는다.

[7] 메리 : 3초 동안 3m. 아니야?

[8] 제프 : 응. 왜냐하면 그녀는 1m에서 시작했으니까. ([그림 2]의 사진 2에서 보여준 것과 비슷한 제스처를 취한다.)

[9] 메리 : 아! 알았어. 좋아.

모션 그래프에서 기의[3]로서 공변에 대한 이해는 부분적으로 직교좌표계 변수의 거리의 위치적 의미에 대한 정교한 이해에 바탕을 둔다고 주장하고자 한다. 이때 의미는 결국 거리와 위치 사이의 명백한 구분에 바탕을 둔다.

3 거리와 위치

우리가 생각할 수 있는 것과 달리 위치에 대한 아이디어는, Aristotle가 물리학(physics) 4권에서 인정한 것처럼 사소하지 않다. Aristotle는 이렇게 말했다. "위

3) 역자주 : signified는 언어가 소리(또는 기호)와 그 소리(또는 기호)로 표시되는 의미로 성립된다고 할 때 의미를 가리킨다.

치가 어디인가라는 질문은 많은 어려움을 보여준다. 우리는 이전 사상가들로부터 아무것도 물려받지 않았다."(Aristotle, 1984, p. 355) 사실 역사적인 기원에 따르면 위치에 대한 개념은 신체에 대한 아이디어와 신체가 있는 위치, 그리고 신체가 속한 공간들이 얽혀있는 복잡한 아이디어이다. 길고 어려운 토론 끝에 Aristotle는 위치는 움직임에 근거를 두고 있다고 결론지었다. "우리는 위치에 대해서 움직임이 없다면 위치도 탐구할 수 없다고 이해해야 한다."(Aristotle, 1984, p. 359)

하지만 Aristotle에게 위치는 신체가 그것에 자격을 주는 관계에서만 생각되어야 한다고 말했다. 그러므로 위치는 대상과 참조할 지점에 있는 다른 대상의 관계를 연결시켜 표현하는 것이 아니다. 서양 사상에서 위치, 공간, 신체라는 아이디어가 얽혀있는 것을 풀은 것은 나중의 일이다. 이를 위해서 엄청난 존재론적 변화가 필요했다. Burtt(2003)의 언급에 따르면, Aristotle와 중세의 사상가들이 했던 분석은 왜 신체가 움직이는지에 대한 질문에 답하기 위해서였다. 반면 Galileo와 같은 르네상스 시대의 사상가의 질문은 어떻게 신체가 움직이는가이다. 오래된 행동, 동력요인, 자연적 위치와 같은 개념의 오래된 무기는 더 이상 충분하지 않았고, 공간, 위치, 거리, 시간에 대한 새로운 개념이 필요했다. 제프의 거리에 대한 개념은 공간을 동질적이고 등거리인 어떤 것으로 보고, 위치를 참조적인 용어로 표현된 연결된 위치로 보는 개념적인 아이디어에 기초한다. 역사적으로 말해서 이러한 아이디어의 성과는 나중의 일이다. 그것은 Descartes의 《철학원리》에서 명백하고 명시적인 방법으로 나타난다. 후에 이 주장으로 돌아올 것이다. 일단 학생들의 토론으로 돌아가자.

4 진의 걸음 : 첫 번째 해석

앞의 대화 이후에 학생들은 진의 걸음에 대해 첫 번째 해석을 시도한다. 해석은 속도의 측면에서 이루어졌다.

[10] 제프 : 나는 두 번째 그래프를 이해하지 못했어.

[11] 메리 : 너는 4m에서 출발했어.

[12] 다니엘 : 응. 너는 4m를 가고, 그 다음에 1초에 1m를 내려오고 있어. 그리고 다음에 올라가. 하지만 올라갈 때는 2초에 1m야. 매 2초 동안 1m를 가. … 응. 이 1 [세 번째 선분] 그는 아래로 가, 그래서 …

[13] 제프 : 하지만 어떻게 [티나의 그래프]는 위로 가고 [진의 그래프]는 아래로 가?

학생들의 해석은 참조 지점에 대한 완곡한 언급에 기반을 둔다. [8]의 제프의 표현에 따라서 [11]에서 메리가 말했다. "너는 4m에서 출발했어." 질문은 "어디로부터?"이다. 이 완곡한 언급은 '아래로'와 '위로'로 표현된 움직임에서 다시 나타난다. 다시, 질문은 "아래와 위는 무엇과 비교해서인가?"이다. 공간의 지시어인 '아래'와 '위'는 그래프를 만듦과 동시에 어려움을 낳는다. 그 어려움은 학생들이 여전히 그래프의 좌표로 표현된 거리와 문제 상황에서 언급된 핵심적인 공간의 위치(여기서는 분수, 진의 출발점을 의미)를 쉽게 조정하는 데 있다. 속도의 측면에서 선분을 해석한 것은 이런 면에서 가장 편리하다. 여기에서 학생들이 한 것처럼, 속도에 대해 이야기하는 것은 사실 관계적 거리와 반대로 이동 거리와 걸린 시간을 관계 짓는 것이다. 제프는 이 해석에 동의했다. 하지만 해석은 여전히 그래프의 차이를 설명하는 데 충분치 않다. 직교좌표계에서 변수의 거리라는 관계적 개념에 의지한 다른 것이 필요하다.

제프의 마지막 질문 [13]에 대한 답은 쉽게 찾을 수 없었다. 학생들은 그것을 재현해보기 위해서 티나의 그래프와 걷는 방법으로 되돌아갔다. 어떻게 걸어야 할지 계획하면서 분수는 대화의 명시적인 대상이 되었고, 직교좌표계 그래프의

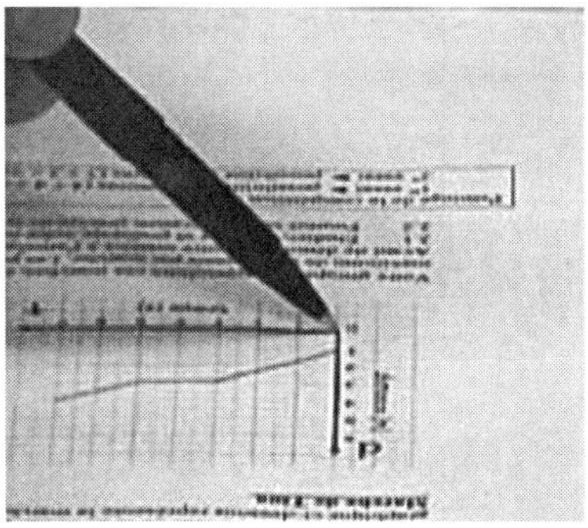

[그림 3] 제프는 분수의 장소를 가리켰다.

점 (0, 0)으로 인식되었다. 제프는 "분수에서 1m 떨어진 곳이니까, 분수는 여기야"라고 말하며 [그림 3]에서와 같이 가리켰다.

학생들은 책상 옆에 공간을 마련하여 티나의 걸음을 재현해보려고 했다. 마커와 줄자를 이용하여 걷는 길을 따라 흔적을 남겼다([그림 4]의 사진 1). 활동을 하는 동안 그들은 자신들의 걸음을 정밀한 시계로 측정한 공간 기호와 시간 결과에 적용시켰다. 정밀한 시계와 줄자를 사용하여 운동감각적 맥락에서 학생들은 그래프의 의미를 더 잘 대상화할 수 있게 되었다. 특히 직교좌표계 그래프에서 측정된 거리가 아닌 참조 지점으로서의 분수의 역할은 더 명확해졌다. 활동 설계에 따라 학생들은 준비가 된 후에 교사를 불러서 걸어보았고, 교사와 함께 그 결과에 대해 토론하였다([그림 4]의 사진 2). [그림 4]의 사진 3에 나타난 것과 같이, 학생들은 활동지에 나타난 그래프와 비슷한 그래프를 얻는 데 성공했다.

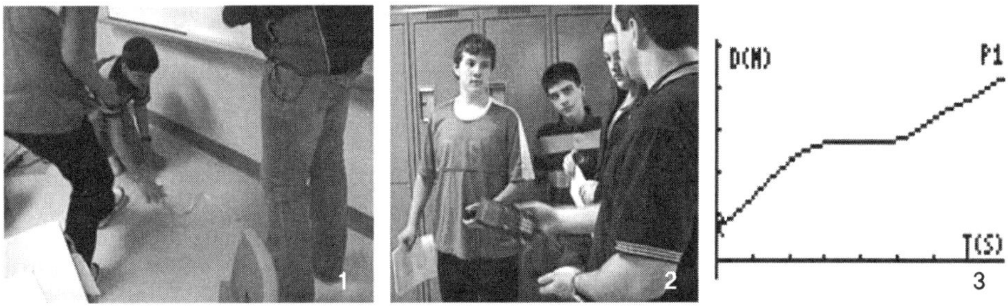

[그림 4] 사진 1에서, 학생들은 공간적 기호를 만들고 있다. 사진 2에서, 교사와 함께 결과에 대해 토론하고 있다. 사진 3은 학생들이 재현한 티나의 걸음을 CBR로 측정한 계산기 화면이다.

5 진의 걸음 : 두 번째 해석

'티나의 걸음'을 재현하고 난 후, 학생들은 책상으로 돌아와 '진의 그래프'에 대한 토론을 계속했다. 다시 그래프에 대한 해석을 처음 제안한 사람은 다니엘이었다.

[14] 다니엘 : 진은 2초 동안 2m를 걸어야 했어. 그 다음에 1초에 50cm로 4초 동안 돌아 왔어.

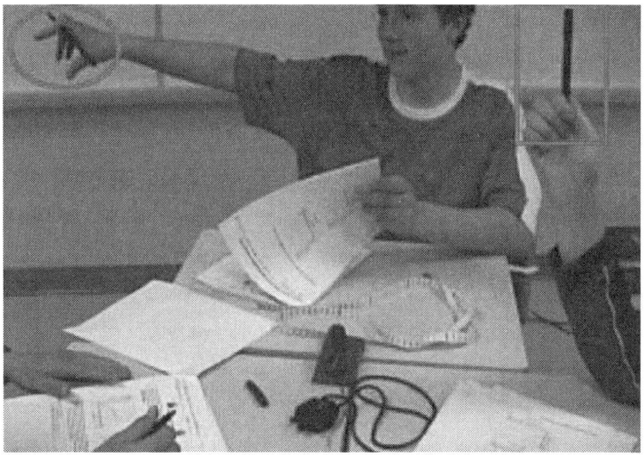

[그림 5] 제프가 말했다: "그[진]는 분수에서 4m 떨어진 지점에서 출발했어!" 그리고 그의 오른쪽을 가리켰다. 동시에 메리는 수직으로 위를 가리키는 제스처를 취하며 말했다. "그는 꼭대기에서 출발했어." 이 두 제스처는 원점(origo)에 대한 두 가지 다른 아이디어를 표현한다.

[15] 메리 : (끼어들어 두 번째 선분을 지칭하며) [그는 분명히] 뒤로 걸었어…

[16] 제프 : 아니야! 그는 뒤로 걷기 시작했어!

[17] 다니엘 : 응? 아니야!

[18] 메리 : 그는 꼭대기에서부터 출발했어! ([그림 5])

[19] 제프 : (메리와 동시에) 그는 분수에서 4m 떨어진 지점에서 출발했어! ([그림 5]).

[14]에서, 다니엘은 [12]에서 자신이 제시했던 것과 다른 해석을 내놓았다. 돌이켜보면 [12]에서 걸음에 대한 해석은 그래프의 **지각적 특징**의 측면에서 만들어졌다. 사실 지각적으로 그래프는 "내려"가고 "올라"간다. 그러므로 진의 걸음을 맞추려면, "너는 계속 내려와야 하고" (첫 번째 선분) 그 다음 "올라간다" (두 번째 선분 ; [12]) 간단히 [12]에서 그래프는 걸음의 **지도**의 일종으로 해석되었다. 그래프는 지리적 지도처럼 읽는 사람에게 '위', '아래'와 같은 위치를 제시하고, "올라간다", "내려간다" 등의 해석적 이야기가 가능하게 하는 것처럼 보였다. 이와 반대로 [14]의 해석은 학생들의 최근 운동감각의 경험의 측면에서 만들어졌다. 두 가지 해석은 암묵적일 뿐임에도 불구하고 언어학자 Karl Bühler(1979)가 **원점**(origo)이라고 불렀던 것을 전제로 했다. 원점은 행동과 해석을 조직화하는 데에 도움이 되는 기원이나 **참조 지점**을 의미한다(원점에 대한 더 자세한 논의는,

Radford(2002)를 보아라).4)

그렇다면 다니엘과 메리가 [14], [15], [17], [18]에서 생각한 암묵적인 참조 지점은 무엇인가? 제프가 생각한 것과 같은가? 아니다. [16]에서 제프는 다니엘과 메리의 생각에 반대했다. 그리고 그가 비록 '뒤로'라는 용어를 사용했더라도, 다른 의미로 그것을 사용했다. 메리와 다니엘에게 원점(origo)은 진이 걷기 시작한 지점이다. 제프에게 원점은 분수이다. [17]에서 다니엘은 제프의 생각을 완전히 거부한다. [18]에서 다니엘에게 동의하며 메리는 제프에 반대하는 명백한 제스처를 취한다. 펜을 위로 가리키며 그녀는 "그는 꼭대기에서 출발했어."라고 말했다. 동시에 제프는 "분수에서 4m 떨어진 곳에서 출발했어."라고 말하며 진이 출발해야만 하는 가상적인 지점을 가리킨다. 진의 출발지점과 분수 사이의 공간적 관계는 말과 제스처를 통해 강조된다([그림 5], [그림 6]). 이 표현에서 제프의 신체적 위치가 분수 위치의 역할을 한다는 것은 암묵적이다(하지만 몇 초 후 이것은 명시적이 될 것이다).

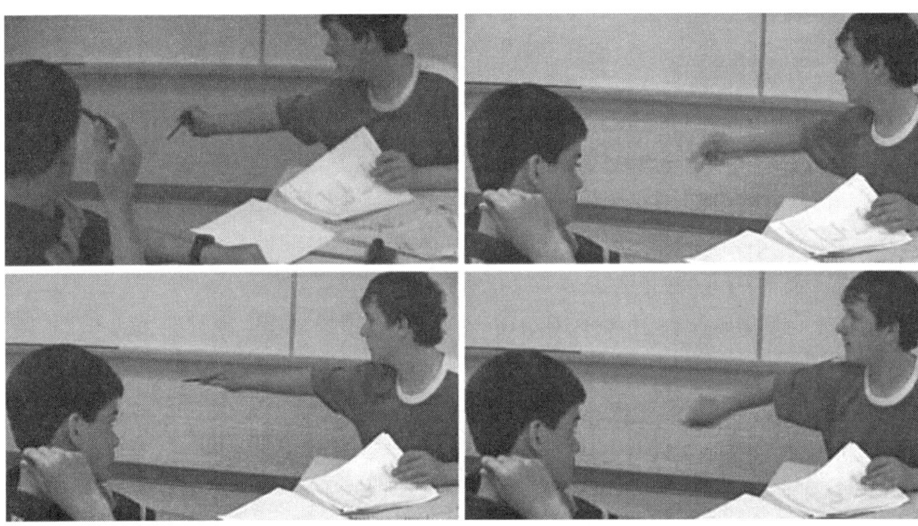

[그림 6] 제프는 진의 걸음의 주목할 만한 장소를 제시하기 위해 중요한 장소를 가리키는 제스처를 취한다.

---

4) 역자주 : Radford(2002)에 의하면, origo는 여기와 저기를 구분할 수 있게 해주는 시공간적 중심이다(a spatio-tempral centre making it possible to distinguish between e.g. there from here.). 이에 대해 민경모(2012)는 담화 상황 속에 존재하는 특정 지시 대상을 가리키기 위한 기준으로 원점(origo)을 설명한다. 그는 담화 속의 특정 지시 대상과의 관계를 이루기 위해서는 원점이라는 기준이 필요하고, 그 원점을 생기시키는 발화 주체가 원점을 기점으로 하여 지시 대상을 직접 가리키게 된다고 이야기한다.

6 위치에 대한 Descartes의 아이디어

《철학원리》에서, Descartes는 다음과 같이 말한다.

> 위치와 공간이라는 단어는 어떤 장소에 있는 물체와 실제로 다른 의미가 아니라, 단지 그것의 … 다른 물체들 간의 상황을 표시하는 것이다. 이 상황을 결정하기 위해서 어떤 다른 물체들을 움직이지 않는다고 간주하는 것이 필연적이므로 그리고 우리가 다른 물체들을 보는 것에 따라서 우리는 동일한 물체가 동시에 위치를 바꾸거나 바꾸지 않는 것을 볼 수 있다. 예를 들어 배가 바다로 갈 때, 배의 뒤쪽(선미)에 앉아 있는 사람은 배의 부분들을 보았을 때 같은 상황이 보존되고 있기 때문에 배가 한 장소에 있다고 말할 수 있다. 반면 인근 바닷가에서 본다고 간주하면, 바닷가로부터 끊임없이 멀어지나 다른 것이 다가오는 것을 보기 때문에 같은 사람은 끊임없이 위치가 바뀐다고 볼 것이다.(Descartes, 1644, Part II, XIII)

위치에 대한 Descartes[5)]의 아이디어는 임의의 참조 지점에서 조직된 기술적인 틀과 함께 후자의 것을 **위치**라고 생각할 수 있게 하였다. 여기에서 Bühler와 같이 **원점**이라고 부른다. 그러므로 물체의 '상황'이라고 말하는 위치로서의 장소는 관계적 속성으로 나타난다(Slowik, 1999). 우리의 문제-이야기에서 이 선택이 만들어졌다. 원점은 분수이다. 보통 학생들은 그것을 쉽게 찾지 못한다. 원점을 움직임의 시작 지점으로 받아들이고 그래프를 지도의 일종으로 보는 강한 경향이 있다(Radford, Demers, Guzmán, & Cerulli, 2003; Radford, Cerulli, Demers, & Guzmán, 2004).

Descartes에 의해 만들어진 위치에 대한 중요한 개념화, 즉 위치가 임의적인 참조 지점과의 관계로 정의된 것들의 상대적 위치로 이해된다는 것은 움직임에 관한 문제를 형식적인 관계적 방법으로 묘사하는 것을 가능하게 만들었다. Descartes의 아이디어가 가진 기이성과 복잡성은 Ernst Cassirer와 같은 인식론자와 철학자를 혼란스럽게 만들었다. 《인간론(An Essay on Man)》에서 Cassirer는 위치에 대한

5) 역자주 : 처음 역자주에서 Cartesian graph(직역 : 데카르트의 그래프)를 직교좌표계로 번역한 것을 떠올리면, 데카르트의 철학에서 직교좌표계가 등장했다는 사실을 쉽게 연결할 수 있을 것이다.

아이디어를 실재적인 것과 추상적인 것으로 구분했다. 그는 실재적인 것은 "행동의 공간이다. 행동은 즉각적이고 실재적인 필요와 흥미가 중심이 되는 것이다."라고 말했다(Cassirer, 1974, pp. 44-45). 사물은 실재적인 필요 때문에 보편적이거나 체계적인 조직화에 도달하지는 못하지만, 서로를 참조한다. 대부분 이렇게 우리는 집이나 다른 일상의 주변 속에서 사물에 대해 말한다. 이것은 매우 이상하고 사실 비현실적으로 들리지만, 나는 스스로 다른 사람에게 집 안의 공간적 좌표계에서 신문을 가져오도록 부탁하면서 경험했다. '커피 탁자 옆'처럼 말하는 것이 더 간단했던 것이다. 실재적 공간을 나타내는 방법은 **지역적**이고, 반대로 추상적인 공간을 나타내는 것은 일반적이고 체계적인 방법이다(Radford, 2009b). 게다가 Cassirer의 글에 의하면 실재적인 공간에서 우리가 물건과 그것이 위치하는 장소를 나타내는 방법은 "구체적인 개인적 혹은 사회적 느낌이 가득한 감각적 요소들"이다(p. 45).

대체로 Lévy-Bruhl(1922)처럼 몇몇 비-서구공동체의 사람들이 그들의 환경에 대한 세부내용과 주변물의 위치 변화 일체에 특출하게 감각적이라는 것을 발견한 인류학자들의 보고서에 대해서 Cassirer는 깊은 인상을 받았다. 그는 이 사람들이 사냥과 항해를 하는 동안 가장 어려운 환경 속에서도 집으로 가는 길을 찾는 법을 배우는 것에 대해 크게 놀랐다. 하지만

> 당신이 그에게 강줄기를 그리는 것과 같은 일반적인 묘사를 해달라고 부탁한다면, 그에게는 불가능할 것이다. 만약 강과 다양한 커브를 지도에 그려달라고 부탁한다면, 그는 심지어 질문을 이해하지도 못한 것처럼 보일 것이다(Cassirer, 1974, p. 46).

Cassirer에게 이전의 차이는 공간과 그 공간 속의 위치를 나타내는 방법에 대한 두 가지 구분되는 개념을 나타낸다. 추상적인 공간은 물건과 그들의 위치를 일반적이고 체계적으로 묘사하는 것에 기초한다. 앞에 언급했듯, 추상적 공간에 대한 개념의 출현에서 중요한 것은 연관된 위치와 같은 종류와 크기의 공간에 대한 Descartes의 아이디어였다. 독일의 철학자 Martin Heidegger가 말했듯이 공간과 위치에 대한 Descartes의 아이디어는 대상에게 **상징적 대상화**를 제공했다. 이러한 아이디어는 Aristotle의 전통을 깼을 뿐 아니라 전체적으로 완전히 새로운 것을 만들었다. "계산적 측정을 통한 자연의 이해" (Heidegger, quoted in Elden, 2006, p. 135)와 같은 개념적 이동 없이 학교 교과서에서 발견한 종류의 직교좌표계 그래프로는 불가능하다.

7 진의 걸음 : 세 번째 해석

대부분의 수학적 아이디어는 여러 세기에 걸쳐 인지적 활동이 구축되고 정제되기 때문에 학생들에게 사소하지 않다. 직교좌표계 그래프가 전달하는 변수 거리의 관계적 의미가 학생들에게 그 정도로 다양화하면서 불투명하게 남는다는 것은 놀라운 일이 아니다. 연구팀이 설계한 수학 활동은 사실 목표한 수학적 아이디어가 내재되어 있는 역사적 의미를 학생들이 대상화하는 것을 돕기 위한 교육적 산물이다. 우리는 조심스럽게 서로 다른 두 개의 그래프를 선택했고, 두 그래프는 각각 다른 방법과 다른 강도로 목표한 아이디어를 나타냈으며, 학교 교육과정에 한정시켰다.

하지만 수학 문제 하나 혹은 몇 개가 목표한 개념을 드러나게 할 수 있다고 생각하는 것은 오해를 받을 만하다. 현대 수학 개념에 본질적으로 부여된 것처럼 보이는 논리적 필연성은 우리가 과거 사건들을 바라볼 때 회상하는 방식에 의해 유발되는 일관성에 대한 환상이다. 수학 개념이 논리적으로 명백해야 한다는 것은 단지 재구성된 가정일 뿐이다(Radford, 1997). 발전적으로 말하자면, 같은 수학적 상황이 충분히 가능하다. 여기서 논하기 힘든 문화-인식론적 조건에 의해 만들어진 틀에서 성공적이고 능숙한 움직임을 보인 Descartes는 공간과 위치에 대한 생각을 매우 특별한 방법으로 제시했다. 하지만 이 움직임은 우리가 지금 상상조차 할 수 없는 다른 가능한 방법들이 있을 것이라는 가능성을 배제하지 않았다. Descartes에게 창조적인 행동은 동시에 다른 잠재적인 창조적 행동을 부인하는 것이었다. 학생들에게 데카르트식 용어로 '티나와 진의 걸음'을 해석하도록 하는 것은 이미 특별한 발달적인 인지 경로를 따르도록 하는 것이다. 교실에서 우리가 물었던 질문과 제기한 문제는 의도가 있다. 질문과 문제들은 문화적, 인식론적, 존재론적 가정을 포함하고 있다. 학생들은 추상화와 개선이라고 하는 수세기에 걸친 문화적 진화가 만들어낸 공간과 위치에 대한 Descartes의 개념을 만나고, 대상화한다. 그들은 그 개념을 활동 및 교사, 친구들과의 상호작용을 통해서 대상화한다.

이제 학생들로 돌아가면, 활동 및 교사, 친구들과의 상호작용 이후 제프([16])는 그 자신의 물음([13])에 대답할 수 있는 위치에 있다. 수학 활동을 시작할 때, 세로축의 관계적 해석을 주장했음에도 불구하고, 그는 [13]의 질문에 답하면서 그 해석을 적용하지 않았다. 운동감각과 테크놀로지에 의해 매개된 경험을 '티나의 걸음'과 맞추었던 것이 새로운 개념의 세계에 관계적 해석을 확장하는 다리가 되었다.

걸음의 물리적 공간을 가리키고 '진의 걸음'에서 중요한 위치를 제공하며 결정적인 장소를 제안한 일련의 제스처들을 통해 제프는 그래프를 해석해 나갔다.

[20] 제프 : 그것[그 걸음]은 여기서 출발했고([그림 6]의 사진 1), 너는 여기로 후진했어(사진 2). 그러고 나서 넌 저기로 갔고(사진 3), 그 후 다시 뒤로 가(사진 4).

[21] 메리 : 응, 왜냐하면 그것[그래프]은 분수를 향해 내려가기 때문이야… 그래서 진은 반드시 2초 동안 2m를 뒤로 가야 해… 그러고 나서 [그는] 앞으로 가야해… 그러고 나서, 그건… 그건 다시 뒤로 가… [그건] 3m를 뒤로 가… 3초 동안.

[20]에서 제프는 거리에 대해 위치적이거나 관계적인 감각에 의존했고, 신체나 물건의 가상의 위치를 나타내는 제스처를 통해, 진이 **분수로부터** 4m 떨어져있었고, **뒤로**, 즉 분수를 향해서 걸었다고 제안했다. 도식적으로 진의 가상의 연속된 위치를 표현하는 일련의 제스처와 지시어('저기', '여기')가 있다. [21]을 시작할 때, 메리는 제프의 제스처와 말로 표현된 동작을 그래프의 측면에서 설명한다. 그 후 메리의 해석은 그녀가 바로 명시적으로 언급한 분수로부터라는 말처럼 동작의 결정적인 형태를 용어로 만들었다.

[20]은 대상화의 명백한 예를 나타낸다. 만약 필연적으로 규칙이 없다면 우리의 경험 연구에서 대상화는 심오한 기호적 활동을 통해 성취된다는 것을 발견했을 것이다. 더욱 중요한 점은 이러한 심오한 활동에서 기호는 **다른** 역할 그리고 **보완적인** 역할을 한다. 학생들의 대상화 과정을 더 잘 이해하도록 노력할 때, 연구자들과 나는 **기호적 노드**[6]의 개념을 소개하는 것이 유용하다는 것을 발견했다. 기호적

6) 역자주 : Radford 외(2003)에 의하면, 기호적 노드는 학생들의 행동, 제스처, 말 등의 기호적 활동의 일부가 지식을 대상화하기 위해 함께 작용하는 것이다. 이 논문에서 그는 행동과 말이 함께 지식을 구성해나가는 장면에 대해 기호적 노드가 잘 나타난 장면이라고 말한다.

노드는 지식을 대상화하기 위해 행동, 제스처와 말이 함께 작용하는 곳에서 이루어지는 학생들의 일반적인 기호적 활동의 일부이다(Radford 외, 2003). [20]에서, 우리는 결정적으로 제프가 가리키는 제스처와 말에 어떻게 의존하는지 살펴보았다. 가리키는 제스처는 진의 가능한 이동경로를 나타낸다. 공간 지시어 '저기'와 '여기', 개인적 지시어 '너', 행동 동사 '간다', '후진한다'와 같은 말은 특별한 의미를 갖는다. 지시어와 동사는 그 정확한 의미로 한정하는 반면, 가리키며 움직이는 제스처는 **유추적인** 종류의 의미를 제공한다. 기호적 노드에서 기호의 보완적인 역할은 제프가 말 없이 제스처를 취하는 것 혹은 제스처 없이 말을 하는 것을 상상해보면 쉽게 이해할 수 있다.

물론 이 주장이 말 혹은 글로 쓰인 언어, 혹은 대수적 언어가 단독으로 그래프의 의미를 표현할 수 없다고 말하는 것은 아니다. 말, 글로 쓰인 언어, 그리고 기호적 언어는 분명히 그래프의 의미를 표현할 수 있다. 하지만 많은 학생들에게 이것은 일정 수준의 대상화에 도달한 이후에만 가능하다. 역사적으로 응축된 의미를 알게 되고 의식하게 되는 사회적 과정으로서 대상화는 대부분 즉각적으로 나타나지는 않는다. 유명한 전통 인식심리학자들이 말하는 "아하!"는 사실 우리가 어떤 것을 의식하고 의미 있는 방식으로 그것을 연결한 과정 속에서 이루어지는 긴 절차의 정점이다.

8 진의 걸음 : 마지막 해석

벨이 울리고, 학생들의 토론은 끝났다. 다음날 학생들은 다시 수학교실로 와서 활동을 계속했다. 학생들은 티나의 걸음을 CBR과 계산기를 가지고 물리적으로 재현해보기 전에, 토론을 통해 그래프에 대한 세부 해석을 통일시켜 적어야만 했다. 테크놀로지의 환경이 학생들의 반성적 태도를 가로막을 수 있다는 다른 교실에서의 경험에 의해 이러한 교수학적 선택을 하게 되었다. 학생들은 종종 CBR 계산기에 나타난 그래프와 주어진 그래프가 비슷해질 때까지 다른 걸음을 계속해서 시도하곤 했다. 수학적 사고는 분명 이론적이고 실천적인 행동의 감각적인 형태이다(Radford, 2009a). 하지만 그것은 시행착오에 기반을 둔 경험적 태도의 일종으로 축약될 수 있다는 의미는 아니다.

따라서 진의 걸음의 의미를 반성해보도록 독려 받은 후 학생들은 그래프에 대해 토론하고, 전날부터 만든 결과를 그리기 시작했다. 다니엘은 진의 걸음의 재현을 설계했다. 그 시간에 메리는 해석을 하기 시작했다. 그녀는 자신의 활동지에 거의 비슷한 간격으로 0, 1, 2, 3, 4를 쓰고, 펜을 4 위에 놓으며 말했다.

[22] 메리 : 그래서, 다니엘, 너는 4에서 출발해야 해.

[23] 다니엘 : 2m를 뒤로 가고 … 2m로 2초 동안 가.

[24] 메리 : 응 … 너는 … 4에서 출발해. (펜을 4 주위에 놓으며) 좋아. 얼마 동안 뒤로 와야 하지?

[25] 다니엘 : 2초 동안 2m.

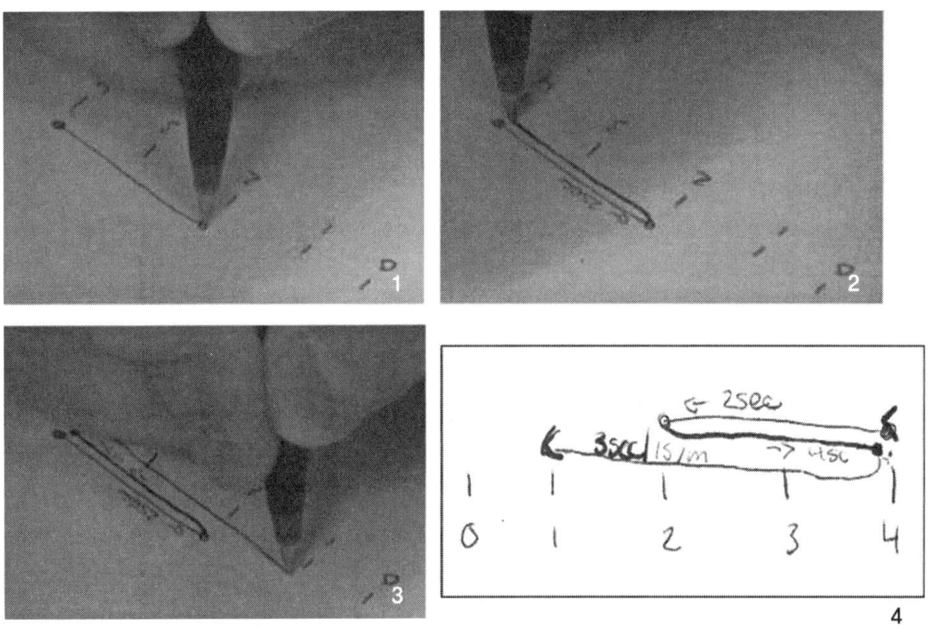

[그림 7] 진의 그래프에 대한 마지막 해석에서 학생들의 기호학적 활동의 일부 측면
사진 1. 메리 : "그래서 2m까지 …"
사진 2. 메리 : "너는 4m로 돌아와."
사진 3. 다니엘 : " … 나는 1m로 가."
사진 4. 메리의 그림

[26] 메리 : 그래서 2m까지 ([그림 7]의 사진 1처럼 화살표를 그린다.) 2초 동안. (화살표 위에 소요 시간을 적는다.) 좋아.

[27] 다니엘 : 그리고 나는 4초 동안 4m로 돌아가면 돼.

[28] 메리 : (천천히 다니엘의 표현을 반복하며) 그러고 나서 너는 4m로 돌아와 (말하는 동안, 그녀는 2에서 4로 다른 화살표를 그린다. 사진 2) 얼마나 걸려?

[29] 다니엘 : 4초.

[30] 제프 : 4초 동안. 그래서 그는 2m를 가, 그 다음에 그는… 돌아와.

[31] 메리 : 그러고 나서… (펜은 4를 가리키는 곳에 두고, 다니엘의 답을 기다린다.)

[32] 다니엘 : 3m를 돌아와. (메리는 4에서 출발하여 왼쪽으로 가는 화살표를 그리기 시작했다. 멈춘다.) 3초 동안… 그리고 나는 1m로 가.(메리는 화살표를 계속 그려서 숫자 1에서 멈춘다. 사진 3) 아! 9m.

[33] 제프 : (다니엘을 정정하며) 1m!

[34] 다니엘 : 응. 1.

[35] 메리 : 그래서, 너는 마지막에 1m에 있어야 해?

[36] 제프 : (질문에 대답하며) 마지막에 1m에 있어.

[37] 다니엘 : 응.

[38] 메리 : 그러면 너는 4에서 1로 얼마 동안 돌아와?

[39] 다니엘 : 4에서 1까지 3초 동안… 그래서 1초에 1m야. (메리는 마지막 화살표 위에 "3초"라고 적는다. 사진 4)

[40] 메리 : 3초. 그래서 그건 얼마나 걸려? 1, 1m에 1초?

[41] 다니엘 : 응.

[42] 메리 : (결과에 만족하며, 즐거운 목소리로) 아!!

[그림 7]의 사진 4에서 볼 수 있듯이, 메리는 5개의 작은 표시(세로선)를 만들었다. 이 표시들은 진의 그래프를 맞추기 위해 다니엘이 자신의 걸음에서 지나쳐야 하는 몇몇 중요한 위치의 기호이다. 이 위치를 구분하는 것은 참조 지점에 대하여 그들의 위치의 멀거나 가까움에 따라서이다. 그림에서 참조 지점은 기호 '0'과 연결된 표시로 확인된다. 위치들은 참조 지점으로부터의 거리에 따라 "이름지어"졌다. 이것은 메리가 "너는 4에서 출발해야 해"라고 말하면서 의미한 것이다

([22]). [23]은 학생들이 장소와 거리 사이에서 만든 구분을 확실하게 보여준다. 다니엘은 "2m를 뒤로 가고··· 2m로 2초 동안 가"라고 말한다. 첫 번째 "2m"는 거리를 의미한다. 두 번째 "2m"는 **위치**를 의미한다("나는 2m로 가"). 이러한 위치와 거리의 구분은 메리가 만든 것이지만, 그녀는 그것을 말로 하지 않았다. 대신 그녀에게는 제스처, 말, 기호를 세련되게 연결할 의지가 있었다. 이 연결은 다른 기호적 노드를 구성한다.

다음 절에서 기호적 노드의 요소와 그 조직화를 대상화하는 것을 구분하도록 시도할 것이다.

9 기호적 노드의 배치에 대한 해부학적 묘사

9.1. 제스처로서의 화살표

[22]에서, 메리는 위치 4에서 위치 2로 첫 번째 화살표를 그리기 시작했다. 내가 제안하고 싶은 것은 그 화살표가 펜으로 매개된 **제스처**라는 것이다. 하지만 펜의 역할은 단지 메리와 그녀의 모둠 친구들이 다니엘의 걸음을 상상하는 데 도움을 주는 것만은 아니다. 펜의 잉크를 통해, 화살표는 움직이며 가리키는 제스처 이상이고, 제스처는 그것이 연속적인 철저한 검토가 가능하도록 만드는 **영원한** 지각적 상태를 요구한다. 첫째, 화살표는 특정한 순서로 나타나는 것을 볼 수 있다. 화살표는 다니엘이 상상하는 일반적인 궤적을 묘사한다. 하지만 이 궤적은 다니엘의 걸음의 중요 위치가 명시적으로 주어지지 않는다면 불완전하다. 중요 위치는 반드시 주목받는 영역으로 가져와야 한다. 이 위치들을 잘 보이도록 움직이는 것은 청각 기호 'two'와 적힌 기호 '2'와 같은 말과 기호가 하는 역할이다. 1.3이나 1.9와 같은 위치는 이름 붙일 필요가 없다. 1.3이나 1.9와 같은 위치가 존재하지 않는 것은 아니다. 존재한다. 하지만 이 그래프의 해석에 연관되지 않으므로 무시될 수 있다.

하지만 **제스처로서의 화살표**가 의미할 수 없는 것이 있다. **시간**이다. 잉크로 표현된 제스처는 지각의 영속성을 얻기 위해 지출해야 하는 비용이다. 시간은 특정하게 메리의 제스처의 위치 2에서 위치 4까지 가는 움직임에서 다른 움직임들처럼 포함된다. 메리의 제스처의 움직임에서 그것은 감각운동의 행동으로 끼워넣어져 나타난다. 하지만 제스처가 완성되면 즉시 버려진다. 서두에 언급했듯이 현상학적인 공간의 '여기'와 시간의 '지금', 그리고 감각적인 신체를 넘어선 경험에서, 공간과 시간은 단지 개념화의 대상이 될 뿐이다. 메리는 그래서 걸음의 첫 번째 부분의 걸린 시간을 화살표 위에 적었다. 그녀는 '2초'라고 적었다([26]의 마지막과 [그림 7]의 사진 4). 그림의 기호적 체계 안에서 걸음의 공간과 시간의 묘사는 공간-시간의 변수로 함께 나타나는 형식으로 만들어지지 않는다. 공간-시간 변수가 함께 나타나는 것은 사실 직교좌표계의 그래프가 하는 것이다. 공변을 직교좌표계의 표현으로 나타내는 것은 직교좌표계 그래프가 그만큼 특별하고 강력하다는 것을 보여준다. 하지만 움직임을 그린 그림을 글로 쓴 기호학 체계 내에서, 동시 발생이 정보의 병치로 대체된다. 화살표는 출발점과 각 궤적의 기간을 알려준다.

요약하자면 말, 상징, 제스처를 통해 학생들은 그래프의 다른 측면들을 처리한다. 말과 상징은 학생들이 위치, 거리, 기간과 같은 요소를 알게 해주고, 제스처로서의 화살표는 학생들이 시간의 한 측면을 다루게 해준다(사건의 연속). 이 모든 기호들은 특별한 방법(기호적 노드의 배열을 형성하는 방법)으로 서로 묶여있다.

9.2. 상징적 통합

이 지점에서 학생들이 만든 기호적 노드의 분석을 계속하자. [27]에서 다니엘은 걸음의 두 번째 부분에서 재빨리 공간과 시간의 매개변수를 언급한다. "그리고 나는 4초 동안 4m로 돌아가면 돼." [28]에서 메리는 다니엘의 표현을 반복한다. 하지만 우리는 메리의 표현을 단지 다니엘의 표현을 따라한 것으로 보지 않으려고 했다. 오히려 메리의 말은 당면한 문제를 해결하기 위한 개인적인 시도라고 볼 수 있다. 따라서 메리의 토론 활동은 상징적 통합(iconic orchestration)[7]으로 개념화하는 편이 더 낫다.

---

7) 역자주 : Bakhtin과 같은 러시아 언어학자들은 언어가 화자의 발화로 끝나는 것이 아니라, 청자가 그것을 제대로 받아들일 때 비로소 완성된다고 이야기했다. Bakhtin은 화자와 청자의 상호작용을 통해 언어의 소통이 일어난다는 점에서 통합(orchestration)을 이야기한다.

여기서 의미하는 상징적 통합은 누군가의 표현을 자신의 제스처, 행동, 말, 톤, 의도로 재형식화하는 개인의 표출이다. 형식화가 그전의 표현과 **유사하다**는 면에서 상징이다. 따라하는 것 이상이라는 면에서 그것은 **통합**이다. 그것은 자신의 의식을 새로운 이해의 영역에 도달하게 해준다. 교실 안에서 학생들이 주로 사용하는 상징적 통합은 대상화의 강력한 메커니즘이다.

메리의 기호적 활동은 상징적 통합의 복합성을 완벽하게 보여준다. 덧붙이자면 메리는 제스처를 포함시켰다.[8] "4m로 돌아와"라고 말하는 동안 화살표를 위치 2에서 위치 4로 가도록 그렸다. 그녀는 시간을 잊어서 다니엘에게 "얼마나 걸려?"라고 묻는다. 제프는 [30]에서, 다니엘의 답을 구체적으로 명시한다. 그는 조심스럽게 시간, 위치, 거리를 구분한다. [35]에서, 메리는 위치 1에서 걸음이 끝나는지 묻는다. 다시 그녀의 제스처의 초점이 위치와 거리에 맞춰져 있으므로 이동 시간에 대해 묻는다. 다니엘은 "3초"라고 대답하고, "1초에 1m"라고 결론 내린다. 이것은 위치-시간의 관계이고, 상징적 통합 이후 메리는 "1m에 1초"라고 변형시킨 후 그녀에게 시간은 위치를 표현하는 것을 돕는 변수가 아님을 보여준다. 그것은 또다른 방법라고 할 수 있다.

기호적 노드를 제공하는 말, 행동, 상징의 복합적 연결 하에서, 그 특별한 배열은 기호적 노드와 그 배열을 사회적으로 만드는 관점과 목소리를 구분할 수 없다. 우리는 기호학의 노드라는 프리즘을 통해 학생들이 문화적 중요성에 다가가는 것을 발견했다. 그들의 주관적인 정체성을 잃지 않고, 학생들의 목소리와 행동은 모둠 친구들의 목소리와 행동과 구분할 수 없게 녹아들어 갔다.

10 기호적 축약 : 기호적 노드의 진화

이 다음 절에서 메리는 더욱 도식적 형태로 획득한 해석을 보여주었다. 잉크로 표현된 제스처를 사용하는 것 대신 메리는 책상 위에서 다니엘의 걸음을 팔로 표

8) 내가 의미하지 않은 표현은 언어적(verbal)인 것이다. Nemirovsky와 Ferrara (2009)가 설득력 있게 말했듯이 언행(utterance)은 행동, 제스처, 다른 감각적인 요소들도 포함한다.

현하는 일련의 제스처를 취했다.

[43] 메리 : 그래서 너는 가고, 2초 동안 2만큼 돌아오고 (그녀의 언행은 [그림 8]의 사진 1, 2에 있는 손과 함께 움직인다). 너는 다시 4로 움직여 (그녀는 사진 3과 같이 손을 책상의 바닥에서 위로 움직인다). 이제 너는 이번엔 4초 동안 2m를 움직여, 그러고 나서 너는 3초 동안 (사진 4) 3m를 돌아가.

메리는 여기에서 이전의 기호적 노드의 기호적 축약을 수행한다. 즉 그녀가 이전 에피소드([그림 7])에서 그래프의 의미를 대상화하면서 사용한 화살표 제스처, 상징, 표현의 복합적 연결을 더 강화한다. [24]부터 [42]까지 화살표 제스처, 상징, 표현의 긴 연결은 약 1분간 지속되었다. 축약된 버전([그림 8])은 단 11초간 지속되었다. 많은 세부내용이 생략되었다. 처음 걷기 시작했던 장소는 이제 책상 위 손의 위치로 표시된다(사진 1). 메리의 몸의 위치가 분수 혹은 '위치 0'이 된 채로 그녀의 손은 책상 위의 가상의 위치 4에서 위치 2로 천천히 위치를 나타내며 움직인다. 손의 움직임은 이동거리와 소요시간에 의해 말로 한정된다 ("2초 동안 2만큼 돌아오고"). 제스처와 언어의 연결은 걸음의 다음 두 선분에 대한 묘사에서도 일어난다. 메리는 더 이상 친구들에게 각 선분마다 걸리는 소요 기간을 물을 필요가 없다.

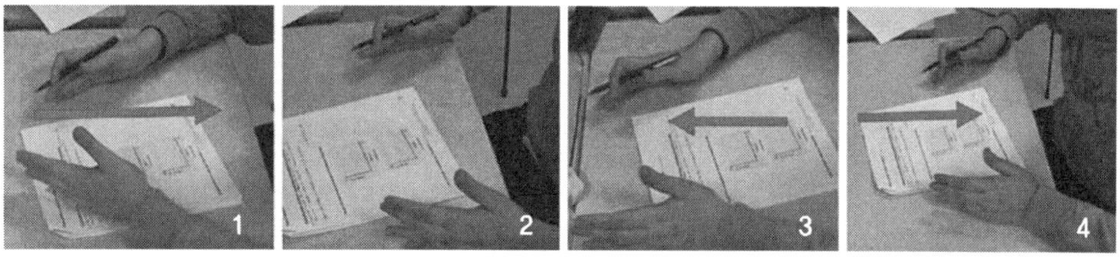

[그림 8] 왼쪽부터 오른쪽까지 사진 1–4. 메리는 자신의 그래프에 대한 해석을 종합하는 일련의 제스처를 취한다.

[그림 9] 진의 걸음을 맞추기 위해 지나야 하는 장소를 의미하는 제스처와 말들을 더 날카롭게 연결하는 다른 기호적 축약

15초 후 메리는 여전히 기호적 축약을 더 진행하고, 지나쳐야 하는 중요 위치를 언급하며 1.82초 동안 말한다.

[44] 메리 : 이건 4([그림 9]의 사진 1), 2(사진 2), 4(사진 3), 1(사진 4)…

또 다른 기호적 축약의 효과를 통해 말과 제스처는 좀 더 정확하고 직접적인 방법으로 조율된다. 여기서 예측할 수 있는 것은 위치에 대한 질문이다. 말이 세로축 표시에 대한 회상인 것처럼, 공간적인 제스처는 잉크로 표현된 제스처에 대한 회상이다. 시간의 문제는 [그림 9]에서 보인 이후에 즉시 만들어진 제스처의 다른 집합의 대상이다. 메리가 제스처를 마쳤을 때 제프가 말했다.

[45] 제프 : (메리의 말을 바꾸어 말하며) 4, 2, 4, 1. 응. 하지만…

[46] 메리 : (제프를 가로막으며 재빨리 말하며 제스처를 취한다) 그건 2([그림 10]의 사진 1), 4(사진 2), 3(사진 3)이야.

[45]에서 제프는 메리의 제스처와 언어로 된 표현의 상징을 통합한다. [46]에서, 메리는 기간으로서의 시간에 대한 질문을 전면에 가져온다.

학생들이 쓴 글은 다음과 같다.

> 진은 분수에서 4m 떨어진 곳에서 출발한다. 진은 2초 동안 2m를 되돌아와야 하고, 그 다음 그는 4초 동안 2m를 나가야 한다. 그러고 나서 3초 동안 3m를 되돌아온다.

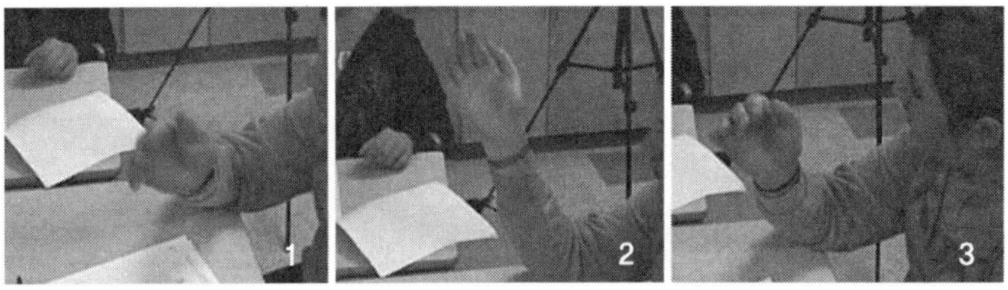

[그림 10] 메리는 각 선분에서 진의 걸음을 표시하기 위해 단어와 관련된 일련의 제스처를 취한다.

11 종합 및 결론

Kantian의 입장으로 볼 때, Cassirer는 우리에게 "공간과 시간은 모든 현실을 고려하는 틀이다. 공간과 시간의 조건을 배제한다면 어떤 실제의 것도 상상할 수 없다."는 것을 상기시켰다(Cassirer 1974, p. 42). 하지만 모션 그래프(그리고 대수식과 같은 복잡한 기호, Radford, 2009b)가 만드는 공간과 시간에 대한 수학적 개념화는 초보자인 학생들에게 전혀 쉽지 않다. 직교좌표계 그래프는 간결함에도 불구하고, 우리 주변의 사물에 대해 생각하고 말하는 것의 좀 더 일상적이고 현상적인 방법에 모순되는 특별한 표현 방법을 수반한다. 첫째, 공간과 시간은 반드시 **관계적** 용어로 이해해야 한다. 시간과 공간 모두 임의의 시작 지점에 대하여 측정되는 수치이다. 직교좌표계 공간에서 어떤 지점의 공간-시간적 '좌표'는 이러한 개념적 조건 하에서만 표현할 수 있다. Aristotle와 Descartes의 업적에 대한 우리의 짧은 역사적 지식은 원점, 위치[9], 공간에 대한 관계적이고 체계적인 개념에 도달하기 위해 극복해야 하는 어려움에 대한 몇 가지 힌트를 제공한다.

간결한 그래프를 해석하는 학생들에 대한 이 글에서의 분석은 대상화의 개념에 기반을 두고 있다. 특히 현대의 직교좌표계 그래프에서 발견되는 역사적 그리고 문화적으로 구성된 의미를 연관짓고 이해하기 위해 학생들이 이용한 기호적 의미에 주목했다. 분석 과정을 통해 두 가지 해석을 발견하였다. 첫째는 위치의 관계적 상황에 기반을 둔 것으로, 분수를 시점으로 걸음을 바라본 것이다(관계적 해석). 둘째는 그래프 모양과 걷는 사람의 처음 위치가 지도의 중심인 것으로 해석하는 데 기반을 두고 있다(지도 해석). 첫 번째 그래프(티나의 걸음)를 시연하는 활동에서 직접 움직이는 경험, 측정도구(줄자와 정밀시계)의 집중적인 사용, 교수학적 설계에 의해 보장된 상호작용을 통해 학생들은 첫 번째 장애물을 극복하고 진의 걸음에 대한 의미있는 해석이 나타나는 대상화 과정에 몰입할 수 있었다.

해석은 학생들이 공간, 위치와 원점 사이의 개념적 차이를 점진적으로 구분할 수 있게 되면서 진화하였다. 이 점진적인 구분은 대상화 과정의 핵심적 특징이다.

---

9) 시간에 대한 문제를 탐구하는 것은 이 글의 범위 밖에 있다. 시간의 개념은 공간의 개념이 역사적으로 발전된 것과 비슷한 경로를 따른다고 말하는 것으로 충분하다(그 예로, Radford, 2008c, 2009b를 보아라).

대상화 과정은 행동과 반성을 통해 학생들이 복잡한 수학적 의미가 내재되어 있는 개념적 차이와 연결에 대해 점차 알아가고 의식해가는 방식을 설명한다.

더 높은 단계의 수학적 의미에 도달하고자 하는 시도를 통해 학생들은 좀 더 더 심오한 의식의 단계로 움직였다. 사실 더 높은 층의 수학적 대상의 의미와 일반화에 접근하는 것과 더 높은 단계의 의식을 형성하고 다가가는 것 사이에는 변증법적 움직임이 있다. 말하자면 하나의 움직임이 '위로' 가는 반면 다른 움직임은 '아래로' 간다.

더 높은 단계로의 의식과 개념화를 형성하고 다가가기 위해서 학생들은 제스처, 상징, 말에 의지한다. 이 기호들은 서로 다른 기호 체계에 속한다. 이것이 Arzarello (2006)가 학생들이 '기호적 묶음(bundle)'을 형성한다고 말한 이유이다. 각각의 기원이 다르기 때문에 이 기호들은 서로 다른 표현 방식을 갖는다(Radford 외, 2007). 시를 현악 4중주로, 혹은 현악 4중주를 시로 바꾸는 것이 불가능하듯이, 기호들을 완전히 상호교환이나 전환시킬 수는 없다. 기호가 가져다주는 것은 의미 형성의 특정한 상호보완이다. 아동의 첫 번째 쓰기 활동을 제스처로 보는 Vygotsky의 아이디어에 따라[10], 또 화살표를 그리도록 하는 운동신경 활동의 의미를 가능한 한 많이 파악하려는 시도에 따라 나는 학생들의 화살표를 잉크로 표현된 제스처로 파악하고자 한다. 이제 문제는 이 기호들의 다른 기호들에 대한 각각의 역할을 이해하는 것이 된다. 청각적 언어와 글로 적힌 상징(symbol)들은 표현 방법을 가지고 있다. 말하자면, 제스처로서의 화살표에 의한 절단으로부터 다른 축을 따라 의미의 영역을 자르는 방법이다.

기호의 역할을 이해하기 위해 기호적 노드의 개념을 말했다. 기호적 노드는 대상화의 과정에서 기호의 상호보완적인 역할을 설명하기 위한 이론적인 방법이다. 제스처로서의 화살표는 학생들이 연속 혹은 사건의 발생순서대로의 차원으로서 시간의 한 측면을 다루게 하면서, 말과 기호를 통해서 학생들이 중요한 위치와 이동거리 사이의 명확한 관계를 어떻게 인식하는지 관찰했다. 시간을 의식하는 것은 사실 공간에 대한 의식에 비해 다소 느린 과정이다. Piaget는 "시간의 관계는 우리 자신의 의식에서 사물들이 조직화되기 전에 조직된다"라고 설명했다(Piaget, 1973, p. 28). 시간은 화살표를 그리는 행동보다 앞서 부여되었다. 그렇지만 학생의 담화와 최종 보고서의 해석상에서 시간은 부사 '그러고 나서'로 표현되는 시간의 조직화

10) "씌여진 기호는 매우 자주 단순히 고정된 제스처이다(Vygotsky, 1997, p. 133)."

형태로만 담화의 대상이 된다. "시간은 움직임을 구성하면서 진행되고, 공간적 조율에 의해 처음부터 영향을 받는다."(Piaget, 1973, p. 30)

기호적 노드의 분석과 진화는 학생들의 인식 경로에 대한 창을 제공한다. 상징적 통합의 메커니즘은 지식 대상화에 대한 사회적 차원을 분명히 보여준다.[11] 목소리를 통해 지식 획득은 함께 만들어가는 노력이 된다. 수학적 관계를 그래프로 만드는 것이 대상화됨에 따라, 학생들은 기호-배열과 기호적 노드를 축약시키는 방향으로 나아간다. 기호의 축약은 의미의 추상화와 더 깊은 단계의 의식을 수반한다. 기호적 축약이 진행됨에 따라 학생들은 살아남은 기호에게 통합되는 세부사항에는 관심을 두지 않는다. 예를 들어 "진은 분수로부터 4m 떨어진 곳에서 출발한다"고 시작하는 학생들의 최종보고서에서 이 문장은 사진 5, 6에서 보여준 집중적인 제스처 활동을 통합한다.[12]

교수·학습과정에서 학생과 교사가 사용하는 기호와 구성물에 대해 어떤 방법을 사용해야 하는지에 대한 지속적인 연구가 필요하다. 교실에서 우리가 제공한 활동과 학생들 사이의 관계와 그들의 대상화에 따르는 몇몇 일반적인 경로를 인식하면 학생들이 수학적 개념을 의미 있는 방법으로 몰입할 수 있게 해주는 더 많은 맥락을 포함하여 설계할 수 있을 것이다.

저자 후주 이 논문은 The Social Science and Humanities Research Council of Canada/Le Conseil de recherches en sciences humaines du Canada(SSHRC/CRSH)의 기금으로 만들어진 연구 프로그램의 결과물이다.

---

11) 나는 Bakhtin의 방식으로 통합이라는 용어를 사용해왔다(1981).

12) Radford (2008d)에 과정을 대상화하는 데에 있어 상징화와 축약의 역할의 예가 더 제시되어 있다.

참고문헌

Aristotle (1984). Physics. In J. Barnes (Ed.), *Complete works of Aristotle* (Vol. 1, pp. 315–446). Princeton: Princeton, University Press.

Arzarello, F. (2006). Semiosis as a multimodal process. In *Revista Latinoamericana de Investigación en Matemática Educativa, Special Issue on Semiotics, Culture, and Mathematical Thinking* (pp. 267–299).

Bakhtin, M. M. (1981). *The dialogical imagination*. Austin: University of Texas Press.

Bartolini Bussi, M., & Mariotti, M. A. (2008). Semiotic mediation in the mathematics classroom: Artefacts and signs after a Vygotskian perspective. In L. English (Ed.), *Handbook of international research in mathematics education* (2nd edn., pp. 746–783). New York: Routledge, Taylor and Francis.

Bühler, K. (1979). *Teoría del lenguaje. Translated by Julián Marías*. Madrid: Alianza Editorial.

Burtt, E. A. (2003). *The metaphysical foundations of modern science*. New York: Dover (First published in 1932).

Cassirer, E. (1974). *An essay on man*. New Haven: Yale University Press.

Descartes, R. (1644). *The principles of philosophy*. http://www.gutenberg.org/dirs/etext03/pnpph10.txt. Accessed August 13, 2008.

diSessa, A., Hammer, D., Sherrin, B., & Kolpakowski, T. (1991). Inventing graphing: Meta-reprensentational expertise in children. *Journal of Mathematical Behavior, 10*, 117–160.

Edwards, L. (2009). Gestures and conceptual integration in mathematical talk. *Educational Studies in Mathematics, 70*(2), 127–141.

Elden, S. (2006). *Speaking against number: Heidegger, language and the politics of calculation*. Edinburgh: Edinburgh University Press.

Ilyenkov, E. V. (1977). *Dialectical logic*. Moscow: Progress Publishers.

Leont'ev, A. N. (1978). *Activity, consciousness, and personality*. New Jersey: Prentice-Hall.

Lévy-Bruhl, L. (1922). *La mentalité primitive*. France: Presses Universitaires de France.

Nemirovsky, R., & Ferrara, F. (2009). Mathematical imagination and embodied cognition. *Educational Studies in Mathematics, 70*(2), 159–174.

Nemirovsky, R., & Monk, S. (2000). "If you look at it the other way…": An exploration into the nature of symbolizing. In P. Cobb, E. Yackel, & K. McClain (Eds.), *Symbolizing and communicating in mathematics classrooms* (pp. 177–221). Mahwah: Lawrence Erlbaum.

Piaget, J. (1973). *Introduction à lépistémologie génétique [Introduction to genetic epistemology]* (Vol. 2). Paris: Presses Universitaires de France.

Radford, L. (1997). On psychology, historical epistemology and the teaching of mathematics: Towards a socio-cultural history of mathematics. *For the Learning of Mathematics, 17*(1), 26–33.

Radford, L. (2002). The seen, the spoken and the written. A semiotic approach to the problem of objectification of mathematical knowledge. *For the Learning of Mathematics, 22*(2), 14–23.

Radford, L. (2008a). The ethics of being and knowing: Towards a cultural theory of Learning. In L. Radford, G. Schubring, & F. Seeger (Eds.), *Semiotics in mathematics education: Epistemology, history, classroom, and culture* (pp. 215–234). Rotterdam: Sense Publishers.

Radford, L. (2008b). Culture and cognition: Towards an anthropology of mathematical thinking. In L. English (Ed.), *Handbook of international research in mathematics education* (2nd ed., pp. 439–464). New York: Routledge, Taylor and Francis.

Radford, L. (2008c). *Semiotic reflections on medieval and contemporary graphic representations of motion*. Working paper presented at meeting of the History and Pedagogy of Mathematics Conference (HPM 2008), 14–18 July 2008, Mexico City. http://www.laurentian.ca/educ/lradford/. Accessed July 14, 2008.

Radford, L. (2008d). Iconicity and contraction: A semiotic investigation of forms of algebraic generalizations of patterns in different contexts. *ZDM: The International Journal on Mathematics Education, 40*(1), 83–96.

Radford, L. (2009a). Why do gestures matter? Sensuous cognition and the palpability of mathematical meanings. *Educational Studies in Mathematics, 70*(2), 111-126.

Radford, L. (2009b). Signifying relative motion: Time, space and the semiotics of Cartesian graphs. In W.-M. Roth (Ed.), *Mathematical representations at the interface of the body and culture*. Charlotte, NC: Information Age Publishers (in press).

Radford, L., Bardini, C., & Sabena, C. (2007). Perceiving the general: The multisemiotic dimension of students' algebraic activity. *Journal for Research in Mathematics Education, 38*, 507-530.

Radford, L., Cerulli, M., Demers, S., & Guzmán, J. (2004). The sensual and the conceptual: Artefact-mediated kinesthetic actions and semiotic activity. In M. J. Høines & A. B. Fuglestad (Eds.), *Proceedings of the 28 conference of the international group for the psychology of mathematics education (PME 28)* (Vol. 4, pp. 73-80). Norway: Bergen University College.

Radford, L., Demers, S., Guzmán, J., & Cerulli, M. (2003). Calculators, graphs, gestures, and the production meaning. In N. Pateman, B. Dougherty, & J. Zilliox (Eds.), *Proceedings of the 27 conference of the international group for the psychology of mathematics education (PME27-PMENA25)* (Vol. 4, pp. 55-62). University of Hawaii.

Radford, L., Miranda, I., & Guzmán, J. (2008). Relative motion, graphs and the heteroglossic transformation of meanings: A semiotic analysis. In O. Figueras, J. L. Cortina, S. Alatorre, T. Rojano, & A. Sepúlveda (Eds.), *Proceedings of the Joint 32nd conference of the international group for the psychology of mathematics education and the 30th North American chapter* (Vol. 4, pp. 161-168). Morelia: Cinvestav-UMSNH.

Robutti, O. (2006). Motion, technology, gesture in interpreting graphs. *The International Journal for Technology in Mathematics Education, 13*(3), 117-126.

Roth, W.-M., & Lee, Y. J. (2004). Interpreting unfamiliar graphs: A generative activity theoretical model. *Educational Studies in Mathematics, 57*, 265-290.

Slowik, E. (1999). Descartes, spacetime, and relational motion. *Philosophy of*

Science, 66(1), 117–139.

Vygotsky, L. S. (1986). In A. Kozulin (Ed.), *Thought and language*. Cambridge: MIT Press.

Vygotsky, L. S. (1997). In R. Rieber (Ed.), *Collected works* (Vol. 4). New York: Plenum Press.

Vygotsky, L. S., & Luria, A. (1994). Tool and symbol in child development. In R. van der Veer & J. Valsiner (Eds.), *The Vygotsky reader* (pp. 99–174). Oxford: Blackwell Publishers.

Wartofsky, M. (1979). *Models, representation and the scientific understanding*. Dordrecht: D. Reidel.

Woodward, D. (1985). Reality, symbolism, time, and space in medieval world maps. *Annals of the Association of American Geographers, 75*(5), 510–521.

7장 아이콘화와 축약

: 다양한 맥락에서 이루어지는 패턴의 대수적 일반화 형태에 대한 기호학적 탐구

이 장의 목적은 학생들이 패턴을 일반화하는 과제에서 사고와 행동에 대한 문화적, 대수적 방식에 있어 유창성을 얻는 점진적인 방법을 탐구하는 것이다. 첫 번째 절에서는 일반화의 인식론적 측면에 대하여 간단히 논의한다. 이 절에서 패턴의 대수적 일반화의 정의를 제안한다. 이 정의는 다음 절에서 대수적, 산술적 일반화와 학생들이 패턴 문제를 해결할 때 의존하는 몇 개의 초보적인 형태의 귀납법을 구별하기 위해 사용된다. 나머지 부분에서는 7학년 교실에서 실행된 교수 과정에 대해 논의하고, 이때 초점은 학생들이 안정적으로 대수적 성찰을 할 수 있는 사회적이고 기호 중재적인 대상화 과정에 있다. 기호적 분석을 통해 대상화의 중심적인 과정인 아이콘화와 축약을 보여준다.

[주요어] 대수적 사고, 축약, 일반화, 아이콘화, 대상화, 의미, 기호학, 기호

세상에! 100번째 항을 어떻게 찾지?

－르네, 7학년 학생

1 같음과 다름

개념은 이성주의에서 주장하듯이 논리적 규칙에 의해 유도되는 것도 아니고, 경험주의에서 주장하듯이 외부적인 인상으로부터 유도되는 것도 아니다. Vygotsky는 개념이 일반화에 바탕을 두고 있다고 하였다(Vygotsky, 1986). 일반화를 할 수 없다면 우리의 세상은 겨우 특정한 a, b, c, …로 축소될 것이다. 모든 것은 다른 모든 것들과 다르다. 지식은 $a \neq b$을 알아차리는 것으로 축소될 것이다. 'a와 b가 같다' 또는 그리스어의 어원을 제안한 Fried(2006)처럼 'a와 b가 **유사하다**'고 주장하는 것은, a와 b의 어떤 특징은 선택하고 나머지는 버리는 것이다. 이는 두 그루의 특정한 나무가 몇 가지 차이가 있음에도 불구하고 **같다**고 말하는 것과 비슷하다. 인식은 개념의 형성을 수반한다. 이때 개념은 그것의 어떤 예와도 완전히 일치하지 않는 일반화된 독립체이다.

따라서 일반화를 설명할 때 중요한 점은 우리가 **같음**과 **다름**을 깨닫게 된 방법을 설명할 수 있다는 것이다. 어쨌든, 이것은 결코 사색의 결과가 아니다. Kant는 다음과 같이 말했다.

> 나는 전나무, 버드나무, 보리수나무를 보았다. 제일 먼저 이 대상들을 비교할 때 몸통, 나뭇가지, 나뭇잎 등이 서로 다르다는 것을 알아차렸지만, 나는 오직 공통점만을 보았고… 그들의 크기와 형태 등을 추출하여 나무의 개념을 얻었다(Kant, 1974, p. 100).

대상으로부터 차이점을 발견하는 능력은 인지의 기본적인 요소들 중의 하나이다. 이것이 없이는 외부에서 받는 엄청나게 많은 양의 감각적 자극들을 분류할 수 없을 것이고, 우리 앞의 세상은 시각, 촉각, 청각의 확실한 형태가 없는 덩어리로 축소될 것이다. 그러나 Kant의 많은 해설자들이 지적했듯이 대상들은 Kant 자신이 제안했던 것보다 훨씬 더 복잡하다. 나무의 개념 또는 다른 개념으로 이어지는 유사점과 차이점을 알아차리는 것은 **같음**과 **다름**에 대하여 전수된 문화적인 전통에 포함된 사회적인 활동 내에서 일어나는 것이다. 어떤 문화에서는 다른 것보다 나무, 식물, 색깔에 대해 더 정교하게 하거나 각각 다른 범주화를 한다.

우리가 문화를 점진적인 방법으로 물려받기 때문에, 일반화는 아주 흔히 볼 수 있고(Mason, 1996) 학습되어야 한다. 수학적 일반화가 명확한 예가 된다. 민속 수학과 같은 영역에서 행해진 최근의 연구와 수학사에서 제안하듯이, 양, 모양, 공간, 시간과 같은 수학의 근본적인 아이디어를 다루는 방법들은 많이 있다 (Crump, 1990; D'Ambrosio, 2006; Gell, 1992; Høyrup, 2007; Perret-Clermont, 2005; Radford, 2008). 수학적으로 사고하는 것은 문화적 감각에서 특정한 것을 일반적인 것으로 보는 것을 요구한다.

2 대수적 패턴의 일반화

앞의 절에서 설명했지만, 수학적 일반화에 대한 나의 흥미는 이론적 관심에서 나온 것이 아니다. 수학적 일반화에 대한 흥미는 1990년대에 시작한 교실기반 종적 연구 과정에서 생겨났다. 연구한 교실에서 패턴의 일반화는 대수로의 길로 사용되었고, 지금도 그렇다. 주된 아이디어는 수와 관련된 패턴 탐구에 관한 특정 경험이 대수적 사고의 기초가 되리란 것이었다. 실제로, 대수는 학생들이 기호를 처음 사용하는 것과 함께 시작하는 것으로 여겨졌다.

그러나 기호의 사용은 대수적 사고의 출현을 이해하는 최선의 방법이 아니다. 대수적 사고는 문자의 사용에 관한 것이 아니라 어떤 독특한 방식의 사고에 관한 것이다. Radford(2006a)가 주장했던 것처럼, 중국의 수학자들은 문자의 사용 없이 대수적으로 생각했고(Martzloff, 1997), Euclid는 대수적으로 사고하지 않으면서 문자를 사용했다(Unguru, 1975).

대수적 사고에 대한 위와 같은 인식론적 입장은 아래의 질문을 제기한다. 만약 대수적 사고의 출현을 문자의 사용으로 특징지을 수 없다면 대수적 패턴 일반화와 산술적 패턴 일반화의 차이가 무엇인가? 이 질문에 대답하기 위하여 우리가 지금 대수라고 일컫는 것이 미지의 항을 계산하는 수준 높은 방법으로 알려졌음에 주목해야 한다.[1)]

---

1) 이러한 계산들은 문장제 문제 해결의 맥락(Høyrup(2002)에서 볼 수 있는 바빌로니아 대수와 관련된 것)과 패턴 찾기의 맥락(Manitius(1888), Ver Eecke(1926), Radford(2001)의 요약 등에서 볼 수 있는 그리스 수학과 관련된 것)에서 이루어졌다.

산술적 패턴의 일반화와 대수적 패턴의 일반화의 구분은 한쪽에서는 계산할 수 없는 것을 다른 쪽에서는 계산할 수 있다는 데 있다. 양쪽 모두에서 분명히 일반화가 일어나지만, 대수에서의 일반화는 산술 영역에서 도달할 수 없는 결과를 이끌어 낸다.

이와 같은 맥락으로, Radford(2006a)는 다음 정의를 제안했다. **대수적으로** 패턴을 일반화하는 것은 몇몇의 특정한 p_1, p_2, p_3, $\cdots$, p_k에서 인식된 공통성을 **파악할 수 있는** 능력, 이러한 공통성을 다음의 모든 항들로 p_{k+1}, p_{k+2}, p_{k+3}, $\cdots$ 확장하거나 일반화하는 능력, 그리고 **수열의 일반항**을 생성하기 위해 공통성을 사용할 수 있는 능력에 기반한다.

이 정의에는 여러 가지 양상이 포함되어 있다. 첫째, 국소적 공통성 C는 수열 S의 몇 개의 항에서 인식된다. 앞에서 언급했듯이, 이 단계는 같음과 다름이라고 불리는 것들의 선택을 요구한다. 둘째, 이 공통성 C는 수열의 모든 항에 **일반화된**다. Peirce(1931-1958, CP 2.270)는 일반화된 공통성 C를 **귀추**[2], 즉 '일반적인 예측'이라고 불렀다. 일반화 과정의 마지막 부분에서 C는 지각의 영역을 넘어서 남아있는 수열의 항에 대한 표현을 **연역하는 근거**가 된다. 수열의 일반항은 이 경우에 **변수**가 되는 미지의 항을 구하기 위한 규칙의 정교화를 요구한다. 더 정확하게 Kant가 말한 **스키마**의 정교화를 요구한다(Radford, 2005).

[그림 A]는 패턴의 대수적 일반화의 구조를 요약하고 있다.

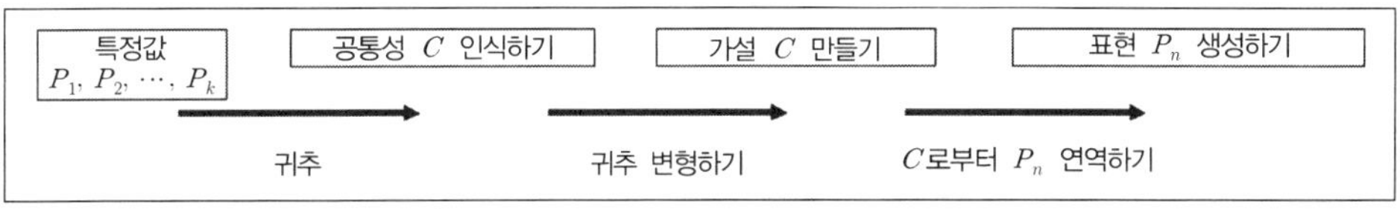

[그림 A] 대수적 패턴 일반화의 구조

일반적인 8학년 수학 수업에서 대수적 패턴 일반화에 대한 간단한 예를 보자. 이 수업에서 학생들은 [그림 B]의 수열을 다루었다. (도형5)까지 배열하는 것을 계속하고 (도형25)와 (도형100)에서 원의 개수를 계산한 후 (도형n)에서 원의 개수에 대한 식을 찾아야 했다.

---

2) 역자주 : abduction은 국내에서 가설상정, 가추, 귀추, 귀류, 상정논법, 후진추리, 질적귀납 등으로 다양하게 번역되고 있는데 과학교육계에서 '귀추'가 상용되고 있다는 점을 감안하여 귀추라는 용어로 번역하였다.

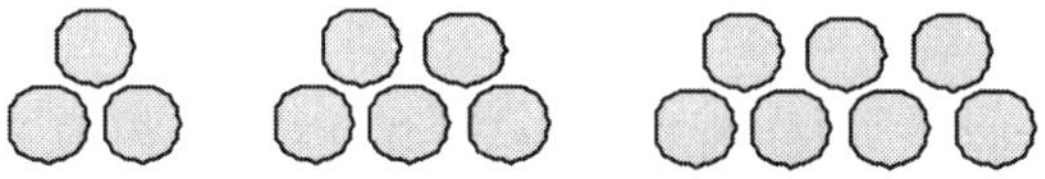

도형 1　　도형 2　　도형 3

[그림 B] 8학년 수학 수업에 사용된 수열

학생들은 소그룹으로 활동했고, 한 그룹에서 한 학생이 원의 개수가 도형의 번호를 두 번 더한 후 1을 더함으로써 계산될 수 있다는 것을 발견했다. 그녀의 아이디어를 조원에게 설명하기 위해 그녀는 수열의 처음 세 도형을 언급했다. "1 더하기 1 더하기 1, 2 더하기 2 더하기 1, 3 더하기 3 더하기 1, … 할 수 있지?" 그리고 그녀는 결론지었다. "도형[도형의 번호]에 그 자신을 더해 […], 그리고 1을 더해" 그리고 식 $(n+n)+1$을 얻었다.

여기서 몇 개의 특수한 경우에서 공통성 C를 추론한 것을 볼 수 있다. 이 공통성은 (암묵적으로) 수열의 나머지 항들로 일반화된다.[3)] **귀추** C는 **가설**이 되고 규칙을 찾았다. 그러므로 C가 참이라는 가정 하에 식 $(n+n)+1$ 또한 참이 되어야 한다.

앞에서 대수적 패턴 일반화에 대한 정의는 학생들이 패턴을 다루는 데 사용하는 다른 전략과 구분하는 것을 도와준다. 특히, 다음 절에서 살펴보겠지만 패턴의 대수적 일반화와 산술적 일반화를 구별하는 것이 가능하다.

3 산술적 패턴 일반화

Ferdinand Rivera(2006)는 PME 2006 컨퍼런스에서 6학년(11세) 학생들을 대상으로 한 패턴의 일반화 연구 결과를 발표했다. 학생들은 [그림 B]에 있는 수열이 약간 수정된 문제를 풀었다. 각 항은 하나의 원에서 시작해서 원이 두 개씩 증

3) 엄격하게 말해서 C가 다른 항들에 적용된다는 보장이 없을지라도 그 반대라고 믿을 이유도 없다. 즉 어떤 특정한 지점에서 항들이 다르게 나타나기 시작할 수도 있다. 질문이 제기된 방식은 그 공통성이 다음 항에 적용되어야 한다.

가한다. 학생들은 가상의 6학년 학생에게 수열의 임의의 항에 원이 몇 개 있는지를 알아내기 위해 무엇을 해야 하는지를 명확히 설명하는 메시지를 써야 했다.

한 학생이 주어진 몇 개의 항들에서 원의 개수가 2씩 증가한다는 것을 발견했다. 그 학생은 이 공통성을 나머지 항에 일반화하였으나 임의의 도형에서 원의 개수를 계산할 수 있는 직접적인 규칙을 만드는 것은 실패했다. 그 학생은 "한 개에서 시작해서 네가 모든 원의 정확한 숫자를 얻을 때까지 계속해서 2를 더해"라고 말했다.

비록 이 과정에 일반화가 나타나긴 하지만, 우리의 정의에 따르면 대수적인 것은 아니다. 이 장에서는 이러한 패턴의 일반화를 산술적 일반화라고 부를 것이다.

대수적 일반화와 산술적 일반화가 학생들이 패턴을 다룰 때 사용하는 전략의 전부는 아니다. 다음 절에서 세 번째 전략에 대해 설명할 것이다.

4 초보적인 귀납법

7학년 또는 8학년 학생들을 대상으로 한 몇몇의 연구에서 앞의 예에서와 유사한 패턴을 다룰 때 학생들은 규칙을 추측하는 방법에 의지한다는 것을 발견하였다. 예를 들어, [그림 B]에 언급된 수열의 처음 세 개의 항에 3, 5, 7개의 원이 있다는 것을 주목한 후에, 한 그룹의 학생들은 '항 번호 더하기 2'라는 규칙 또는 $n+2$라는 식을 추측하였다. 그러나 그 규칙이 두 번째 항에는 작용하지 않는다는 것을 알아차렸다. 그래서 그들은 식을 $2n+2$로 바꾸었고, 그 후에는 $2n+1$로 바꾸었다. n에 연속적으로 1, 2, 3을 대입하였을 때, 마지막 식이 기대했던 결과를 이끌어냈기 때문에 학생들은 찾던 식이 실제로 $2n+1$이라고 결론지었다. 이 과정이 대수적 패턴의 일반화인가?

정의로 돌아가서 살펴보면 학생들은 세 개의 연속적인 귀추를 만든다. 그러나 이 귀추들 중 어느 것도 처음 세 도형들 사이의 공통성을 추론한 결과가 아니었다. 귀추들은 단지 추측들이었다. 면밀한 점검을 통해, 귀추가 일반화에 의해 만들어진 규칙이 아니라 **귀납법**에 의해 얻어진 규칙이라는 것이 밝혀졌다. 여기서 귀납법은 **개연 추론**에 바탕을 둔 것으로 결론이 그것의 가정에 포함된 것을 넘어서는 절차를 말한다. 이것은 정교한 형태의 귀납법과 구별하기 위해 여기서 **초보적**이라고 한정하는 형태의 귀납법이다.[4)]

5 폭넓은 비교

초보적 귀납법과 산술적 패턴의 일반화 구조는 [그림 A]에 제시한 대수적 패턴의 일반화 구조와는 다르다.

산술적 패턴의 일반화에서, 규칙 C는 참이라는 가정으로부터 연역되지 않는다는 사실을 반영하면 마지막 화살표는 사라진다. 미지의 항들의 계산은 일어나지 않는다. 이것이 Fran\xi ois Vieta가 특정한 값 또는 구체적인 숫자들의 계산과 구별하기 위해 대수의 **해석적** 속성과 연관시킨 특성이다.

초보적 귀납법에서 그 구조는 [그림 C]에서 볼 수 있듯이 매우 간단하다.

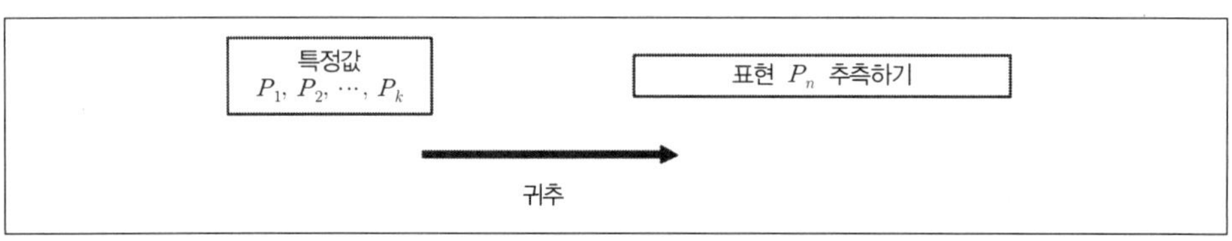

[그림 C] 초보적 귀납법의 구조

비록 규칙을 문자와 숫자를 쓴 시스템, 즉 기호를 사용하여 표현하였지만 그 일반화는 대수적이라고 할 수 없다. 이 논문의 앞부분에서 언급되었듯이, 사고를 대수적으로 만드는 것은 기호가 아니라 일반적으로 생각하는 방법이다. 이것으로부터 알 수 있는 결과는 다음과 같다. 대수로 가는 단계로 패턴 활동을 사용할 때,

---

4) 귀납법의 개념은 인식론과 교육학에서 많은 연구들의 대상이 되었다. 예를 들면, Peirce in Hoopes(1991, pp. 59-61), Polya(1945, pp. 114-121), Poincaré(1968, p. 32) 등에서 찾아볼 수 있다.

교사와 교육자는 일반성을 다루는 다른 형태와 대수적 일반화를 혼동하지 않기 위해 바짝 긴장해야 한다. 또한 학생들이 대수적 감각으로 패턴을 다룰 수 있게 하기 위한 적절한 교수 전략들을 알고 있어야 한다.

이에 학생들이 대수적 감각으로 패턴을 다룰 수 있도록 7학년 학생들을 대상으로 한 교수 과정을 계획하였다.[5] 이 논문의 나머지 부분에서는 그 교수 과정의 첫 번째 부분을 다룰 것이다.

6 교수 과정

6.1 일반적 논의

교수 과정은 [그림 D]에 제시된 고전적인 이쑤시개 수열에 관한 일반적인 교실 토론으로 시작했다. 학생들은 어려움 없이 (도형1), (도형2), (도형3)에 각각 3개, 5개, 7개의 이쑤시개가 있다는 것을 발견했다. 그 후에 교사는 학생들에게 (도형 100)과 같은 '큰' 도형에서 이쑤시개의 개수를 구할 수 있는 규칙을 찾기 위해서 무엇을 할 것인지를 물어보았다. 학생들은 이쑤시개의 개수가 항상 2개씩 증가한다고 말했다. 교사는 이 수를 통한 귀추를 기하를 통한 귀추로 바꾸었다. 즉, 그녀는 [그림 E]와 같이 칠판에 그려진 (도형2), (도형3)의 이쑤시개에서 맨 오른쪽의 이쑤시개 두 개에 동그라미를 그렸다.

그러고 나서, [그림 F]와 같이 학생들에게 (도형1)도 비슷한 방식으로 볼 수 있다는 것을 명확하게 하고, 항 위에 그들 사이의 수를 쓰고 화살표로 나타냈다. 또 맨 왼쪽의 이쑤시개에 1을 쓰고 각 항의 아래에 이쑤시개의 개수를 썼다.

5) 연구팀은 두 명의 교사(Tammy Cantin와 Rita Venne-Beaudry), 세 명의 연구자(Serge Demers, Monique Grenier, Luis Radford), 네 명의 연구보조자(Isaias Miranda, Emilie Fielding, Mia Coutu, Julie Deault)로 구성되었다.

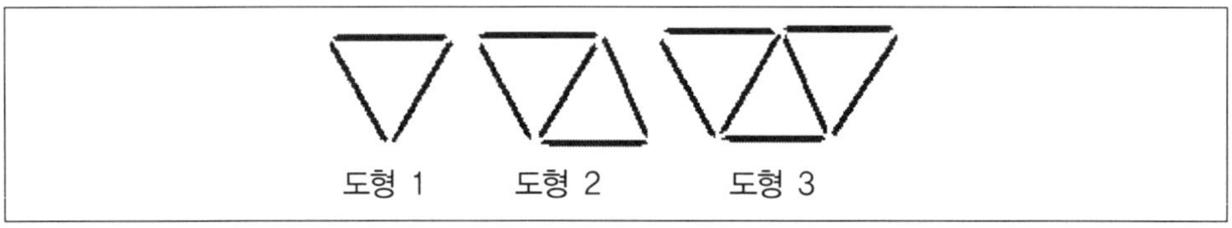

[그림 D] 교사와 학생에 의해 논의된 도입 예제

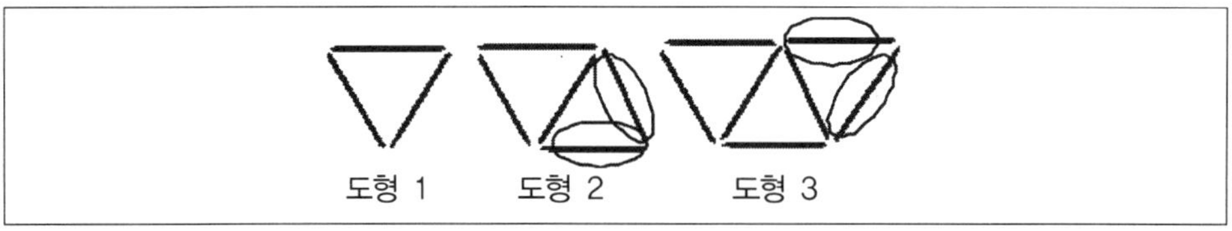

[그림 E] 교사가 수열의 두 항의 어떤 부분에 동그라미를 그렸다.

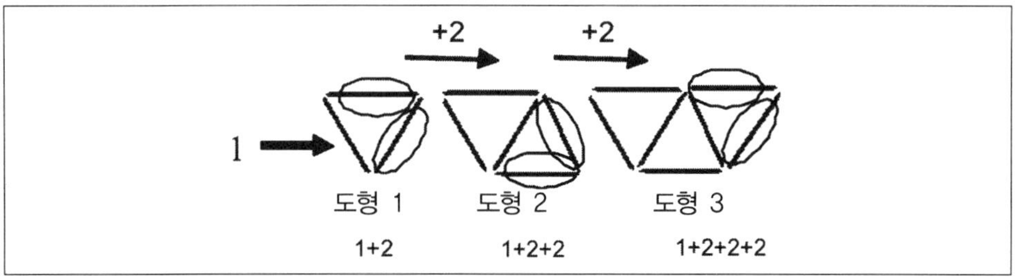

[그림 F] 복잡한 기호를 사용함으로써, 교사는 수열의 항을 구할 수 있는 방법을 강조하였다.

그 다음 교사는 학생들에게 (도형100)에서의 이쑤시개의 개수에 대해 질문했다. 교실 뒤쪽에서 한 학생이 대답했다.

[1] 학생 : 이쑤시개는 201개입니다.

[2] 교사 : 좋아요. 어떻게 201이 나왔는지 설명해 주겠어요?

[3] 학생 : 첫 번째 도형은 1로 시작하고, 그리고 매번 2씩 더하면 됩니다. 그래서 저는 100 곱하기 2를 했고 그래서 200입니다. (들리지 않음)

[4] 교사 : (많은 학생들이 그 생각을 따라가지 못한다는 것을 알아차리고 덧붙였다.) 만약 여러분이 각 도형마다 2를 더한다면, 그리고 만약 100번째 도형으로 간다면 얼마나 2를 더해야 하죠?

[5] 다른 학생 : 100번이요!

[6] 교사 : (아이디어를 종합하여) 더하기 2, 더하기 2, 더하기 2를 100번. 이것은 100 곱하기 2와 같죠.

학생들에게 기대했던 추론을 보여주기 위해 교사가 어떤 노력을 했는지 살펴보자. 2001년, 7학년 학생을 대상으로 실시한 예비 프로젝트에서, 패턴과 기하적 도움 없이 오직 수로만 정의된 다른 비슷한 패턴에서 많은 학생들이 초보적 귀납법에 의존한다는 사실을 발견했다. 그래서 수업의 첫 번째 부분은 특정 문제를 이용해 일반적 논의를 함으로써 학생들이 알아차리기 바라는 결정적인 요소를 교사가 정확히 보여주는 데 전념하였다. 칠판에 그려진 특정 도형에서 어떤 이쑤시개에 동그라미를 그림으로써 공통성이 강조되었다. 이쑤시개를 특정한 방법으로 세면서('1+2', '1+2+2', '1+2+2+2') 교사는 일반화에 필요한 규칙을 형성하기 위한 상황을 조성하였다. 앞에서 인용한 두 번째 줄에서 교사는 설명하도록 했다. [4]에서 명확하게 교사는 귀추를 가설로 변형시켰다. 즉, 설명의 처음과 중간에서 조건부의 용어 "만약 ~한다면"을 사용하였다. 그 다음 [6]에서 교사는 일반화를 기초로 반복된 덧셈을 곱셈으로 연결시켰다.

교수 과정의 설계와 교실에서의 실행은 지식 대상화 이론에 근간을 두고 있다(Radford, 2006b). 이 이론에 따르면, 학습의 기본적인 문제는 학생들이 스스로 지식을 구성하도록 두는 것이 아니다. 학생들이 지식을 구성하지 못하는 것이 문제가 되진 않는다. 오히려 학생들은 엄청나게 창의적이다. 그러나 학생들의 특이한 절차와 아이디어들이 수학 교육과정에 의해 전달되는 문화적인 것으로 반드시 수렴할 것이라는 보장은 없다. 중심이 되는 교육적인 문제는 학생들이 세상에 대해 사고하는 수준 높은 문화적인 방법들을 이해하게 하는 것이다. 이 경우에는 대수적인 방법을 이해하게 하는 것이다.

수학적 성찰의 문화적 방법을 이해하는 것은 단순한 지식의 전달만으로 가능한 것이 아니다. 앞의 문단에서 교사는 일반화 방법을 전달하지 않았다. 일반화의 수준 높은 형태는 학생-교사 공동의 상호작용에 의해 인식되었다. 그 상호작용은 단순한 관점의 교환 이상이다. 이러한 상호작용은 엄청난 인식론적 가치를 갖는다. 이것은 교사와 학생에 의해 수행되는 복잡한 통합적, 변증법적 과정으로, 그 과정을 통해 학습은 교수와 얽혀진다(Bartolini Bussi, 1998, p. 69). 이것은 공식화하기([1], [3]), 재공식화하기([4]), 주목하기([그림 E], [그림 F]), 설명하기([1], [2]), 강조하기([6]) 등과 같은 인지적 양상을 포함한다. 지식을 전달하려는 모든 시도는 실패였다. Vygotsky와 그의 동료들이 계속해서 주장했듯이, 학습은 점진적인 방법으로 발전하는 발생학적 과정이다(Vygotsky, 1986, p. 146). 지식 대상화 이론은 이 발생학적 과정이라는 주제와 관련되는데, 발생학적 과정은 Leont'ev (1978)와 같이 활동의 목표를 개념적 대상에 대하여 이해하고 인식하는 활동적이고 창의적인 과정으로 보는 것이다. 자연스럽게, 교사는 개념적 대상을 '볼' 수 있고, 학생은 보지 못한다. 교사의 교수학적 행동들은 이런 **비대칭적** 인식의 관계에 의해 정확히 표현된다(Radford, 2006c).

나는 지식의 대상을 분명하게 만드는 과정을 **대상화**라고 부른다. 이 대상들이 **일반적**이기 때문에 구체적인 세상에서 분명히 볼 수 없다. 그래서 교사와 학생들은 기호, 신체, 도구들에 의지한다. 나는 그런 것을 **대상화의 기호적인 수단**이라고 명명하였다(Radford, 2003a). 그래서 그림의 특정 이쑤시개를 표현하기 위해 교사가 사용한 타원형의 표시, 숫자들, 수적인 표현들, 가리키는 제스처, "100번째 도형**으로 간다**"와 같이 움직이는 은유를 사용한 언어는 대상화의 기호적인 수단이다.

다시 교실로 돌아가자. 교사는 학생들이 정말로 이해했는지 확인하기 위하여, (도형100)의 이쑤시개 개수를 계산한 후에 다른 질문을 계속하였다. 3-4명의 소그룹으로 활동을 하며, 학생들은 3개의 비슷한 문제들을 다루었다. 첫 번째는 초기 약정한 금액으로부터 일정한 비율로 증가되는 금액에 관한 문제이다. 처음 금액은 [그림 F]에서 화살표로 표시된 왼쪽 이쑤시개와 같은 역할을 한다. 다음의 두 문제는 도전을 야기한다. 초기 대상이 문제의 진술에 주어지지 않았다. 학생들은 그것을 찾아야 한다. 여기에 더하여, 이 두 문제들에서 수열은 순전히 수와 관련되어 있다. 첫 번째 것에서, 연속적인 항들 사이의 공차는 소수이다. 두 번째 것에서는 음수이다. 학생들이 초보적 귀납법을 사용하는 것을 막기 위해 소수와 음수를 선택하였다. (예비연구를 참조하려면 Radford(2006a, footnote 2, p. 17)을 보면 된다.)

6.2 첫 번째 문제

첫 번째 문제는 다음과 같다.

> 마크는 일주일에 3달러를 저금한다. 그는 처음에 12달러로 시작했다.

우리는 학생들에게 마크가 3주 후, 5주 후, 100주 후에 얼마나 저금을 할지에 대해 물었다. 또, 학생들에게 절차를 설명하도록 했다. 다른 두 개의 과제는 n주

후에 저금할 금액을 계산하는 방법을 말로 설명하는 것과 n주 후까지 저축되어 있는 총 금액을 계산하는 대수적인 식을 찾으라는 것이다.

아래의 상호작용 분석은 한 소그룹에 초점을 맞추었다. 그 구성원은 멜라니, 주디, 케시, 르네이다.

예상했던 대로, 문제의 첫 번째 부분에서는 심각한 어려움이 나타나지 않았다.

[7] 멜라니 : 좋아. 100 곱하기 ⋯

[8] 주디 : 그래서 3 곱하기 100 [⋯] $12+3\times100$, 왜냐하면 12달러로 시작했으니까.

그런데 학생들이 '임의의' **몇** 주 후에 금액을 계산하는 방법을 말로 설명해야 하자, 몇 가지 어려움이 나타났다.

[9] 멜라니 : 그래서 우리는 이렇게 말해야지. 12 더하기 3을 하고나서 주의 수만큼 더해야 해.

3주 또는 10주와 같은 **특정한** 주와는 대조적으로 **몇** 주에 대해 이야기할 때 학생들은 **미지의 항**을 다루어야 한다. 이것은 그들에게 몇 가지 어려움을 야기할 수 있는 추상화를 수반한다(Radford, 2003a). 예를 들어, 교실 토론([1]-[6])에서 대상화된 곱셈 구조의 규칙이 사라지고 덧셈에 관한 것([9])으로 대체된다. 주디가 개입하여 다음과 같은 대수적 일반화를 제안했다.

[10] 주디 : 주의 숫자에 3을 곱하고 나서 12를 더해야 해.

비록 규칙을 기호로 쓰는 것이 모든 학생들에게 명확하지 않았지만, 그 어려움들은 극복되었다.

[11] 멜라니 : 나는 n과 관련된 것은 잘 이해가 안 돼, 이것은 내가 이해하지 못하는 유일한 거야.

[12]. 케시 : 나도 그래.

[13] 주디 : n은 물음표가 안에 있는 네모와 같아. 왜냐하면 그것이 무엇인지 모르기 때문이지.

[14] 르네 : $3+12$ 어떤 거, $3+12$ 곱하기 n.

[15] 주디 : 그 식은 $12+3$ 곱하기 n이야. (그녀는 $12+3n$을 썼다.)

[13]에서, 주디는 n의 의미를 다루는 은유를 제시했다. 다음은 12와 3의 역할을 혼동한 르네의 공식이 나왔다. 이것은 맥락의 추상화로부터 나타나는 어려움의 또 다른 예이다. ([14]와 [15]를 비교해보아라.)

비록 그룹 내 학생들의 이해 정도가 같지 않지만, 대상화의 과정은 잘 진행되었다. 다음 문제는 확실히 학생들에게 더 도전적이었다.

6.3 두 번째 문제

이 문제는 학생들에게 아래와 같이 수열의 처음 네 개의 항을 제시한다.

0.42	0.75	1.08	1.41
항 1	항 2	항 3	항 4

학생들에게 5, 6, 7번째 항을 찾을 것과 앞의 문제와 비슷한 질문에 답하도록 했다.[6)]

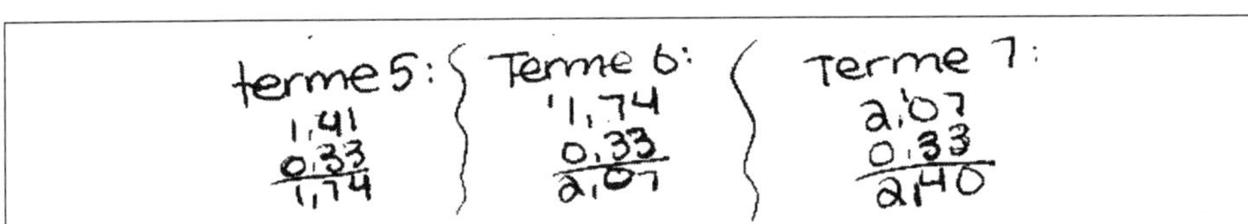

[그림 G] 케시의 활동지에 있는 5, 6, 7번째 항의 연속적인 계산

6) 이전 문제에서, 본질적으로 수열의 일반항을 표현하는 단 하나의 형태만 있었다. 그래서 이전에 논의되었듯이, 학생들에게 주어진 첫 번째 문제에서 일반항은 $12+3n$이었다. 두 번째와 이어지는 다음 문제에서 수열의 n번째 항은 무한한 수의 다항식으로 표현될 수 있다. 일반적으로, 수열 p_1, p_2, p_3, $\cdots$, p_k의 k번째 항($k \geq 1$)은 차수가 $k-1$, k, $k+1$인 다항식들에 의해 덧붙여질 수 있다. 검토자들 중 한 명은 우리가 오직 하나의 해를 가진 수열을 사용해야만 했었다고 제안했지만, 나는 그렇게 생각하지 않는다. 우리가 볼 수 있듯이, 두 번째와 이어지는 다음 문제들에서 일반항을 표현하는 무한한 수의 해답이 있다는 사실은 절대로 학생들에게 떠오르지 않았고 대수를 처음 접하는 동안에는 문제가 되지 않았다. 이 문제에 대한 민감성은 다항식에 대해 많은 것을 알고 있는 사람에게 생길 수 있고, 당연히 7학년 학생들에게는 그렇지 않다. 대수적 일반화로써 패턴 사용의 초점은 선형적 패턴이다.

학생들은 항들이 0.33씩 증가한다는 것을 어려움 없이 알아차렸고, 다음 세 항들을 계산하는 데 이를 사용했다.([그림 G]를 보아라.)

학생들은 100번째 항을 계산하는 문제와 씨름하며 이렇게 말했다.

[16] 주디 : 그래, 좋아. (문제를 읽으며) 수열에서 100번째 항을 구하여라. 구하는 과정을 설명하여라. 세상에!

[17] 멜라니 : 좋아. 이것은 2.40 곱하기 …

[18] 주디 : 아니야, 33 곱하기 100 […] 아니다, 42 더하기 33 곱하기 100이다. 잠깐만, 내가 뭔가를 시도하고 있는데 …

[19] 르네 : 그것은 33 곱하기 100이야.

[20] 멜라니 : 7번째 항은 2.40이야. 그리고 8번째 항은 아마 3 … 우리는 33 곱하기 33 더하기를 해야 해, 33을 뭔가로 나눠야 해.

[21] 르네 : 33 곱하기 100.

[22] 멜라니 : 아니야, 그러면 숫자가 너무 커지는데[…]

[23] 르네 : 33 더하기 어떤 것 곱하기 100.

학생들은 곱셈을 해야 한다는 것은 느꼈지만 2.40(7번째 항)은 멜라니가 [17]에서 주장하듯이 곱해진 항이 될 수 없다. 우리는 앞의 문제와 같이 구체적 맥락에서 숫자들이 의미를 갖지 못하는 상황에서 나타나는 몇 가지 어려움을 살펴 보았다. 의미는 숫자들 사이의 추상적인 위치상 관계의 결과로 나타나야만 한다.

학생들은 한동안 토론을 계속했다. 그들은 곱셈이 100×0.33, 즉 33이어야 한다는 것에는 동의했다. 그들은 여전히 시작점을 더해야 한다.

[24] 멜라니 : 이제, 33을 얻었으니까, 0.42 더하면 30.42야.

[25] 주디 : 아니야, 만약에 우리가 0.33 곱하기 100을 했다면 이미 첫 번째 항을 계산했어.

[26] 멜라니 : 나는 네가 무슨 말을 하려고 하는지 모르겠어.

[27] 주디 : 봐, 만약 우리가 0.33 곱하기 100을 한다면, 우리는 첫 번째 항부터 100번째 항까지 다 한 거야. 그런데 우리는 첫 번째 항 이전의 수를 찾지 않았어.

[28] 르네 : 너는 +33을 해야만 했어 … 사실이야.

[29] 케시 : 42로 시작하지 않았니?

[25]와 [27]에서 주디는 그들이 0.33 곱하기 100을 했을 때 첫 번째 항이 이미 계산에 고려되었고 결과적으로 0.42가 시작점이 아니었다는 것을 적절하게 지적했다.

따라서 주디는 특정한 항을 계산하는 것을 제안하였고 이것을 규칙을 시험하기 위해 사용하였다.

[30] 주디 : 만약 우리가 아직 찾지 못한 항을 구한다면, 너무 크지 않은… 우리는 7번째 항처럼 더하기 0.33, 더하기 0.33을 해서 답을 얻을 수 있어. 만약 우리가 답을 찾는 좋은 절차를 찾는다면 좋은 답이 무엇인지 알 수 있어.

그러나 이것은 대수적 특징인 일반화를 포기한 것이며, 만족스럽지 못하고 예측할 수 없는 초보적 귀납법에 빠지게 된다.

교사는 개입하기로 결정했다.

[31] 교사 : (칠판의 이쑤시개 수열을 가리키며) 한 개의 이쑤시개로 시작했다는 것을 알고 2를 더하고, 2를 더하고, 2를 더했지요. 항들이 어떻게 증가하는지 발견했나요?

[32] 주디 : 33을 더했어요.

[33] 교사 : 0.33, 좋아. 시작점은 얼마인가요?

[34] 주디 : 0.42.

[35] 교사 : 다시 한번?

[36] 주디 : 0.42.

[37] 교사 : 그것이 [첫 번째] 도형이지만 시작점은 아니죠. 여러분은 (이쑤시개 수열을 언급하며) 시작할 때 1 [이쑤시개]이 있었기 때문에, 1이라고 말했어요.

[38] 주디 : 그러면 시작점은 0.01 […] [첫 번째 항]은 0.34와 같겠네요.

[39] 르네 : [첫 번째 항] 그것은 42야.

[40] 주디 : 우리는 다른 숫자를 사용해야 해 […] 그래서 우리는 0.09 더하기 0.33을 해야 해. 그래서 그것은 0.09 더하기 0.33 […] 왜냐하면 0.42 빼기 0.33은 0.09이니까.

6.3.1 아이콘화

교사의 개입은 시작점이 어떻게 발견되었는지를 발견하도록 하기 위해서 학생들이 첫 문제였던 이쑤시개 문제에 관심을 갖도록 유도한 것이다. 이것은 아이콘화를 활용한 대상화 과정이다. 아이콘화는 이전의 절차에서 비슷한 특성을 발견하는 방법이다. 비록 이 전략이 학생들이 지식 대상화를 향해 나아가도록 했을지라도 학생들이 갈 길은 여전히 멀었다. 이것은 Husserl(1970)이 대상성(예를 들어, 대상, 과정, 추론, 사건의 진술)이라고 명명한 흐릿한 인지에서 명확한 그림으로 나아가는 것이 지식 대상화의 발생학적 본질이다. 대상화는 명료한 대상의 여러 층으로 구성되어 있고, 아이콘화는 흐릿함으로부터 대상화의 좀 더 명확하고 이해할 수 있는 층으로의 점진적인 이행을 가능하게 하는 과정 중의 하나이다. 흐릿함의 증거는 학생들이 진술된 규칙을 시험해 볼 필요를 느낀다는 것에서 알 수 있다.

[41] 주디 : 이게 맞다면 시험해 볼 수 있어. 7번째 항이 2.40 ; 8번째 항은 거기에 +0.33 ; 그러면 9번째 항은 +0.33을 다시 하면 돼. (그녀는 식을 시험하고 그것이 작동하는 것을 보고, 말했다.) 맞아! 0.9+0.33 곱하기 항의 숫자를 하면 돼.

식을 믿을 수 있는 '좋은' 증거에도 불구하고 학생들은 시험해 볼 필요를 느꼈다. 식에 대한 인식의 확실성은 계산의 필연성 또는 반론 불가능성의 결과로서가 아니라 알고 있는 경우에 대한 시험 결과의 타당성에 의한 것이다. 확신은 나중에 생기는 것이다. 그것은 계산에 포함된 항의 수적 의미에 대한 인식이 증가되고 목표가 된 수학적 사고의 문화적 방식에 익숙해짐에 따라 생길 것이다. 존재론적으로 말해, 수학적 확실성은 수학 그 자체뿐만 아니라 사회적 활동에 의해 중재된 것으로써 지식의 주제를 아는 것과 지식의 대상 사이의 관계로부터 온다.

6.3.2 축약

이전의 진지한 토론은 수열의 특정한 몇 개의 항을 찾기 위한 계산의 대상화를 가져왔다. 수열의 어떤 항이든 계산할 수 있는 방법을 다른 사람에게 설명하도록 요청하는 것은 새로운 두 가지 요소를 가져온다. 한편으로, 이것은 포괄적인 타자[7)]

7) 타자성은 Hegel이 다른 맥락에서 언급했듯이 지식 객관화의 중요한 측면이다(Hegel, 1977).

와의 만남을 소개한다. 또 다른 한 편으로, 학생들은 **특정한** 숫자이지만 **명시되지 않은** 숫자를 다루어야 한다. 그것은 학생들에게 높은 수준의 추상화를 요구하는 것이며(Radford, 2003a), 그 수준은 변수를 다루는 수준이다(Bardini, Radford, & Sabena, 2005). 또한 그것은 학생들의 이전 수학적 경험을 **요약해야** 하는 상황을 학생들에게 요구한다. 요약은 지식 대상화의 또다른 발생학적 과정이다. 그것은 어떤 것을 관련된 것 또는 무관한 것으로 간주하느냐에 대한 선택을 하게 한다. 이것은 표현과 의식과 명료한 것의 깊은 수준에 수반되는 것의 **축약**을 이끌어낸다.

[42] 주디 : 좋아. 너는 내가 찾고 싶은 항의 수에 0.33을 곱하면 돼. 그리고 0.09를 더하면 답을 얻을 수 있어.

[43] 멜라니 : 사람들은 우리가 어떻게 0.09를 찾았는지 궁금해 할 거야.

[44] 주디 : 0.42 빼기 0.33을 했다고 말하면 돼.

이 축약과정은 주디가 기호화한 식을 제안하는 다음 문단에서 훨씬 더 잘 나타난다.

[45] 주디 : 그것은 $0.09+0.33\times n$과 같아.

우리는 세 번째 문제로 넘어가서 학생들이 일반화 규칙을 대상화하는 과정에 계속해서 초점을 맞출 것이다.

6.4 세 번째 문제

이 문제에서 학생들은 감소하는 수열의 처음 네 개의 항을 다음과 같이 제시받았다.

11	9	7	5
항 1	항 2	항 3	항 4

학생들은 항의 숫자가 2씩 감소한다는 것을 깨달았고 7번째 항까지 얻었다. 그 다음 100번째 항을 찾아야만 했다. 주디는 규칙의 일반적인 구조를 묘사했다.

[46] 주디 : 이것은 (어떤 수) -2×100이야. 내 말 이해하니?

[47] 멜라니 : 응. […] 항들이 2씩 감소하고 있어.

식의 앞부분에 놓이게 되는 '어떤 수'([46])는 수열의 시작점이다. 이것은 앞의 예에서 학생들이 깨달았던 것처럼 첫 번째 항과 혼동되어서는 안 된다. 그러나 결국 계산이 수행되었을 때, 음수에 초점이 맞춰졌고 특별한 경우에 직관적인 일반적 규칙을 적용하는 것이 문제가 되었다.

주디의 그룹에서, 토론은 항의 크기에 초점이 맞춰졌다. (-200 정도의 수를 기대하는 것이 합리적인가?)

[48] 르네 : 음수가 될 것 같아.

[49] 멜라니 : -100이나 -200이나 그와 비슷한 무엇인가가 될 거라는 것을 알고 있어. 이게 음수면 꽤 어려운데 […] 이미 -1을 얻었어. $-1-2$는 -3이지. 맞지? 그러면 -5, -7, -9, -11, -13, -15, -17, -19, -21, -23, 이렇게 계속 하다보면 100번째 항을 얻을 수 있어. […]

[50] 주디 : 그래. 우리가 찾아야 하는 수는 홀수야. 왜냐면 그 수들이 모두 홀수이기 때문이야.

[51] 멜라니 : 그래. 좋아. […] 우리는 답이 음의 홀수가 될 거라는 것을 알고 있어. 맞지? 맞지? […] 우리는 할 줄 모르는 것 같은데. 저기 칠판을 보자.

[52] 주디 : 여기 이걸 봐. 여기에서 [즉, 칠판의 문제], 이 부분이 혼란스러워. 왜냐하면 이것은 같은 것이 아니야. […] (칠판에 제시된 수열에 대해서 이야기한다.) 우리는 작은 수에서 시작해서 올라가.

[53] 멜라니 : [여기] (감소하는 수열을 언급하며) 우리는 큰 수에서 시작해서 내려가.

[49]를 보면 학생들은 계산에 대한 통제력을 상실하여 항에서 2를 빼는 반복적인 과정으로 돌아갔다. 상황에 대한 통제력을 되찾으려는 시도를 하며 학생들은 결과가 음의 홀수라는 것을 깨달았으나 이 정보는 큰 도움이 되지 못했다([50]-[51]).

멜라니와 주디는 그룹의 친구들에게 이전의 문제에서 하지 않았던 것을 하자고 제안했다. 그것은 **같은** 것 또는 Vergnaud(1990)이 **불변량**이라고 부른 것을 찾는 과정의 아이콘화에 의지하는 것이다.

멜라니의 제안([51])에 따라, 주디는 칠판으로 돌아서 이전의 이쑤시개 문제에서의 활동을 되짚어서 면밀히 조사했다. 그리고 그녀는 수열을 첫 번째 항이 11인 이쑤시개 감소수열로 이해하는 것을 제안했다.

[54] 멜라니 : 나는 이해가 안 돼, 이해가 안 돼, 이해가 안 돼, 나는 문제를 이해했어, 이건 …

[55] 르네 : 너무 복잡해.

[56] 주디 : 좋아. (그녀는 [그림 H]와 같은 11개의 이쑤시개로 이루어진 모양을 그렸다.) 여기를 봐. 세 개의 작은 막대들이 있어.

[57] 멜라니 : 너는 작은 막대들로 우리를 혼란스럽게 하려 하고 있어. 악의는 없지만 너는 우리를 혼란스럽게 하고 있어.

[58] 주디 : 봐! 3, 4, 5, 6, 7, 8, 9, 10, 11. (그녀는 자신이 종이에 그린 그림의 작은 막대들을 세었다.) 좋아. 이게 첫 번째 항이야. (그녀는 자신이 그린 그림을 가리켰다.)

[59] 멜라니 : 너는 100번째 항에 해야 해!

[60] 주디 : 이건 그거랑 같은 거야. 그런데 저기에서는 [칠판의 문제를 언급하며] 더 많이 더하면 되고 여기에서는 적게 더하는 거야.

[그림 H] 왼쪽 그림에서 주디가 첫 번째 항을 그리고 있다. 오른쪽 그림은 첫 번째 항이 깔끔하게 복사된 그림이다.

아이콘화는 같은 것과 다른 것의 구별을 하는 것에 기초하고 있다. 물론, 학생들에게 중심적인 문제는 칠판에 있는 많은 기호들 사이에서 그러한 특징을 어떻게 인식하는가이다. 대화에서 볼 수 있듯이, 같은 것을 보는 대신에 학생들은 무엇이 다른가에 초점을 맞추었다. (증가 수열 대 감소 수열 ; [52]-[53]을 보아라.) 1절에서 언급했듯이 같은 것과 다른 것을 식별할 수 있는 것은 일반화로 나아가는 중요한 단계이다. [56]과 [58]에서 주디는 11개의 이쑤시개 그림을 제안했다. 그들은 한 번에 두 개의 이쑤시개를 제거해 나갔다. 이것은 확실히 문제를 재개념화하기 위한 흥미롭고 창의적인 노력이지만, 음수가 되면 그들이 이러한 방식으로 무엇을 할 수 있을 것인가? 교사는 그 그룹으로 가서 학생들이 5-7번째 항을 계산했는지 물었다.

[61] 주디 : 저희는 14번째 항까지 찾았어요.

[62] 교사 : (궁금하다는 듯이 질문한다.) 이런 방법으로 100번째 항까지 찾을 수는 없지 않나요? (학생들이 웃는다.) [···] 좋아요. 했던 것으로 다시 돌아가 봅시다. 그 문제에서, 심지어는 −2라고 할지라도, 그것이 규칙으로 가는 과정이 다르다는 것을 의미하지는 않아요. 같은 것이죠. 자 여기서, 100번째 항을 찾으라고 했어요. 이제 무엇을 해야 할까요?

[63] 주디 : 2를 빼요, 그래서 그것이 마이너스 어떤 것, −2×100 같은 것이 되게 [···]

[64] 교사 : 좋아요. (케시가 아직 확신하지 못한다는 것을 보며 계속한다.) 만약 이것이 +2라면, 이것은 같아요.[···] 100×(−2). [···] −2 더하기 −2 더하기 −2 더하기 −2 더하기 −2 더하기···

[65] 멜라니 : 이것은 −200과 같네요.

[62]에서, 교사는 수열의 공차가 양수 또는 음수인 것은 반복적인 덧셈이 수행되어야 한다는 사실에 영향을 주지는 않는다는 것을 강조했다. 이 핵심 측면을 강조하기 위해 그녀는 세 번 말했다. "같은 것이야([62], [64])." 그리고 반복적인 수들의 덧셈이라는 아이디어를 전달하기 위해 그녀는 "마이너스 2 더하기 마이너스 2 더하기 마이너스 2 더하기 마이너스 2 ···"라는 문장을 소리 내어 말했다. 숫자와 행동의 비대칭적인 역할을 강조하기 위해 '더하기'는 '마이너스 2'라는 말이 나타날 때와는 구별되는 억양으로 발음했다. [그림 I]는 음성분석전용 소프트웨어 Praat으로 수행된 운율 파형 분석을 보여준다(Boersma & Weenink, 2006).[8] 파형은 교사의 발언 중 일부를 보여주는 것으로, 두 가지를 나타낸다. 첫째, 교사의 말은 17개의 단어로 구성되었지만 매우 빠르게 말했다. 둘째, 말의 억양은 두 덩어리의 정보를 명확하게 구분하는 방법으로 구성되었다. 두 덩어리의 정보는 숫

8) 운율체계(Prosody)는 화자가 다른 방식으로 대화에서 전달되는 아이디어를 표시하기 위해 의존하는 모든 특징들을 나타낸다. 전형적인 운율학의 요소는 억양과 현저함(단어의 지속에 의해 나타나는)과 인식된 음의 높이를 포함한다. 운율체계에 대한 연구들은 Bolinger (1983), Goodwin, Goodwin & Yaeger-Dror(2002), Roth(2007) and Selting(1994)에서 찾아볼 수 있다.

자(−2)와 반복적으로 더하는 활동이다. 발언의 짧은 지속기간은 관심의 초점이 계산이 항에서 다음 항으로 행해질 때 얻어지는 연속적인 결과에 있지 않다는 아이디어를 암시한다. 오히려, 관심의 초점은 **종합적이고 전반적인** 결과에 두어야 한다. 언행의 억양은 대상화의 기호적 수단으로써의 **리듬**의 역할을 보여준다. 리듬은 교사가 더하는 행동의 단조로움을 강조할 수 있게 하고, 학생들로 하여금 의미에 대한 관심을 불러일으킨다. 즉 연속된 행동은 곱의 형태로 **축약**될 수 있다는 것이다.

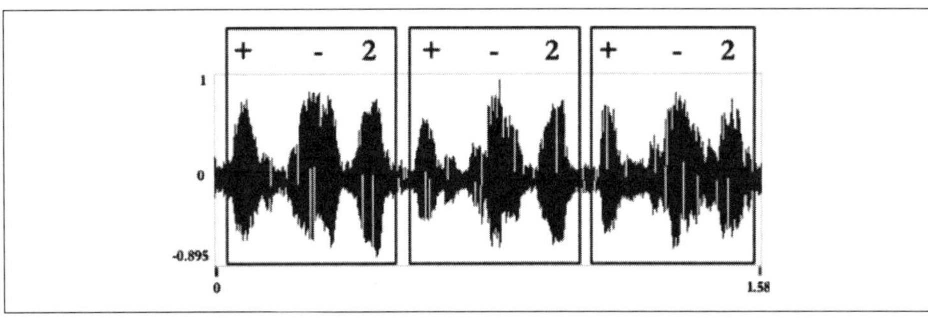

[그림 I] Praat로 교사의 1.58초 동안의 언행을 운율학적으로 분석하여 편집했다. 파형은 "더하기 마이너스 2 더하기 마이너스 2 더하기 마이너스 2"라는 일시적이고 율동적인 발언의 조직을 나타낸다.

남아있는 문제는 규칙의 또 다른 부분으로 시작점을 포함하는 부분이다. 교사는 다음과 같이 계속했다.

[66] 교사 : 그래, 잘 시작했어요. 여러분이 놓치고 있는 것이 있는데 첫 번째 항을 잘 보세요. (그녀는 첫 번째 항을 가리켰다. [그림 J]를 보아라.) 11이 무엇을 나타내죠?

[67] 주디와 멜라니 : 첫 번째 항이요.

[68] 교사 : 그리고 어떻게 11이 되었나요? (학생들이 설명한다.) 문제 2로 다시 돌아가 봅시다. (그녀는 문제 2로 돌아가서 첫 번째 항을 가리키며 말했다.) 0.42가 첫 번째 항이죠? ([그림 J]를 보아라) 여러분은 차가 0.33이라고 말했어요. […] 그런데 여기(0.09를 가리키며) 0.09, 9/100은 어디에서 나온 값인가요?

[69] 주디 : 0.42 빼기 0.33을 해서 0.09를 얻었어요. ([그림 J]를 보아라)

[70] 교사 : […] 여기 같은 종류의 문제가 있어요. (교사는 르네의 종이를 가리킨다.) 11, 어떻게 11을 얻었지요? 무슨 일이 있었나요?

[71] 주디 : $13-2$.

[72] 멜라니 : 좋아. 그럼 이제 그것이 13이라는 것을 아는 거야.

[73] 주디 : [⋯] 그러면 13 더하기 -2 곱하기 100. (그녀는 $13+(-2)\times100$을 썼다.)

[66]부터 [70]까지 시작된 대상화의 아이콘화 과정은 학생들이 교사의 도움을 받아서 일반화 규칙에서 비슷한 특징을 확인하는 것을 가능하게 하였다([71]). 그리고 [72]와 [73]에서 명확한 표현을 얻었다. [그림 J]는 Radford 외(2003b)에서 기호적 노드라고 부른 제스처와 단어와 상징들의 중요한 조직을 강조한다. 즉, 지식이 대상화되는 학생들의 기호적 활동의 일부분이다. 다음날 활동이 재개되었을 때 학생들은 식 $13+(-2)\times n$을 만들어냈다.

교사의 개입은 Vygotsky의 **근접발달영역** 내에서 일어난 개입으로 더 잘 이해될 수 있다(Vygotsky, 1986). 학생들은 스스로 지식의 대상화를 이루지 못했을 것이다. 그러나 학생들은 대상화 근처에 와 있었다. 교사의 시기적절하고 정확한 개입

[그림 J] 1번 사진에서 교사는 3번 문제의 첫 번째 항을 가리킨다. 유사성을 강조하기 위해 2번과 3번 사진에서 교사는 2번 문제를 언급하며 0.42(첫 번째 항)와 공차를 각각 가리킨다. 4번 사진에서 주디는 0.33을 가리킨 직후에 0.42를 가리키며 "0.09([69])"라고 말한다.

으로 학생들은 일반화 규칙의 다른 요소들을 인식할 수 있었고 학생들 스스로 표현할 수 있었다.

비키, 폴, 실베인으로 이루어진 다른 그룹에서 일어난 일을 간단히 살펴보자.

처음 두 문제에서처럼, 세 번째 문제에서 비키의 그룹은 주디의 그룹과 비슷한 대상화 과정을 겪었다. 학생들은 $(-2)\times 100+11$을 제안했다. 이전의 문제들과 비교하고 교사의 도움을 받아서, 그들은 결국 $(-2)\times 100$에 더해져야 하는 항이 11이 아니라 13이라는 것을 깨달았다. 그들이 규칙을 설명해야 했을 때, 다음과 같이 요약했다.

[74] 폴 : 너는 차를 구해야 돼, … 두 값 사이의 차 …

[75] 비키 : (끼어들며) 차 (그녀는 2번 문제를 보았다.) 곱하기 항의 수 더하기 처음 항.

[76] 폴 : 첫 번째 항 이전의 것. 첫 번째 항의 앞의 항.

[77] 비키 : 그래. (설명을 계속하며) 그리고 처음, 처음의 항.

[78] 폴 : 첫 번째 항의 이전의 항. (그는 테이블 위에 제스처를 한다.)

[79] 비키 : 너의 이전 항.

[80] 폴 : (웃는다.) 너의 이전 항, 좋아. […]

[81] 비키 : 더하기, 13은 뭐라고 부를까?

[82] 실베인 : 첫 번째 항 이전의 항.

이 그룹에서는 문제 1('돈 문제')에서 문자의 사용이 명확하지 않았다. 실베인은 폴이 주를 수로 표현할 때 문자를 사용하는 것에 동의하지 않았다.

[83] 실베인 : (폴에게 말한다.) 문자 …! 이것은 주의 수야! 우리는 문자를 쓸 수 없어! 문자가 의미하는 게 뭐니?

문제 3에서 상징적 표현은 어렵지 않았다. 실베인은 말했다.

[84] 실베인 : 좋아. -2 곱하기 n, 더하기 13.

교사는 교실 뒤편에서 다른 그룹과 토론을 하느라 바빴다. 비키와 그녀의 그룹 친구들은 활동지의 다른 문제를 시작하려는 참이었다. 교실 토론에 참여하고 성찰한 이후에, 그리고 비슷한 세 문제를 통해 대수적 일반화 규칙의 구조가 이 그룹에 비교적 안정화된 것이 명백했다. 그러나 나는 대상화가 성취된 정도를 보고 싶었다. 카메라 뒤에서 쓰고 있던 헤드폰을 벗고 녹화했던 그룹에 무슨 일이 일어났는지를 이야기하기 위해 비키의 그룹으로 갔다.

[85] 루이스 : 자, 이런 수열의 (활동지를 가리키며) 어느 항이든 찾기 위해서 무엇을 해야 하는지 알지?

[86] 비키와 폴 : 네.

[87] 루이스 : 내가 어떤 종류의 수열을 주었다고 가정하자. 무엇을 할 거니?

[88] 폴 : 이전 항을 찾아야 해요.

[89] 루이스 : 모든 단계를 말해주렴.

[90] 비키 : 좋아요. 우리는… 어… 차 (그녀는 그녀의 활동지에 차 '−2'를 가리켰다.) 곱하기 항의 수 더하기 첫 번째 항 이전의 항. 우리가 시작하는 항 같은 거요.

[90]에서 비키는 한 문장으로 단계를 요약했다. 단계들은 명확해졌다. 스키마는 이전보다 높은 수준의 일반화된 형태로 대상화되었다. 그 규칙에는 숫자나 예가 없다. 구체적인 활동의 흔적은 공차 '−2'를 가리키는 부수적인 제스처를 통해서만 식별할 수 있고 이야기의 바깥 영역에 남아있다. 명확한 일반항들이 학생들의 선행 수학적 경험에서 특정한 값들이 차지했던 자리를 대체했다. **같음**과 **관련성**에 초점을 맞춘 주목할 만한 축약이 성취되었다. 학생들은 이제 수열의 항의 본질(자연수, 소수, 음수)은 상관없다는 것을 인식한다. 수의 본질은 다름에 속한다. 같음은 주목할 만한 숫자들에 행해지는 행동에 속한다. 그것은 비키가 말한 시작점 또는 '첫 번째 항 이전의 항', 공차, (정해지지 않은) 항의 수 등이다.

자신감을 얻자 규칙을 시험하는 것은 불필요한 과정이 되었다. 비키의 그룹과 주디의 그룹 둘 다 문제 3에서 규칙을 시험할 필요성을 느끼지 못했다. 교수-학습 과정은 선형적인 수열에 대한 사고의 방법이 되는 대수적인 패턴 일반화 영역을 보증했다.

7 종합과 결론

이 논문에서 대수적 패턴 일반화가 기호의 사용으로 특징지어지는 것이 아니라 오히려 일반적인 것이 다뤄지는 방법에 의한 것이라고 주장한다. 대수적 패턴 일반화가 (1) 공통성의 이해, (2) 수열의 모든 항들을 고려한 공통성의 일반화, (3) 수열의 모든 항을 직접적으로 결정할 수 있는 규칙 또는 스카마의 형성을 수반한다는 것을 제안했다. 그러나 개체발생적인 관점으로 볼 때 이 세 가지 중요 요소들을 연결하는 것은 매우 어렵다. 일반적으로 말하면, 학생들이 수패턴을 어려워하는 것은 공통성을 이해하지 못하기 때문이 아니라 공통성을 직접적이고 의미있는 규칙의 형태로 나타내지 못하기 때문이다. Rossi Becker와 Rivera가 말했듯이, 학생들은

> 보통 일차식으로 나타나는 패턴에서 계수와 상수의 의미를 거의 이해하지 못한 채 수열의 일반항 또는 부분적으로 옳은 점화식을 구하기 위한 전략으로 시행착오와 공차를 사용한다(Rossi Becker & Rivera, 2006, p. 96).

패턴을 대수로의 길로 사용할 때 위험 중 하나는 학생들이 대수적 일반화에 의지하는 대신 시행착오나 초보적 귀납법에 의지하려 한다는 사실이다(MacGregor and Stacey, 1993; Castro Martínez, 1995).

이 논문에서 부분적으로 기술된 교수 과정은 학생들이 패턴 일반화를 대수적으로 사고할 수 있게 하는 교수-학습 환경을 제공해주려는 시도였다. 여기서 사고는 일차 다항식에 한정되어 있다. 교수 과정의 설계와 실행은 지식대상화 이론에 바탕을 두고 있다. 이 이론에 표현된 것처럼, 가장 중요한 교육적 문제는 학생들에게 가능한 많이 역사적으로 구성된 특정 사고 방식을 제공하는 것이다. 이제, 이후의 유창성은 단순한 전달의 결과가 아니다. 지식대상화 이론은 대상화의 사회적 과정과 역사적으로 구성된 사고의 방식에 유창해지는 과정을 관련짓는다. 대상화 과정은 학생들이 실행을 통해 인식하고 숙달하는 동안의 이해의 활동적이고 창조적인 사회적 과정을 의미한다. 대상화 과정을 통해 사고와 행동의 문화적 수학적 형태와 주관성과 의식을 한층 더 깊이 발전시킬 수 있다.[9)]

이 논문에서 논의된 교수 과정은 학생들이 기본적인 대수적 형태를 획득하게

하기 위해 점점 더 어려워지는 세 문제를 기반으로 한다. 우리는 연속적인 항 사이의 일정한 증가 혹은 감소와 같은 인지된 공통성이 귀추로부터 가정으로 변형되는 방식과 어떻게 이 가정이 스키마나 규칙의 **연역**을 이끌어 내는지에 특별한 관심을 쏟았다. 문제의 맥락을 다양하게 함으로써 우리는 학생들의 추론이 대수적 성찰의 안정된 형태로 발달하는 방식을 탐구하고자 하였다.

두 구별되는 대상화의 과정이 학생의 수학적 경험의 발전에 중요한 역할을 하였다(아이콘화, 축약).

아이콘화는 주어진 두 개의 개념적인 형태를 단순히 비교하는 것이 아니다. 이것은 학생들이 이전 경험에 의지하여 학생들의 행동을 새로운 상황에 적응하는 과정이다. 다시 말해서, 아이콘화는 이전의 경험을 새로운 경험으로 투사하는 것에 기반을 둔다. 이 투사는 **같음**과 **다름**에 대한 점진적인 인지에서 작동하고 왔다 갔다 하는 이동을 통해 두 번째 개념적 형태의 출현을 가능하게 한다. [그림 F]에 요약된 논의와 [3] 사이의 연결에서 나타나는 경우나 [8] 사이의 연결에서 나타나는 것과 같이 아이콘화가 담화의 배경으로 남아있는 경우가 있다. 문제 2에서는 아이콘화에 의지하는 것이 훨씬 더 어려워 보인다. [31]에서, 교사는 이쑤시개 패턴([그림 D])에 따르는 과정에 대해 관심을 갖도록 해야 했다. [37]은 원래 맥락과 관련된 요소들의 환기와 소수 수열에 대한 새로운 맥락으로의 투사가 있다. 새로운 맥락에서 수가 새로운 의미를 습득하는 것은 투사의 과정이다. 소수 0.09는 수열의 첫 번째 항의 맨 왼쪽의 이쑤시개의 상징적 투사이다. 그리고 그것은 수열의 시작점이라는 이전의 것과 같은 속성으로 담화의 세계로 들어간다(수열의 **시작점으로서**).

아이콘화는 세 번째 문제에서 다시 나타난다. 이번에는 학생 주도적으로 나타난다. 굉장히 창의적인 행동으로, 주디는 새로운 첫 번째 항을 이쑤시개로 구성된 것으로 이해했다([그림 H]). 이것은 다른 두 개의 맥락 사이에서 공통성을 확고히

9) 검토자들 중 한 명이 학생의 일반화 과정에 대한 나의 설명이 불필요하게 인식론, 기호학, 심리학, 현상학과 같은 다른 이론을 참조했음을 지적하였다. 모든 교수-학습 현상이 그렇듯이 학생의 일반화 과정은 매우 복잡하다. 단 하나의 관점으로 만족할 만한 과학적 설명을 하기에는 불충분하다. 1970년대에 출현한 수학 교육의 전통적인 심리주의는 더 이상 바람직하지 않다. 인식은 너무 복잡하고 현상을 이해하기 위해서 많은 관점에 의존해야 한다. 나의 연구는 독자적인 원리를 만들려는 시도이다. 이것은 논리 정연한 종합적인 접근이다. 이것을 검토자는 이론 제시의 어두운 면으로 보았지만 나는 빛의 출현이라고 본다.

하는 방법이다. 그러나 우리가 보았듯이, 그 아이디어는 회의적인 반응을 받았고 잊혀졌다. [62]에서 교사는 개입했고 유사성은 다른 곳에서 찾을 수 있음을 제안했다. 유사성은 두 수열의 항들이 아니라 반복되는 덧셈에서 찾을 수 있었다. 첫 번째 경우에 더해지는 숫자는 양수이고, 두 번째 경우에 더해지는 숫자가 음수임에도 불구하고 유사성은 반복되는 덧셈에 있었다.

그러나 아이콘화는 단순한 논리의 문제가 아니다. 이것은 무엇보다도 관련된 유사성을 명확히 만드는 문제이다. 비슷한 것들은 어떤 측면에서 비슷하고 어떤 면에서는 다르기 때문에 반복되는 덧셈의 유사성을 강조하기 위해 교사는 운율체계를 이용했다. 그녀는 불안감을 주는 공차 '−2'를 이쑤시개 맥락에서 사용했던 숫자 '2'와 같은 평범한 수처럼 다룸으로써 반복되는 덧셈의 아이디어를 새로운 맥락에 투사하기 위해 리듬을 사용했다([그림 I]의 Praat 운율체계 분석 참조).

분석에서 대상화의 두 번째 주요한 과정인 축약은 수학적 경험을 구성하는 중심 요소를 강조하기 위해 그것에 포함된 나머지를 지우는 것을 가능하게 한다. 축약은 지식 성취의 필요조건이다. 만약 우리를 둘러싼 배경과 우리가 만들어내는 경험들의 내용 하나하나에 상세히 주의를 기울여야 한다면 얼마나 어려울지 쉽게 상상할 수 있다. 우리는 의식의 한계점을 넘어서는 엄청나게 많은 것들에 주의를 기울여야 할 것이다(Nϕrretranders, 1998). 축약은 관련된 측면에 관심을 줄이기 위한 메커니즘이다. 일반적으로 이것은 축약과 대상화가 잊는 것을 수반하는 이유이다. 우리는 집중하기 위해 잊어야 할 필요가 있다. 이것은 대상화하기가 보기인 이유인데, 동시에 보기 위해서는 다른 것들을 보는 것을 포기하는 것이다.

축약은 대상화가 일어나는 기호적 시스템에 의존한다. 사실, 두 종류의 축약이 있다. Arzarello(2006)가 **기호적 묶음**이라고 말한 것과 같은 기호적 시스템 내에서의 축약과 기호적 시스템들 사이에서의 축약이 있다. 과정의 요약 동안에 생겨나는 언어와 제스처의 기호적 시스템에서 축약은 더 짧고 더 정확한 제스처를 동반하여 더 적고 더 잘 표현된 단어를 포함하는 더 짧은 진술로 이어진다. [42], [73], [75]-[77]은 축약의 첫 번째 형태의 예이다. 학생들에 의해 생성된 기호적인 식들은 두 번째의 형태의 예이다. 그것들은 담화와 제스처를 통해 이제는 글자와 숫자로 표현된 대수의 기호적 시스템의 살아있고 대상화된 경험의 축약이다. 유창성을 획득하면, 축약은 증가한다. 학생의 명시적인 행동과 감각적인 경험은 기호가 수학적 활동들을 성찰하고 수행하는 데 사용되는 방법들에 끼워 넣어진다.

아이콘화와 축약이 역사적으로 구성된 대수적 사고방식을 학생이 습득하는 동안에 일어나는 대상화 과정의 모든 형태라고 생각하지는 않는다. 더 분석하면 다른 미묘한 형태의 대상화를 찾을 수 있을지도 모른다. 무엇보다 여기에 나타난 분석은 대수적 일반화에 의해 제기된 핵심적인 문제 중 하나가 특정한 행동이 경제적으로 된다는 것을 제기한다. 다시 말하여 이 경제성은 원래의 맥락과 새로운 맥락 사이의 거리를 창조한다. 여기서 새로운 맥락은 새로운 차원의 수학적 일반성과 주관적 의식을 말하며, 이 경제성으로 인해 기호와 숫자는 탈맥락화되고, 중요한 상관관계를 형성한다.

참고문헌

Arzarello, F. (2006). Semiosis as a multimodal process. Revista Latinoamericana de Investigación en Matemática Educativa, Special issue on semiotics, culture, and mathematical thinking (Guest Editors: Radford, L., & D'Amore, B.), 267-299.

Bardini, C., Radford, L., & Sabena, C. (2005). Struggling with variables, arameters, and indeterminate objects or how to go insane in mathematics. In L. C. Helen, & J. L. Vincent (Eds.), *Proceedings of the 29th conference of the international group for the psychology of mathematics education, University of Melbourne, Australia* (Vol. 2, pp. 129-136). University of Melbourne, Australia.

Bartolini Bussi, M. G. (1998). Verbal interaction in the mathematics classroom: a Vygotskian Analysis. In: H. Steinbring, M. B. Bussi, & A. Sierpinska (Eds.), *Language and communication in the mathematics classroom* (pp. 65-84). National Council of Teachers of Mathematics, Reston.

Boersma, P., & Weenink, D. (2006). *Praat* (Version 4.5) [Computer software]. Amsterdam: Institute of Phonetic Sciences.

Bolinger, D. (1983). Intonation and gesture. *American Speech, 58*(2), 156-174.

Castro Martínez, E. (1995). *Exploración de patrones numéricos mediante configuraciones puntuales*. Granada: Mathema.

Crump, T. (1990). *The anthropology of numbers*. Cambridge: Cambridge University Press.

D'Ambrosio, U. (2006). *Ethnomathematics*. Rotterdam: Sense Publishers.

Fried, M. (2006). *Similarity and equality in Greek mathematics: semiotics, history of mathematics and mathematics education*. Paper presented at The promises and problems of a semiotic approach to mathematics, history of mathematics and mathematics education, Bielefeld, July 13-15 2006.

Gell, A. (1992). *The anthropology of time*. Oxford: Berg.

Goodwin, M. H., Goodwin, C., & Yaeger-Dror, M. (2002). Multimodality in girls' game disputes. *Journal of Pragmatics, 34*, 1621-1649.

Hegel, G. W. F. (1977). *The phenomenology of spirit*. (1st edn. 1807). Oxford and New York: Oxford University Press.

Hoopes, J. (Ed.) (1991). *Peirce on signs*. Chapel Hill: The University of North Carolina Press.

Høyrup, J. (2002). *Lengths, widths, surfaces. A portrait of old Babylonian algebra and its kin*. New York: Springer.

Høyrup, J. (2007). The roles of Mesopotamian bronze age mathematics. Tool for state formation and administration—carrier of teachers' professional intellectual autonomy. *Educational studies in mathematics, special issue "The history of mathematics in mathematics education: theory and practice", 66*, 257-271.

Husserl E. (1970). *Logical investigations*. London: Routledge and K. Paul.

Kant, I. (1974). *Logic* (First Published in 1800). Indianapolis: The Bobbs-Merrill Company.

Leont'ev, A. N. (1978). *Activity, consciousness, and personality*. New Jersey: Prentice-Hall.

MacGregor, M., & Stacey, K. (1993). Seeing a pattern and writing a rule. In I. Hirabayashi, N. Nohda, K. Shigematsu, & F. Lin (Eds.), *Proceedings of the 17th international conference for the psychology of mathematics education* (Vol. 1, pp. 181-188). Japan: University of Tsukuba.

Manitius, K. (1888). *Des Hypsikles Schrift Anaphorikos nach Überlieferung und Inhalt kritisch behandelt*. Dresden: Lehmannsche Buchdruckerei.

Martzloff, J.-C. (1997). *A history of Chinese Mathematics*. Berlin: Springer.

Mason, J. (1996). Expressing generality and roots of algebra. In N. Bednarz, C. Kieran, & L. Lee (Eds.), *Approaches to algebra* (pp. 65-86). Dordrecht: Kluwer.

Nørretranders, T. (1998). *The user illusion*. New York: Penguin Books.

Peirce, C. S. (1931-1958). *CP = Collected Papers* (Vol. I-VIII). Cambridge: Harvard University Press.

Perret-Clermont, A.-N. (2005). *Thinking time*. Cambridge: Hogrefe.

Poincaré, H. (1968). *La science et l'hypothèse*. Paris: Flammarion.

Polya, G. (1945). *How to solve it*. Princeton: Princeton University Press.

Radford L. (2001). The historical origins of algebraic thinking. In R. Sutherland, T. Rojano, A. Bell, & R. Lins (Eds.), *Perspectives in school algebra* (pp. 13–63). Dordrecht: Kluwer.

Radford, L. (2003a). Gestures, speech and the sprouting of signs. *Mathematical Thinking and Learning, 5*(1), 37-70.

Radford, L., Demers, S., Guzmán, J., & Cerulli, M. (2003b). Calculators, graphs, gestures, and the production meaning. In P. N. B. Dougherty, & J. Zilliox (Eds.), *Proceedings of the 27 Conference of the international group for the psychology of mathematics education (PME27-PMENA25)* (Vol. 4, pp. 55–62). Hawaii: University of Hawaii.

Radford, L. (2005). The semiotics of the schema. Kant, Piaget, and the Calculator. In: M. H. G. Hoffmann, J. Lenhard, & F. Seeger (Eds.), *Activity and sign. Grounding mathematics education*. (pp.137–152). New York: Springer.

Radford, L. (2006a). Algebraic thinking and the generalization of patterns: a semiotic perspective. In J. L. C. S. Alatorre, M. Sáiz, A. Méndez (Eds.), *Proceedings of the 28th Conference of the International Group for the Psychology of Mathematics Education, North American Chapter* (Vol. 1, pp. 2–21). Mexico: Me´rida.

Radford, L. (2006b). Elements of a cultural theory of objectification. *Revista Latinoamericana de Investigación en Matemática Educativa, Special issue on semiotics, culture and mathematical thinking*, 103–129. http://www.laurentian.ca/educ/lradford/.

Radford, L. (2006c). The anthropology of meaning. *Educational Studies in Mathematics, 61*, 39–65.

Radford, L. (2008). Culture and cognition: towards an anthropology of mathematical thinking. In L. English (Ed.), *Handbook of international research in mathematics education* (2nd Edn.). Mahwah: Erlbaum (in press).

Rivera, F. (2006). Sixth Graders' ability to generalize patterns in algebra: issues, insights. In J. Novotná, H. Moraová, M. Krátká & N. Stehlíková (Eds.), *Proceedings of the 30th conference of the international group for the psychology of mathematics education* (Vol. 1, p. 320). Prague, Czech Republic.

Rossi Becker, J., & Rivera, F. (2006). Sixth Graders' Figural and Numerical Strategies for Generalizing Patterns in Algebra. In S. Alatorre, J. L. Cortina, M. Sáiz, & A. Méndez (Eds.), *Proceedings of the 28th annual meeting of the North American chapter of the international group for the psychology of mathematics education* (Vol. 2, pp. 95-101). Mérida: Universidad Pedagógica Nacional.

Roth, M.-W. (2007). Motive, emotion, and identity at work: a contribution to third-generation cultural historical activity theory. *Mind, Culture, and Activity, 14*(1/2), 40-63.

Selting, M. (1994). Emphatic speech style - with special focus on the prosodic signalling of heightened emotive involvement in conversation. *Journal of Pragmatics, 22*, 375-408.

Unguru, S. (1975). On the need to rewrite the history of Greek mathematics. *Archive for the History of Exact Sciences, 15*, 67-114.

Ver Eecke, P. (1926). *Diopante d'lexandrie. Les six Livres arithmétiques et le Livre des nombres polygones*. Liège: Desclée de Brower.

Vergnaud, G. (1990). La théorie des champs conceptuels. *Recherche en Didactique des Mathématiques, 10*, 133-170.

Vygotsky, L. S. (1986). *Thought and language* (edited and revised by Kozulin, A.). Cambridge: MIT Press.

8장 감각과 개념

: 인공물로 매개된 운동감각적 행동과 기호적 활동

Proceedings of the 28 Conference of the international group for the psychology of mathematics education (PME 28), Vol. 4, pp. 73–80. Norway: Bergen University College.

이 장에서는 지식 형성에 있어서의 감각과 개념 사이의 발생적 관계의 문제를 다룬다. 11학년 정규 수학 수업에서의 두 소그룹에 대한 전사와 비디오 분석을 통해 기호적 활동과 인공물로 매개된 운동감각적 행동 사이의 변증법을 설명한다. 분석 결과에 따르면 지각적 활동, 제스처, 매개된 행동, 말, 기호를 통한 감각과 개념 사이에 변증법적 관계가 있음을 알 수 있다.

1 도입

20세기의 심리학은 지식 형성에 있어 언어와 운동감각적 활동의 역할을 인정하였고, Piaget의 유명한 인식론에서와 같이 기초적인 수학 개념은 그것을 기초로 하는 것처럼 보였다. 그러나 이와 대조적으로 추상적이고 복잡한 수학 개념화에서는 신체적 움직임, 인공물의 사용, 언어적 활동이 직접적인 원천으로 여겨지진 못했다.

그럼에도 불구하고, 최근 여러 연구에서는 학생들의 기초적인 지식뿐만 아니라 추상적인 수학적 지식의 발달에 있어서의 신체적 행동, 제스처, 언어와 공학적 인공물의 사용의 결정적이고 두드러진 역할을 강조하고 있다(Arzarello & Robutti, 2001; Robutti, 2003; Nemirovsky, 2003; Núñez, 2000). 이와 관련하여 다룰 수 있는 중요한 연구문제들이 많이 있는데, 그 중 하나는 인공물(구체물, 공학적 도구 등)을 통해 나타난 신체 움직임 및 행동과 언어적, 기호적 활동 사이의 관계에 대한 이해와 관련된다. 지식 형성에 있어 중요한 이 두 가지 원천, 즉 인공물로 매개된 운동감각적 행동과 기호적 활동 사이의 관계에 대한 연구는 일반적인 인간의 인지에 대한 더 나은 이해를 위해, 특수하게는 수학적 사고에 대한 더 나은 이해를 위해 매우 중요하다. 최근 연구에서 제시된 것처럼, 매우 복잡한 수학적 기호화는 학생들의 운동감각적 경험과 직접적인 방법으로 통합될 수 없다. 행동을 기호로 직접적으로 변환하는 데 있어서의 한계는 학생들이 상상, 해석, 재해석의 역동적인 과정을 겪도록 한다.

이 장의 목표는 학생들의 수학적 개념화의 발달을 뒷받침하는 구체적인 또는 가상의 행동, 기호, 의미 사이의 변증법적 과정에 대한 이해에 기여하는 것이다. 이를 위하여 경사면에서 위, 아래로 움직이는 원기둥의 이동 거리와 시간 사이의 관계를 탐구하는 11학년 학생들의 교실 활동을 면밀히 분석하였다(Radford 외, 2003). 특히 음의 거리를 포함하는 그래프를 해석하는 데 있어서 학생들의 어려움에 초점을 맞추었다.

2 이론적 틀

이 연구의 이론적 틀에서, 기호작용과 인공물로 매개된 운동감각적 행동 사이의 상호작용은 개인의 반성적, 인지적 활동에 해당하고, 이로부터 어떤 개념적 대상이 이해되거나 생성된다. 이 연구에서 지지하는 기호적-문화적 관점은 개인의 지식 생성이 의미 구성의 사회적 과정에 의해 달성되는 목표지향적 활동으로부터 나타난다는 사실을 강조한다. 그러한 과정에서 안정적인 형태의 인지가 성취되며 주관적인 의도가 분명해진다. 이러한 맥락에서, 주관적인 구인으로서의 인지와 의도는 제스처, 말, 글, 수학적 기호 등의 기호 체계, 지각적 활동, 도구의 사용을 통하여 수행되는 문화적으로 내재된 다양한 행동과 동질적이다. 개인의 수학적 지식의 발달을 뒷받침하는 문화적으로 내재된 이러한 행동들은 **지식 대상화**의 복잡한 사회적 과정의 한 부분이다(Radford, 2002; 2003).

그럼에도 불구하고 지식 대상화는 개인의 경험적 관점의 특수성으로부터의 분리 가능성을 요구한다. Piaget가 주장했듯이, 대상에 대한 행동은 개인에게 지식의 대상에 대한 유리한 관점을 제공하며, 이 유리한 관점은 개체 발생적으로 Piaget가 '**탈중심화**'라고 한 분리 과정을 겪게 된다. 이것은 지각적 활동과 자연 언어에서도 마찬가지이다. '나', '여기', '저기', '지금' 등과 같은 지시어를 통해, 자연 언어는 개인의 이야기를 특정한 공간적-시간적 시점으로 고정시킨다. 이 시점으로부터 대화에서의 대상과의 관계가 형성된다. 이러한 시점은 예를 들어 '여기'와 '저기' 사이의 차이점을 설명한다. 그것의 공간적-시간적 특성은 시점을 움직이면 '오른쪽'이 '왼쪽'으로, '가까운' 것이 '먼' 것으로 된다는 것을 알아차릴 때 명확해진다.

행동의 맥락적 특성과 언어, 제스처, 지각적 활동으로부터 유도되는 상(相)적 관점의 결과로서, 공간적-시간적 관계는 개인과 **체화된 의미**로 불릴 수 있는 것으로 이어지는 개념적 대상 사이에서 만들어진다. 이 체화된 의미는 과학적 개념의 대상에게 그것의 문화적, 개인 간 가치를 부여하기 위해 어느 정도 **비체화**되어야 한다.

지금까지 소개된 기호적-문화적 틀에서, 기호적 활동과 인공물로 매개된 운동감각적 행동 사이의 관계는 외부 문화적 개념의 대상이 감각과 개념의 세계 사이, 즉 감각적 경험의 다양성과 개념적 관념성의 세계 사이에서 나타난 통합된 행동을 통해 자기-인식의 대상으로 변화되는 것과 같은 변증법적 관계로 볼 수 있다. 이러한 변증법을 더 잘 이해하기 위하여, 이 장에서는 신체와 인공물의 물리적, 문화적 환경, 즉 기호와 의미의 체계인 기호학적 체계로 보고자 하는 환경에서 지식이 대상화될 때의 학생들의 지식 대상화 과정 중 몇 단계에 대하여 논의하고자 한다.

3 연구 방법

3.1 자료 수집

실험 자료는 진행 중인 교실-기반 종단 연구 프로그램으로부터 수집되었으며, 교사, 연구자, 연구 보조자들로 구성된 팀에 의해 구현된 교실 활동은 주(州)의 수학 교육과정에 따른 정규 학교 수업의 한 부분이었다. 수업 활동은 Vygotsky의 **근접발달영역**(zones of proximal development)을 기반으로 고안되었고, 학생들은 3-4명으로 이루어진 소그룹에서 함께 학습하는 활동을 하는 데 많은 시간을 할애했다. 때로는 교사가 학생들이 자신의 서로 다른 풀이를 발표하고, 비교하고, 토론하도록 하는 일반적인 논의를 이끌었다. 문서로 된 자료, 시험지와 활동지를 수집할 것뿐만 아니라, 3-4개의 비디오카메라를 사용해 소그룹 활동을 촬영하였고, 이어서 비디오테이프의 전사록을 만들었다. 이러한 전사록에서 학생들의 기호학적 자원, 도구 사용과 관련하여 분석할 수 있는 두드러진 짧은 단락을 확인할 수 있었다.

3.2 교수 계열

다음에 사용한 자료들은 경사면을 따라 실제로 사물을 움직여보는 탐구로 이루어진 2일간의 수학적 활동 중 둘째 날로부터 얻어졌다. 첫째 날, 학생들에게 경사면 바닥으로부터 원기둥이 올라가는 데 소요된 시간과 이동 거리 사이의 관계를 그래프로 그리도록 했다. 그 다음 학생들은 경사면의 위쪽에 위치한 CBR에 연결된 TI 83+ 계산기를 이용하여 실험을 하였다. 학생들은 자신들이 그린 그래프를 계산기에 의해 만들어진 그래프와 비교하고, 둘 사이의 차이점을 토론하였다. 둘째 날 학생들에게 다음과 같은 질문을 하였다.

"한 그룹의 학생들이 원기둥이 경사면을 따라 아래로부터 위쪽 방향으로 움직일 때, 시간과 공간 사이의 관계를 나타내는 그래프를 다음과 같이 그렸습니다([그림 1] 참조). 이 그룹은 거리의 원점을 경사면의 중앙 주변에 두었습니다. 이 그래프가 맞나요? 자세하게 설명해보세요."

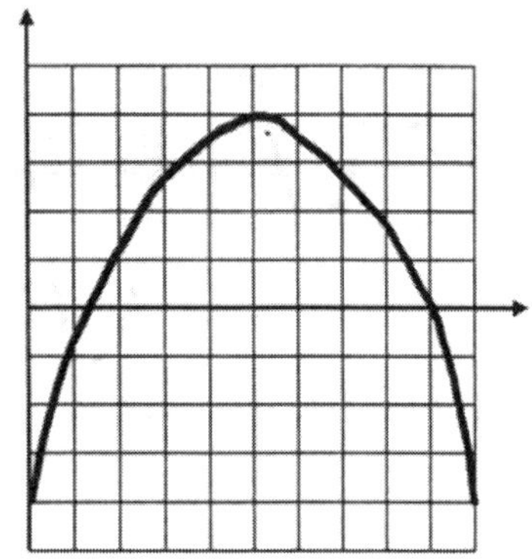

[그림 1] 질문과 함께 제시된 그래프

한 소그룹의 전사록과 비디오 분석을 통해 몇몇 학생들의 어려움이 수학적 원점과 원기둥 움직임의 원점 사이의 구분과 관련됨을 알 수 있었다(Radford 외, 2003, pp. 60-61). 이 장에서는 이 질문에만 초점을 맞출 것이다. 우리는 학생들의 지식 대상화의 과정을 뒷받침하는 기호학적 활동과 인공물로 매개된 운동감각적 행동 사이의 변증법에 대한 좀 더 일반적인 문제를 명백히 하기 위해 이러한 인지적인 문제에 대한 분석을 심화하고자 한다.

4 결과 및 논의

교실의 수학 활동은 학생들이 두 가지 서로 다른 기호 체계를 조직화하기를 요구했다. 하나는 구체적 실험이 수행되는 데서의 신체와 인공물의 기호 체계이고 다른 하나는 데카르트 좌표계의 기호 체계이다. 각각은 자신만의 기호학적 구조에 의해 지배된다. 첫 번째 경우에서, 기호학적 구조는 실험의 특수성으로부터 유도된다. 예를 들면, CBR의 위치, 원기둥이 움직인 위치, 원기둥이 움직이기 시작한 순간, 원기둥이 멈춘 위치 등([그림 2] 참조)이다.

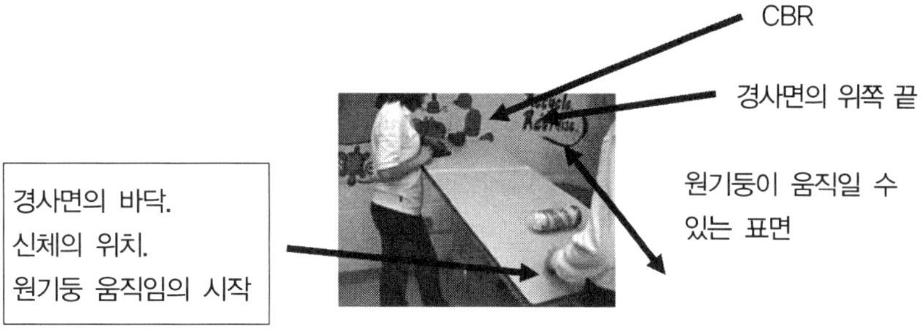

[그림 2] 이 사진은 신호와 의미의 기호학적 체계로서의 신체와 인공물의 물리적 환경을 보여준다. 그것은 경사면, 원기둥 및 CBR의 위치, 원기둥 움직임의 시작과 끝, 신체의 위치 등과 같은 주목할 만한 위치를 포함한다. 원기둥은 경사면의 아래로부터 위쪽 방향으로 움직이도록 했다. 사진은 손을 뗀 후 원기둥이 움직이는 순간을 포착한 것이다.

두 번째 경우에서, 기호학적 구조는 수학적 관습을 따른다. 예를 들어 영역을 두 개의 수직인 축으로 나누어 하나는 원점으로부터의 거리를, 다른 하나는 경과된 시간을 기록한다. 데카르트 좌표계의 수학적 원점은 변수 사이의 관계가 관련된다는 점에서 매우 중요하다. 실험의 맥락적 특성은 다른 중요한 특징이 확인될 수 있는 신체와 인공물의 물리적 기호 체계에 대한 구조를 부여한다. 그것은 그들의 상호관계와 실험의 실제 과정에서의 역할에 의해 정의된다. 가장 눈에 띄는 특징 중 하나는 학생들의 공간적-시간적 수학적 경험의 참조 지점이다. 이는 체화된 의미가 신호에 부여된 지점을 의미한다. Bühler(1979)의 언어적 개념에 따라 우리는 이 지점을 origo로 명명하고자 한다.

다음은 Radford 외(2003)에서 언급되었던 그룹과 같은 교실에 속해 있는 두 소그룹으로부터 발췌한 것이다. 앞으로 나올 분석의 과정에서 볼 수 있듯이, 첫 그룹은 데카르트 좌표계의 수학적 원점인 (0, 0)과 origo 사이를 구분하는 데 어려움을 겪고 있었다. 이와는 대조적으로 두 번째 그룹은 가까스로 적절한 구분을 할 수 있었다. 학생들에게 수학적 원점이 경사면의 중간 지점에 대응한다는 것을 알려 주고 주어진 그래프가 옳은지 그렇지 않은지에 대해 비판적으로 판단하도록 요구했을 때, 음의 거리는 우리의 연구 문제, 즉 감각과 개념 사이의 변증법을 탐구하는 데 있어서 흥미로운 영역을 제공하기 시작한다.

다음은 학생들이 [그림 1]의 그래프에 대하여 이야기하는 것이다.

[1] 타미 : 나는 이것이 말이 안 된다고 생각해 … 너는 이것처럼 음으로 내려갈 수 없어 … (그녀는 펜으로 그래프의 아래 부분을 가리킨다.)

[2] 아만다 : 왜 그래프가 음으로 내려가면 안 돼? (학생들의 오른쪽에 위치한 경사면을 가리키며 말한다.) 그건 음으로 내려가 … 만약 공이 떨어진다면. (즉, 원기둥이 경사면으로 떨어지면) ([표 1]의 그림 1 참고)

[3] 제스 : 그걸 바닥에서 위로 던지지 않는다면, (그녀는 '위로'라고 이야기할 때 오른손으로 그것을 들어 올리는 제스처를 하였다. [표 1]의 그림 2 참고) 그건 뒤쪽으로 떨어질 거야.

[4] 아만다 : 좋아. 네가 공을 던지기 시작할 때 최소 지점이 0이었기 때문에 말이 되지 않는다고 할 수 있어. (그녀는 오른손으로 책상의 한 지점을 가리키고 있다. [표 1]의 그림 3 참고) 그리고 그건 음이 될 수 없어, 그건 0에 있어. (그녀는 원점 아래를 의미하도록 손을 뒤로 움직인다. [표 1]의 그림 4 참고) […] 경사면의 최소 지점은 0이야. […] 0은 경사면의 끝을 의미해.

[5] 제스 : … 그렇다면 오히려 그건 이렇게 되어야 해. […] 여기는 직선이 되고 거기도 직선이 될 거야. (그녀는 그래프가 x축을 자른 지점에 2개의 선분을 추가한다. [표 1]의 그림 5 참고)

1 2 3 4 5

표 1. 그림 1–4(왼쪽에서 오른쪽으로)는 첫째 날 실시된 물리적 실험에 의해 나타난 결과로서 상상된 행동, 그래프(그림 5)의 의미와 해석 사이의 변증법적 과정의 일부를 보여준다.

위에서, 학생들은 주어진 그래프를 이해하기 위한 시도를 보여준다. 타미는 일반적인 명제를 만들기 시작한다. [2]에서 아만다는 좀 더 상세화하였으며, 결정적인 방법으로 음수의 개념적 범주와 실험의 물리적 특징을 연결하는 첫 번째 설명을 하였다. 그녀의 말이 보여주듯이, 개념적 영역은 원기둥이 음으로 "내려간다"는 은유에 의한 감각적 경험으로 남아 있다. 이러한 은유는 두 가지 중요한 요소에 기초한다.

(1) 경로의 마지막 부분에서 원기둥이 아래로 내려가는 것을 실제로 본 현상의 물리적 측면 ([표 1]의 그림 1에서 나타난 아만다의 제스처에 의해 강조된 부분)
(2) 경사면의 바닥을 '0'으로 여기는 중심적 생각

이 개념적 공간 안에서 음수가 얻어질 수 있는 유일한 방법은, 아만다가 이야기한 대로 원기둥이 경사면 밖으로 나갈 때이다. 물리적 '0', 즉 신체와 원기둥 움직임의 공간적 일치에 의해 정의되는 origo와 수학적 원점 사이의 혼란은 적절한 이해를 방해한다. 이러한 관점에서, 제스는 원기둥이 바닥으로부터 위로 던져지는 불가능한 상황을 제시한다. [표 1]의 그림 3, 4는 아만다의 원기둥이 경사면 바닥 아래로 내려가는 상상된 움직임을 흉내 내는 행동, 즉 "아래로 움직이는" 제스처를 보여준다. "아래로 움직이는" 제스처는 지식 대상화의 목적에 알맞다. 다른 대안은 [5]에서 제스에 의해 그래프가 학생들의 개념적 공간 속에서 적합한 방법으로 수정된 것으로서 제기된다. 즉, 제스는 그래프의 어떤 부분도 x축 아래로 내려갈 수 없기에, 그래프가 x축과 만나는 각 부분에 작은 수평 선분을 추가한다.

우리가 확인한 것처럼, 학생들은 지식을 적절하게 대상화하는 데 성공하지 못했다. 지식은 여전히 매개된 행동의 체화로 국한된 채 남아 있다. 운동감각적, 매개된 행동은 감각적 경험의 영역과 수학적 개념적 묘사의 영역 모두를 지배하고 있고, 이는 수학적 원점과 origo를 구분할 수 없게 한다.

이제 두 번째 소그룹의 학생들을 살펴보자. 도입 부분에서, 이 그룹 또한 음수를 원기둥의 움직임에 관련시키는 문제를 갖고 있었다.

[1] 산드라 : 그렇지만 값이 음수가 될 수 없어, 음이 될 수는 없지 … −2미터라니.
[2] 넬리 : −2미터, 설사 뒤로 걸어간다고 해도 음수는 될 수 없어. […]
[3] 산드라 : 좋아. (그녀는 상상의 상황을 제안한다.) 알버트가 산책을 하고 있고, 누군가가 그가 이동한 거리를 측정한다고 하자.
[4] 알버트 : 그래서, 나는 갔다가 돌아왔고, 네가 움직인 순간 그건 마이너스 미터가 될 수 없어.
[5] 넬리 : 그래 … 네가 말하기 전에 1미터를 걸었다면, 그래 이거야! 난 마이너스 마일을 걸었어!
[6] 산드라 : 또는 네가 공을 던지고 땅에 구멍을 판다면, 땅은 0의 값을 가질

거야… 무엇이든지.

[7] 넬리 : 여전히 공은 음의 미터에 있지는 않지만… 그것이 아래로 내려가고…

[8] 알버트 : 하지만 그것이 2미터로 되돌아간다면… 그래도… 난 모르겠어.

이 부분에서, 그래프에 대하여 이해하려고 시도하면서 학생들은 두 가지 경험적인 상황에 대한 근거를 갖고 있다. 그것은 산책과 공의 위치이고, 둘 다 자신의 origo와 관련된다. 실질적인 가상의 상황에 대한 학생들의 논의에서 나타난 음수의 개념적 범주는 감각과 개념 사이의 상호작용을 보여준다. 그러나 다시, 개념적 수학적 원점에 대한 물리적 origo의 우위는 기호 체계 사이의 조정을 방해한다. 그 후 토론이 이어졌고, 학생들은 다음과 같이 이야기하였다.

[9] 산드라 : 이제 이걸 0이라고 하자. (그녀는 경사면의 한 지점을 가리킨다. [표 2]의 그림 1 참고) 우리는 이것을 0이라고 할 거야…

[10] 넬리 : (끼어들며) 이것 좀 봐. (그녀는 오른손으로 경사면의 한 지점을 건드리며 표시를 하는 듯한 제스처를 한다. 그 다음 그녀는 왼손으로 원기둥을 잡고 그것을 그녀가 경사면에서 검지로 가리킨 지점의 오른쪽 옆에 두며 말한다.) 근데 여기에서 계산하기 시작한 거야?

[11] 산드라 : (넬리가 그녀의 검지 옆에 원기둥을 둔 것에 대해 동의하지 않으며 말한다.) 그래, 하지만 그들은 계산하기 시작했어.

[12] 넬리 : 만약 그걸 0으로 계산하지 않는다면! 그러면 그건 아마… (그녀는 원기둥을 경사면의 바닥으로 움직인다. [표 2]의 그림 2 참고)

[13] 산드라 : (끼어들며) 음, 그래, 그것은 음의 값이야.

[14] 넬리 : (그 순간, 넬리는 긴 제스처를 시작한다. 그녀는 말하면서 천천히 왼손을 움직인다.) 그래서 −1이고… 0. (그녀는 매우 짧게 멈춘다. [표 2]의 그림 3 참고)

표 2. 지시적 행동은 거리 변수의 수학적 원점에 대응되는 신체와 인공물의 구체적 기호 체계의 지점을 가리킨다. 원기둥의 움직임의 규칙은 매개된 행동과 개념적 범주에 의해 성취되며, 이는 지식의 대상화로 이끈다.

[15] 알버트 : (넬리가 0인 지점에 도달했을 때, 넬리와 동시에 말한다.) 0 …

[16] 넬리 : (원기둥을 계속 위로 움직이면서 말한다.) 1, 2 (그녀는 최고 지점에 도달한다. [표 2]의 그림 4 참고, 그리고 원기둥을 다시 바닥으로 움직이면서 말한다.) 중얼, 중얼, 중얼 … ([표 2]의 그림 5 참고. 그러고 나서 자신의 그룹 친구들에게 돌아서서 말한다.) 나는 가능하다고 생각해.

위 대화에서, 산드라는 문제의 자료로부터 유도된 가설적 상황을 설정하기 시작한다. 즉, 거리 원점을 원기둥이 움직이는 면의 중앙에 두었다. 그녀는 넬리가 수행한 두 번째 행동을 통해 좀 더 정확한 방법으로 상세화된 지시적 행동을 한다([표 2]의 그림 1). 실제로, 넬리는 자신의 뒤에 있던 경사면으로 돌아서서 거리 축의 수학적 0에 대응되는 경사면의 지점을 검지로 정확히 가리켰다. 그때까지는, 그녀가 오른손으로 가리킨 지점에 원기둥을 놓음으로써 보여지는 것들이 아직 완전히 명백하지는 않다. 그 다음, 산드라는 원기둥이 거기에서 시작하지 않았다는 것을 이해한다. 그녀가 여전히 완전히 확신하지 못하자, 넬리는 명확한 어조로 강조한 조건문 '만약'을 사용한다. 이렇게 정의된 가설적 상황에서, 그녀가 왼손으로 경사면의 바닥에 원기둥을 놓은 것은 물리적 원점 또는 origo에 대응된다. 그렇게 하는 동안, origo와 거리 축에서의 0은 지각적으로 명료하게 구별된다. 여전히 두 가지 기호 체계, 즉 신체와 인공물의 체계와 데카르트 좌표계 그래프의 체계 사이의 동의가 있는지 보여야 하는 것이 남아 있다. 원기둥의 움직임에 대한 규칙은 다음과 같다. 두 기호 체계 사이의 조정은 인지적 활동과 또 다른 기호 체계인 말에 의해 이루어진다. 그녀는 원기둥을 위로 움직이면서, '−1', '0', '1', '2'라고 말한다. 적절한 이해를 한 것처럼 보이며, 원기둥의 움직임의 두 번째 부분은 이제 언어와 행동으로 단순하게 도식화되었다. 실제로, "중얼, 중얼, 중얼 …"은 더 이상의 구체화를 요구하지 않는 경사면의 몇 지점을 가리킨다.

그러나 지식 대상화는 대개 한 번에 전부 일어나는 것이 아니다. 따라서 학생들의 대화가 0의 의미에 대한 성찰로 이어진다. [16]에서의 넬리의 마지막 말에 대한 답으로 산드라가 다음과 같이 말한다.

[17] 산드라 : 원점이 0 − 0에 있지 않기 때문에, 나는 이것이 가능하다고 생각해.

[18] 알버트 : (산드라를 보면서 작게 말하고, 마키아벨리안이 웃는다.) 0 − 0이 뭐야?

[19] 산드라 : 음… 글쎄… 그것은 경사면의 바닥과 같은 거야. (그녀는 펜으로 경사면의 바닥을 가리킨다.)

[20] 알버트 : (끼어들며) 0－0은 네가 그것을 놓은 곳이야… 우리가 CBR(전날 수행한 실험을 언급하며)을 가지고 실험할 때, CBR에서 0이 나왔어. 그래서 그것은 네가 원점을 두고 싶은 곳에 달려 있어… 그래서 기술적으로, 그것은 사실이야. (산드라와 넬리는 잠시 알버트가 한 말에 대하여 생각한다.) (…)

[21] 산드라 : 하지만 실제로 그것이 바닥으로부터 움직였기 때문에… 그러나 거기엔 실제로 CBR이 없었으니까 우리는 몰라. (…)

[22] 알버트 : 그게 네가 원점으로 두길 원하는 곳이야… 그래야 말이 돼! 네가 원점으로 두길 원하는 곳!

[8]에서는 알버트가 원점과 origo 사이의 차이점에 대해 여전히 확신하지 못했던 반면, 지금은 그 차이점이 잘 확립되어 있음을 볼 수 있다. 개념적 범주, 제스처, 지각적 활동, 그리고 매개된 상상의 행동과 구체적 행동의 복잡한 상호작용을 통해, 감각과 개념 사이의 변증법은 그래프의 문화적으로 정확한 해석을 보장한다.

5 결론

앞의 분석에서 제시했듯이, 이 장에서 언급한 두 그룹의 학생들 사이의 가장 큰 차이점은 신체와 행동이 분리될 수 있는지에 있다. 그러한 분리는 인공물로 매개된 운동감각적 행동에 의해 생성되는 의미의 비체화에 의해 뒷받침된다. 의미의 비체화가 신체의 배제 또는 행동의 축소와 관련된 것은 아니다. 오히려, 의미의 비체화는 감각과 개념의 변증법적 내재화의 가능성과 관련된다. 이 변증법적 내재화는 지각적 활동, 제스처, 매개된 행동의 **기호적 노드**(semiotic node) (Radford 외, 2003)와 [4]-[8]에서 보여진 말들에서 가장 잘 드러난다([표 2] 참고). 넬리가 거리 변수의 원점을 가리켰던 지시적 행동은 상징적 행동이 원기둥의 움직임을 정밀하게 재현하도록 한다. 상징적 행동은 강조점에 지각적으로 주의를 기울이도록 하는 말과 함께 나타나며, 이는 안정적 형태의 인식의 성취로 이끈다. 제스처, 매개된 행동, 그리고 말은 경사면의 연속성 외에도 감각과 개념이 동시에 나타나는 특수한 지점을 나타낸다. 물론, 이 장에서 논의된 짧은 예들이 감각과 개념 사이의 인식론적 관계라는 어려운 문제를 모두 해결하지는 못한다. 이 예들은 단지 학생들의 역사적, 문화적으로 구성된 지식체계의 대상화 과정에 대한 이해가 감각과 개념이 서로 포함되는 변증법에 대한 더 나은 이해를 요구한다는 것을 제안한다. 그것은 일반적인 문제의 몇몇 측면을 가리키며, 그로 인해 더 이론적이고 실제적인 연구가 요구된다.

알림

이 논문은 캐나다 사회 과학 및 인문 연구회의 기금을 지원 받아 진행된 연구 프로그램의 결과이다.

참고문헌

Arzarello, F. & Robutti, O. (2001). From Body Motion to Algebra through Graphing. In, *Proceedings of the 12th ICMI Study Conference*, Vol. 1, 33-40

Bühler, K. (1979). *Teoría del lenguaje*. Madrid: Alianza Editorial.

Nemirovsky, R. (2003). Three Conjectures Concerning the Relationship between body activity and Understanding Mathematics. *Proceedings of the PME27 Conference*, Hawaii, **1**, pp. 105-109.

Núñez, R. (2000). Mathematical Idea Analysis. *Proceedings of the PME24 Conf.*, Japan, **1**, 3-22.

Radford, L. (2002). The seen, the spoken and the written. A semiotic approach to the problem of objectification of mathematical knowledge. *For the Learning of Mathematics,* **22**(2), 14-23.

Radford, L. (2003). Gestures, speech and the sprouting of signs, *Mathematical Thinking and Learning.* **5**(1), 37-70

Radford, L., Demers, S., Guzmán, J. and Cerulli, M. (2003) Calculators, graphs, gestures, and the production meaning, *Proceedings of the PME27 Conference*, **4**, pp. 55-62.

Robutti, O. & Arzarello, F. (2003). Approaching algebra through motion experiences, *Proceedings of the PME27 Conference*, **1**, pp. 111-115.

부록

1. 방정식 풀이를 위한 대수적 방식의 도입(소개)

2. 그래프 그리기와 해석

부록 1
방정식 풀이를 위한 대수적 방식의 도입(소개)

학생 이름 ______ 날짜 ______ 그룹 ______

방정식 첫째 날

• 지시사항

아래 문제들에서 해야 할 것은 다음과 같다.

(a) 문제를 이해한다.
(b) 구체적인 실습도구를 이용하여 방정식을 만든다.
(c) 문제를 해결한다.
(d) 풀이 과정을 설명한다.

• 문제 1

폴레트와 리차드의 어머니는 아이들에게 선물을 주기로 했다. 그녀는 하키 카드가 담긴 봉투를 준다. 봉투가 서로 동일하도록, 그녀는 각각의 봉투에 같은 개수의 하키 카드를 넣는다.
폴레트는 이미 7개의 카드를 가지고 있었고, 어머니는 1개의 봉투를 준다.
리차드는 이미 2개의 카드를 가지고 있었고, 어머니는 2개의 봉투를 준다.
이제 두 아이는 같은 수의 하키 카드를 가지고 있다.
각각의 봉투에는 몇 개의 카드가 들어있는가?

당신의 풀이 과정을 설명하시오.

• 문제 2

마리오와 샹탈의 어머니는 아이들에게 선물을 주기로 했다. 그녀는 하키 카드가 담긴 봉투를 준다. 봉투가 서로 동일하도록, 그녀는 각각의 봉투에 같은 개수의 하키 카드를 넣는다.
마리오는 이미 12개의 카드를 가지고 있었고, 어머니는 1개의 봉투를 준다.
샹탈은 이미 3개의 카드를 가지고 있었고, 어머니는 4개의 봉투를 준다.
이제 두 아이는 같은 수의 하키 카드를 가지고 있다.
각각의 봉투에는 몇 개의 카드가 들어있는가?

당신의 풀이 과정을 설명하시오.

• 문제 3

매트와 매틱의 어머니는 아이들에게 선물을 주기로 했다. 그녀는 하키 카드가 담긴 봉투를 준다. 봉투가 서로 동일하도록, 그녀는 각각의 봉투에 같은 개수의 하키 카드를 넣는다.
매트는 이미 7개의 카드를 가지고 있었고, 어머니는 1개의 봉투를 준다.
매틱은 이미 3개의 카드를 가지고 있었고, 어머니는 3개의 봉투를 준다.
이제 두 아이는 같은 수의 하키 카드를 가지고 있다.
각각의 봉투에는 몇 개의 카드가 들어있는가?

당신의 풀이 과정을 설명하시오.

• 문제 4

방정식을 풀기 위해 따라야 하는 순서를 자신의 말로, 설명해 보시오.

• 문제 5

위와 같은 하키 카드 문제를 만든다고 할 때, “봉투 하나에 3개의 카드가 들어있다.”라는 답이 나와야 하는 문제를 만들어 보자.

• 문제 6

마리오와 샹탈의 어머니는 아이들에게 선물을 주기로 했다. 그녀는 하키 카드가 담긴 봉투를 준다. 봉투가 서로 동일하도록, 그녀는 각각의 봉투에 같은 개수의 하키 카드를 넣는다.
마리오는 이미 2개의 카드를 가지고 있었고, 어머니는 2개의 봉투를 준다.
샹탈은 이미 2개의 카드를 가지고 있었고, 어머니는 2개의 봉투를 준다.
이제 샹탈은 마리오와 같은 개수의 하키 카드를 가지고 있다.
각각의 봉투에는 몇 개의 카드가 들어있는가?

당신의 풀이 과정을 설명하고 그것을 구체적으로 설명하시오.

• 문제 7

마리오는 이미 2개의 카드를 가지고 있었고 어머니가 그에게 2개의 봉투를 준다. 샹탈은 이미 2개의 카드를 가지고 있었고 어머니는 그에게 3개의 봉투를 준다. 봉투는 각각 같은 개수의 카드를 담고 있고 현재 샹탈은 마리오와 같은 개수의 하키 카드를 가지고 있다.
각각의 봉투에는 몇 개의 카드가 들어있는가?

당신의 풀이 과정을 설명하고 그것을 구체적으로 설명하시오.

학생 이름 ____________ 날짜 ____________ 그룹 ____________

방정식 둘째 날

• Part 1

(a) 문제 2에 해당하는 대수 방정식을 쓰시오. 그 후 모든 단계를 보여주며 방정식을 푸시오.

(b) 문제 3에 해당하는 대수 방정식을 쓰시오. 그 후 모든 단계를 보여주며 방정식을 푸시오.

(c) 문제 6에 해당하는 대수 방정식을 쓰시오. 그 후 모든 단계를 보여주며 방정식을 푸시오.

(d) 문제 7에 해당하는 대수 방정식을 쓰시오. 그 후 모든 단계를 보여주며 방정식을 푸시오.

• Part 2

다음 방정식을 대수적 방법으로 푸시오.

(a) $7n+2=6n+8$

(b) $2x+3=x+5$

(c) $3x + 3 = x + 9$

(d) $2x + (-3) = x + 5$

(e) $2x - 3 = x + 5$

(f) $2x + 5 = x + 3$

(g) $x + 3 = 5 - x$

(h) $7n + 8 = 5n + 2$

학생 이름 ______ 날짜 ______ 그룹 ______

열정적으로 즐기는 숙제

다음 방정식을 대수적 방법으로 푸시오.

(a) $2n+4=n+12$

(b) $3n-4=n+10$

(c) $24-n=6+n$

(d) 방정식을 풀기 위해 따라야 하는 단계를 자신의 말로 설명하시오.

학생 이름 ________ 날짜 ________ 그룹 ________

일반화 셋째 날(2번째 단계)

• 문제 1

마크는 일주일에 3달러를 저축한다. 그는 현재 12달러를 가지고 있다.
그가 얼마나 저축을 했을까?

(a) 3주 후? 답 : ________

(b) 5주 후? 답 : ________

(c) 100주 후? 과정을 설명하시오.

(d) 몇 주가 지난 후에 저축된 돈을 계산하는 방법을 자신의 말로 설명하시오.

(e) n주가 지난 후에 저축된 돈을 표현하는 대수적 공식을 찾아보시오.

• 문제 2

수열 앞부분의 네 개 항이 있다.

항 1	항 2	항 3	항 4
0.42	0.75	1.08	1.41

(a) 이어질 5번째, 6번째, 7번째 항을 찾으시오.

(b) 이어질 100번째 항을 찾으시오. 풀이 과정을 설명하시오.

(c) 자신의 말로, 이 수열의 특정 항을 어떻게 계산하는지 설명하시오.

(d) 수열의 n번째 항을 계산하는 대수 공식을 찾으시오.

• 문제 3

수열 앞부분의 네 개 항이 있다.

항 1	항 2	항 3	항 4
11	9	7	5

(a) 이어질 5번째, 6번째, 7번째 항을 찾으시오.

(b) 이어질 100번째 항을 찾으시오. 당신의 방법을 설명하시오.

(c) 자신의 말로, 이 수열의 특정 항을 어떻게 계산하는지 설명하시오.

(d) 수열의 n번째 항을 계산하는 대수 공식을 찾으시오.

• 문제 4

피에르는 성냥으로 다음과 같은 집을 만든다.

항 1	항 2	항 3
	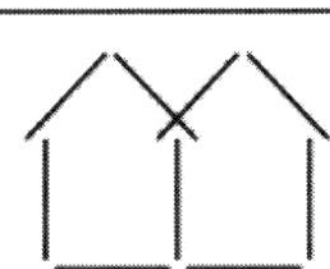	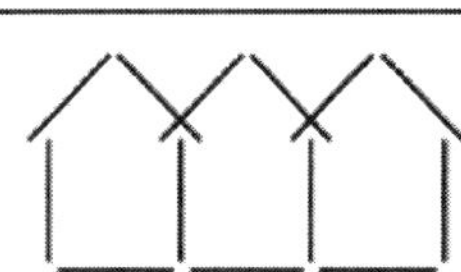

1번째 항은 5개의 성냥으로 만들어진다. 2번째 항은 9개의 성냥으로 만들어진다. 3번째 항은 13개의 성냥으로 만들어진다.

(a) 10번째 항은 몇 개의 성냥으로 만들어지는가?

(b) 100번째 항은 몇 개의 성냥으로 만들어지는가? 풀이 과정을 설명하시오.

(c) 이 수열의 특정 항을 어떻게 계산하는지 자신의 말로 설명하시오.

(d) n번째 항에 들어있는 성냥 개수를 찾는 대수 공식을 찾으시오.

(e) 다른 학급에서, 한 그룹이 공식 $n+4$를 찾았다. 이 공식에 동의하는가? 설득력 있는 근거를 제시하시오.

(f) 다른 학급에서, 한 그룹이 공식 $4n+1$을 찾았다. 이 공식에 동의하는가? 설득력 있는 근거를 제시하시오.

(g) 두 공식이 동일한 것인지 어떻게 확실하게 알 수 있을까? 설득력 있는 근거를 제시하시오.

• 문제 5

미레이유는 성냥으로 다음과 같은 삼각형을 만든다.

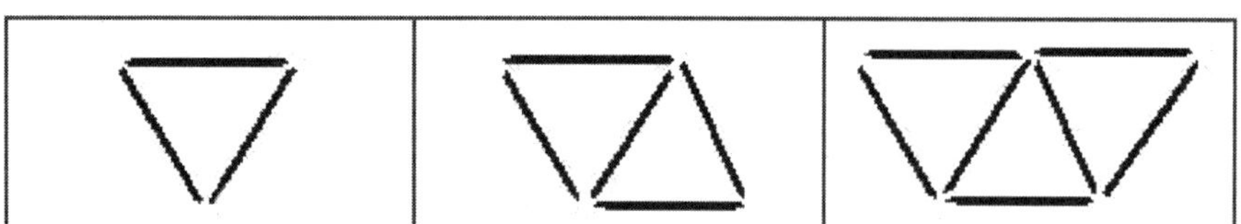

그림 1 | 그림 2 | 그림 3

1번째 항은 3개의 성냥으로 만들어지고, 2번째 항은 5개의 성냥, 3번째 항은 7개의 성냥으로 만들어진다.

(a) 10번째 항은 몇 개의 성냥으로 만들어지는가?

(b) 100번째 항은 몇 개의 성냥으로 만들어지는가? 풀이과정을 설명하시오.

(c) 자신의 말로, 이 수열의 특정 항을 어떻게 계산하는지 설명하시오.

(d) n번째 항에 들어있는 성냥 개수를 찾는 대수 공식을 찾으시오.

• 문제 6

수열에서 n항 공식을 찾기 위해 당신은 어떤 방법을 선호하는가? 수치계산법과 기하학적인 방법 중에서 이유를 설명하시오.

• 문제 7 : 다람쥐는 겨울을 준비한다!

두 다람쥐 A와 B는 겨울을 준비한다. 하루는 숲을 산책하다가 A가 4개의 도토리가 있는 굴을 발견했다. 한편, B는 86개의 도토리가 있는 굴을 발견했다. 4개의 도토리가 있는 굴을 가리키면서 A는 말한다. "난 겨울을 이 굴에서 보낼 거야." B는 86개의 도토리가 든 굴을 가리키며 대답한다. "나는 저 굴에서 겨울을 보내겠어."

겨울을 준비하며, 매일 다람쥐는 도토리를 찾으러 다녔고 각자의 굴에 그것을 모았다.

다람쥐 A는 매일 3개의 도토리를 모았다.

다람쥐 B는 매일 1개의 도토리를 모았다.

며칠 후에, 다람쥐 A가 생각했다. '난 첫째 날은 4개의 도토리가 있었고 둘째 날에는 7개, 셋째 날에는 10개의 도토리가 있었어. 첫째 날 B는 86개의 도토리가 있었고, 둘째 날에는 87개, 셋째 날에는 88개가 있었어.'

잠시 생각한 후에 그는 덧붙였다. '언젠가는 B와 같은 개수의 도토리를 갖게 될 거야!'

다람쥐가 그들이 모아둔 것을 전혀 먹지 않는다고 할 때 대수를 이용하여 A가 B와 같은 개수의 도토리를 갖게 될 날짜를 계산하시오. 그 때 그들은 몇 개의 도토리를 가지게 될 것인지 추론 방법을 설명하시오.

학생 이름 ______________ 날짜 ______________ 그룹 ______________

재미를 붙여주기 위한 다른 숙제

• 문제 1

마크는 매주 4달러를 저축한다. 그는 현재 7달러를 가지고 있다. 그는 앞으로 얼마의 돈을 저축할까?

(a) 3주 후, 답 : ________________________________

(b) 5주 후, 답 : ________________________________

(c) 100주 후, 풀이과정을 설명하시오.

(d) 자신의 말로, 몇 주 후의 저축 금액을 계산하는 법을 설명하시오.

(e) n주가 지난 후에 저축된 돈의 총 금액을 표현하는 대수적 공식을 찾으시오.

• 문제 2

수열이 있다.

그림 1	그림 2	그림 3
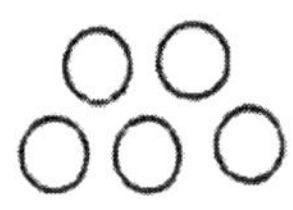	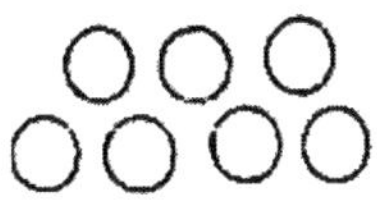	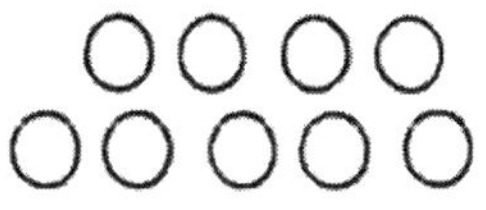

(a) 10번째 그림에 들어있을 원의 개수를 찾으시오.

(b) 100번째 그림에 들어있을 원의 개수를 찾으시오. 추론 과정을 설명하시오.

(c) n번째 그림에 들어있는 원의 개수를 찾는 대수적 공식을 찾으시오.

부록 2
그래프 그리기와 해석

학생 이름 ________ 날짜 ________ 그룹 ________

걷기 경기

1. 티나는 분수로부터 1미터 떨어진 거리에서 출발하여 일직선으로 걷기 시작한다. 아래의 첫 번째 그래프는 티나의 움직임을 나타낸 것이다.
2. 진은 분수로부터 4미터 떨어진 거리에서 출발하여 일직선으로 걷기 시작한다. 아래의 두 번째 그래프는 진의 움직임을 나타낸 것이다.

티나의 움직임

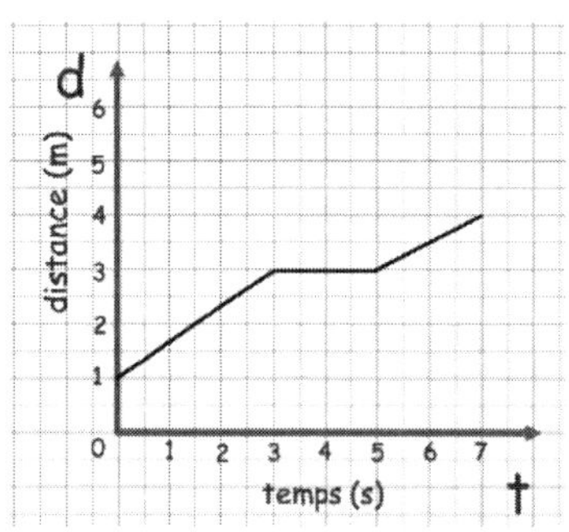

진의 움직임

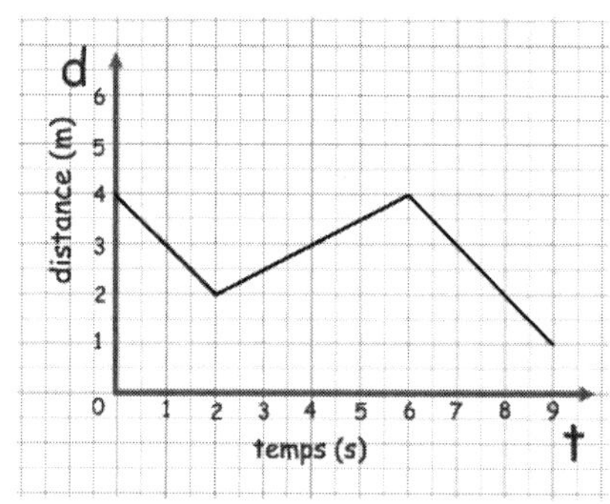

모둠원들과 함께 티나와 진의 움직임을 다시 표현한다. 그리고 복도에서 선생님께 그 움직임을 보여준다. 각 모둠은 티나와 진의 걸음에 대해 각각 최대 2번의 시도를 할 수 있다. 그 때 얻을 수 있는 점수는 아래에 제시되어 있다.

복도에서 선생님께 걸음을 보여주기 전에 다음을 수행해야 한다.

2.1 본인이 속한 모둠과 함께 교실에서 티나와 진의 움직임에 대해 연구하고, 토론하고 반복하라.

2.2 두 사람의 움직임에 대해 구체적인 설명을 덧붙여라.

움직임을 점으로 표현하기 첫 번째 시도: 12점 가능(4+4+4) 두 번째 시도: 9점 가능(3+3+3)

수학적 용어를 이용하여 티나의 움직임에 대해 구체적으로 설명하시오.

모둠이 수행한 티나의 움직임을 그려보시오.

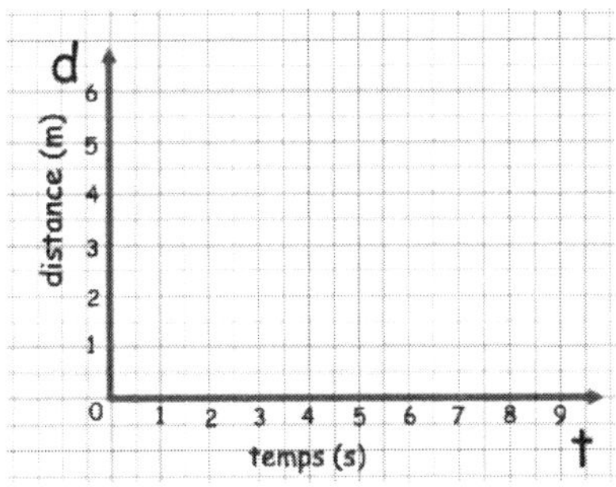

첫 번째 시도

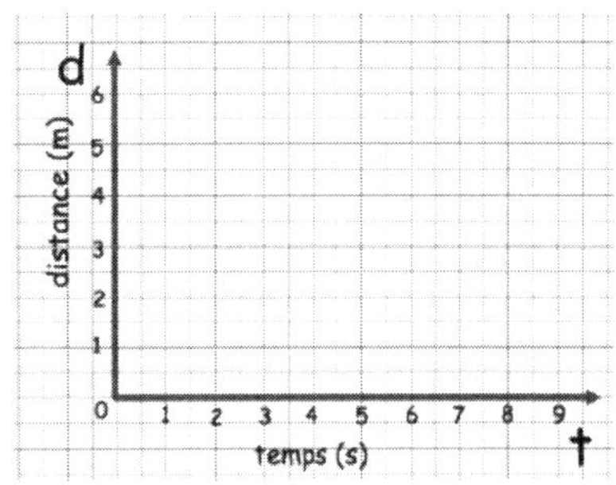

두 번째 시도

총 점수(교사 작성) :

수학적 용어를 이용하여 진의 움직임에 대해 구체적으로 설명하시오.

모둠이 수행한 진의 움직임을 그려보시오.

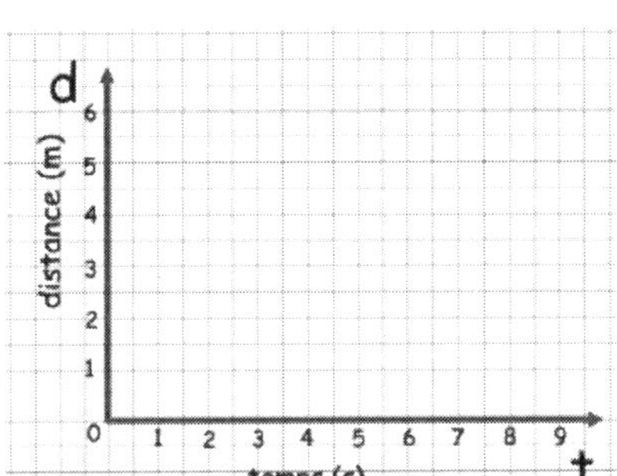

첫 번째 시도

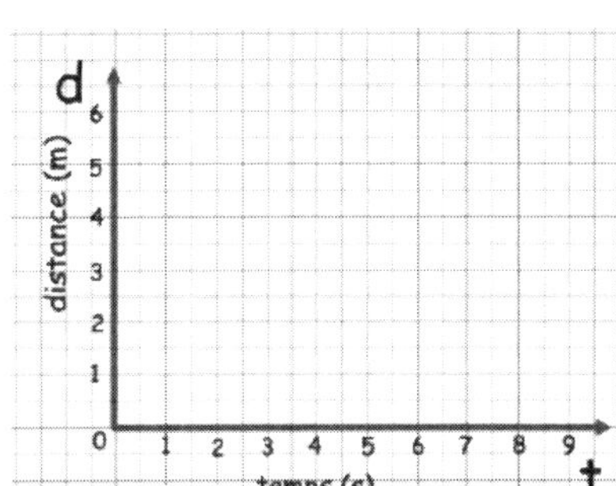

두 번째 시도

총 점수(교사 작성) :

• 선생님의 움직임

2.3 선생님은 교실 앞에서 직선으로 걷는다.

(a) 선생님의 움직임을 주의 깊게 관찰하고 모둠원들과 토론해서 아래에 그의 움직임을 그래프로 표현하기 위해 필요한 요소를 적어라.

중요하다고 할 수 있는 움직임의 요소들 :

(b) 선생님은 그 움직임을 두 번 반복할 것이다. 선생님의 움직임을 주의 깊게 관찰하고 시간-거리 그래프로 그려라.

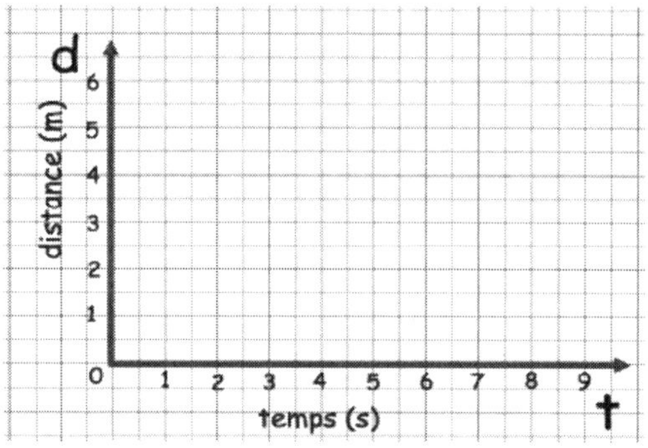

(c) 선생님의 움직임을 다시 한번 관찰하고, 최종적인 그래프를 그려라.

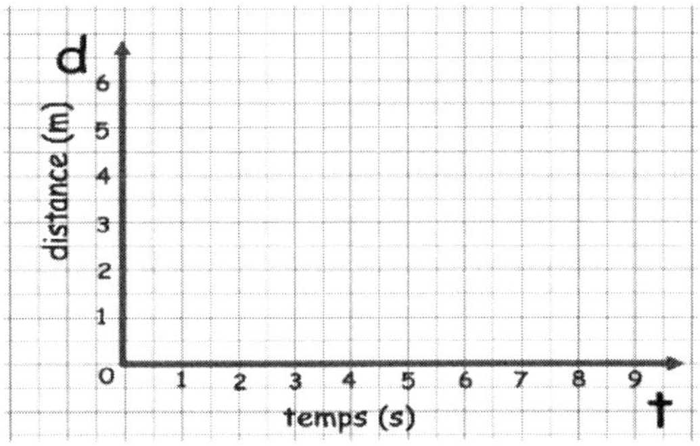

교사의 걸음을 표현한 최종적인 그래프

(d) 선생님은 CBR과 계산기로 표현된 그래프를 보여줄 것이다. 당신의 그래프와 계산기에 의해 표현된 그래프의 차이점을 토론하라.

점수 (교사 작성) : ______________________________

전체 점수 : ____________________________________

학생 이름 ____________ 날짜 ____________ 그룹 ____________

티나와 개

앞의 활동에서 티나는 분수에서 1미터 떨어진 곳에서 출발하여 직진하였다. 티나의 움직임을 표현한 그래프가 아래에 있다.

• 티나의 움직임

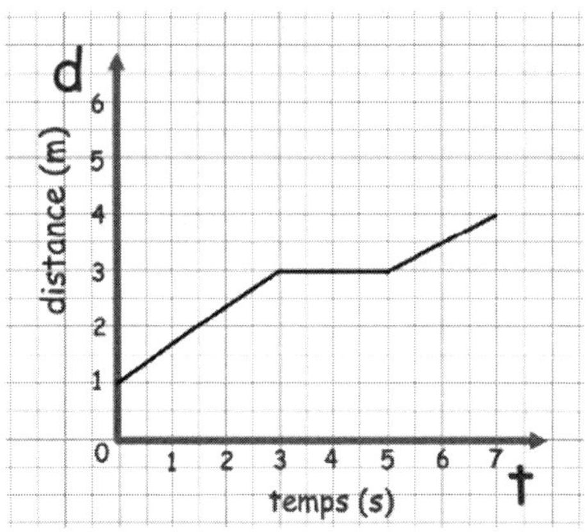

1. 초기 3초 동안 티나의 속도를 계산하고, 그 방법을 설명하시오.

2. 언제 티나가 가장 빠른 속도로 걸었는가? 답을 설명하시오.

3. 티나는 언제 분수로부터 3미터 떨어진 곳에 위치하게 되는가? 답을 설명하시오.

4. 티나가 걷기 시작하는 순간에 개가 티나와 같은 방향으로 분수에서부터 출발한다. 개는 0.75m/s의 속도로 달린다. 아래의 표를 채우고 개와 분수 사이의 거리를 표시하시오.

시간 t (s)	거리 (m)
0	
1	
2	
3	
3.5	

5. 개와 분수 사이의 거리를 시간에 대한 그래프로 표현하고, 그래프에 적절한 제목을 붙이시오.

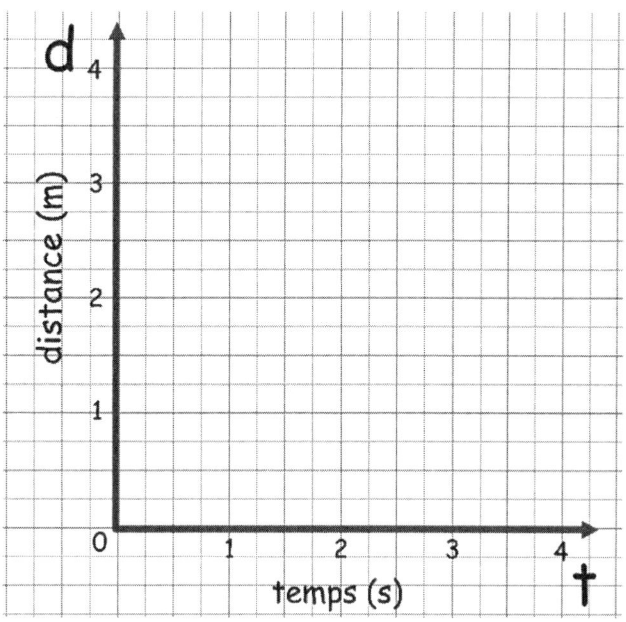

6. $t=1$, $t=2$, $t=3$, $t=3.5$, $t=4$(s)일 때 티나와 개 사이의 거리를 각각 계산하고, 그 방법을 설명하시오.

7. 0초부터 4초 사이에 개와 티나 사이의 거리를 그래프로 표현하고 그래프에 적합한 제목을 붙이시오.

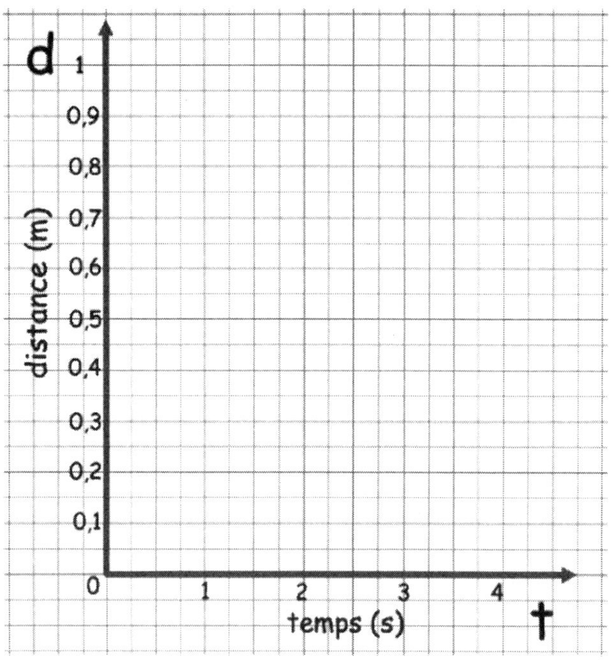

8. 1.5초일 때 개와 티나 사이의 거리는 얼마인가? 그러한 답을 어떻게 얻었는지 설명하시오.

9. 개가 티나와 합류하게 되는 시점은 언제인가? 그 때 티나와 개로부터 분수 사이의 거리는 얼마인가? 답을 설명하시오.

• **진에 대한 몇 가지 질문**

앞선 활동에서, 진은 분수로부터 4미터 떨어진 곳에서 출발하여 직진했다. 여기 진의 움직임을 표현한 그래프가 있다.

• 진의 움직임

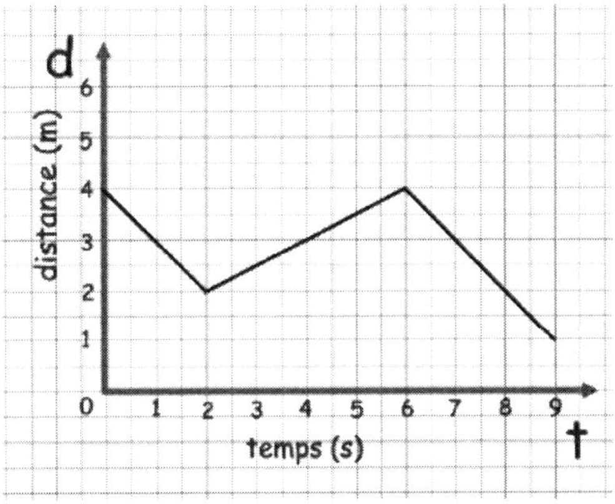

10. 0초와 2초 사이의 진의 속도를 계산하시오.

11. 진이 분수로부터 3미터 거리에 위치하게 되는 시점은? 답을 설명하시오.

12. 진이 분수에서 가장 멀리 위치한 시점은?

13. 진이 <티나, 개>와 동시에 걷기 시작한다면 개가 티나와 합류하는 시점에서 진은 그들로부터 얼마나 멀리 떨어져 있는가? 답을 설명하시오.

학생 이름 ______________ 날짜 ______________ 그룹 ______________

드라큘라의 저주

수많은 아이들이 살고 있는 마을이 있었다. 이 마을에서 드라큘라는 '유령의 거리'라고 불리는 길을 소유하고 있었다.

매일 저녁, 드라큘라는 '유령의 거리'의 10미터 정도 되는 AB 구간을 걷는 모험을 하는 아이들을 놀라게 한다. (아래 그림을 보라.)

겁이 많은 루시는 '유령의 거리' AB 구간을 따라 걸었다. 걷는 동안 루시는 열쇠가 땅에 떨어졌음을 알아챘다. 그녀는 이상한 소리를 듣고는, 돌아와서 열쇠를 재빠르게 줍고 도망쳤다.

1. 짧은 영상 '드라큘라와 루시'를 보아라.

(a) 영상을 보고 적절한 축을 찾아서 루시의 걸음을 그래프로 표현해라.

(b) 모눈종이(tableau de valeurs)를 채워라.

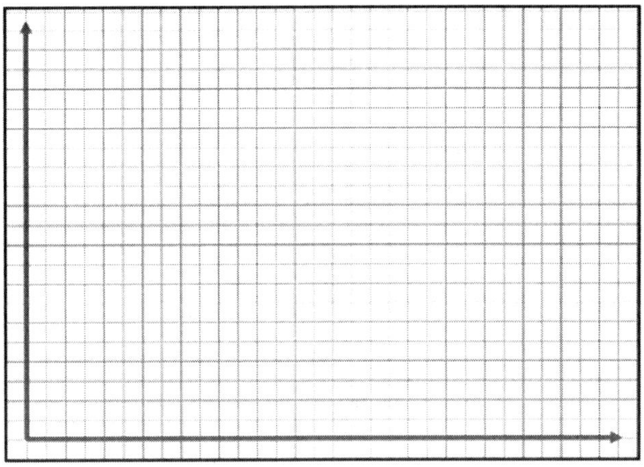

• **드라큘라는 루시를 잡는 데 성공했는가?**

그러나 드라큘라는 제한이 있었다. 아이가 AB 구간을 걸을 때, 오직 세 번만 놀라게 할 수 있었다.

아이가 AB 구간에 들어선 순간부터 드라큘라가 세 번만 놀라게 할 수 있다는 것을 마을 사람들은 아무도 알지 못했다. 또한 드라큘라는 아래 표에 나와 있는 것처럼 A로부터 떨어진 특정 거리에 위치해 있을 때만 놀라게 할 수 있다는 것도 알지 못했다.

주문	시간	A로부터의 거리
1	3초	1.4m
2	8초	2.3m
3	10초	6m

드라큘라는 루시를 놀라게 하는데 성공했는가? 답을 설명하시오.

* 교사에게 : 다음 주소의 Publications 란에서, Processus d'abstraction en mathématiques 를 클릭하면 다운로드받을 수 있다.
www.laurentian.ca/educ/lradford.

• 용감한 안드레!

용감한 소년 안드레는 0.25m/s의 일관된 속도로 AB 구간을 가로질렀다. 갑자기 A를 지난 후 8초가 되었을 때 드라큘라를 보고는 2m/s의 속도로 도망쳤다.

(a) 적절한 축을 잡아서, 안드레의 경로를 그래프로 표현하시오.

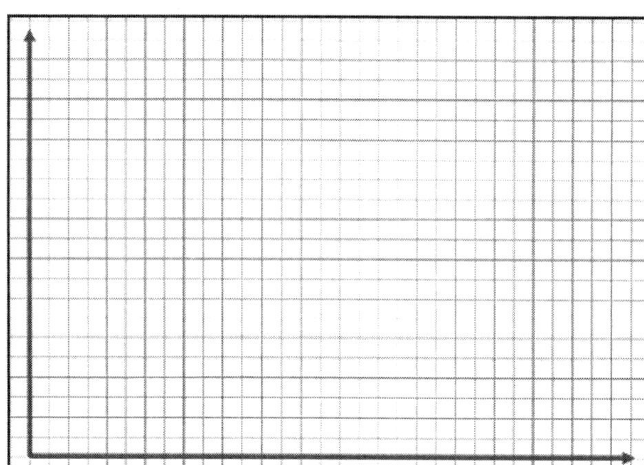

(b) 드라큘라는 안드레를 잡는 데 성공했는가? 답을 설명하시오.

(c) 루시가 열쇠를 떨어뜨리지 않고 초반처럼 계속 걸었다면 드라큘라는 그녀를 잡는 데 성공했을까? 수학적 논거를 통해 답을 설명해보시오.

학생 이름 ____________ 날짜 ____________ 그룹 ____________

마티의 창문

두 기차가 일정한 속도로 이동한다.

1. 기차 1과 기차 2의 동영상을 보고, 과정을 설명하면서 각각의 속도를 계산하시오. 속도는 cm/s 로 표현하시오.

2. 마티는 철도 앞에 산다. 창문으로 기차 1이 지나가는 것이 보인다. 마티의 창문 앞의 M 지점을 지난 후부터 기차가 달린 거리를 나타내는 아래 표를 채우시오.

기차 1

t(s)	0	1	2	3	4	5
d(cm)						

• 기차 1

3. 축과 적절한 제목을 정하고, 앞의 표에 따라 그래프를 그리시오.

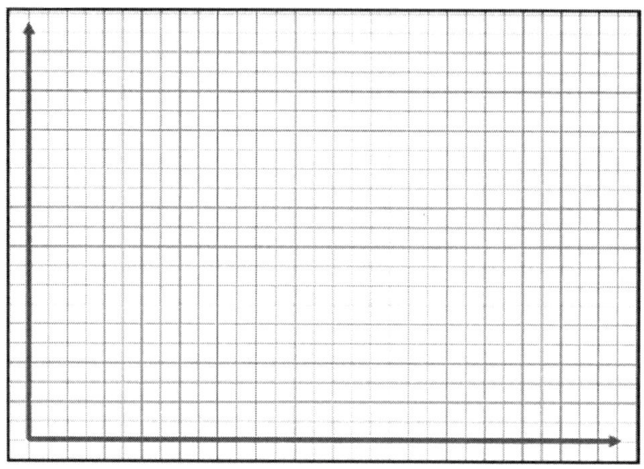

4. 마티의 창문 앞을 지난 후 t초가 지난 후에 기차 1이 달린 거리 d를 나타내는 공식을 찾으시오.

5. 기차 1이 M으로부터 123.32cm의 거리에 위치하는 시점은 언제인가? 계산방법을 설명하시오.

• 기차 2

1. M 지점으로부터 30cm 떨어진 곳에 기차 2가 정지해 있다. 기차 1이 마티의 창문 앞을 지날 때, 기차 2는 기차 1과 같은 방향으로 움직이기 시작한다.

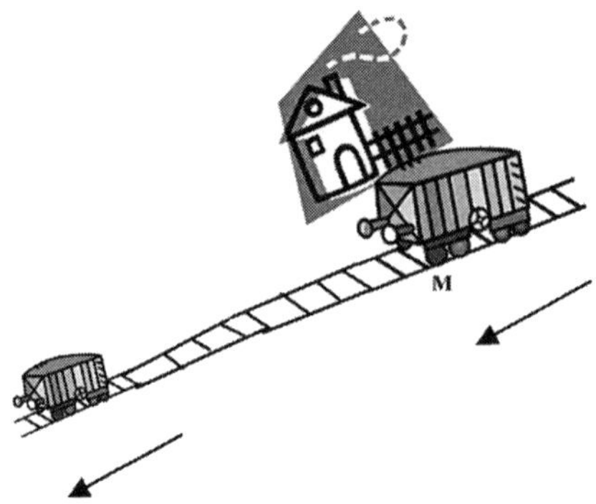

M 지점으로부터 기차 2가 떨어진 거리를 나타내는 아래 표를 채우시오.

기차 2

t(s)	0	1	2	3
d(cm)				

7. 축과 적절한 제목을 정하고, 앞의 표에 따라 그래프를 그리시오.

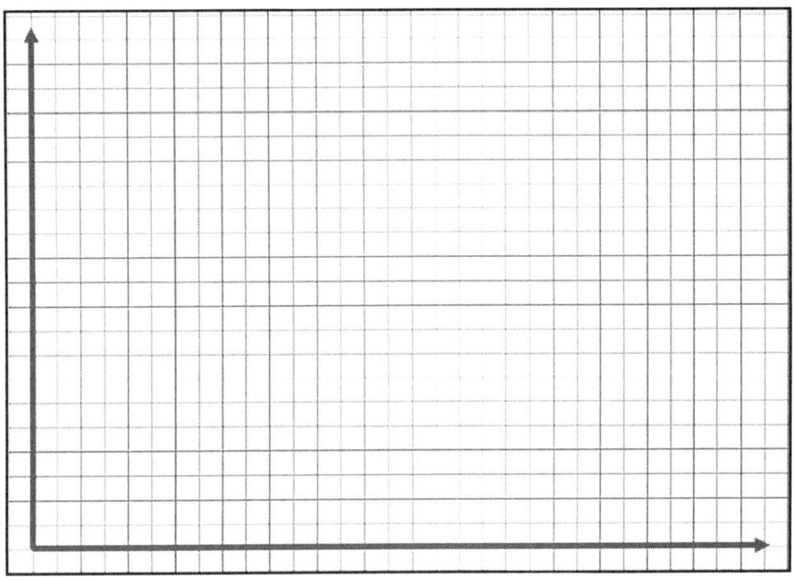

8. 마티의 창문 앞을 지나고 t초 후에 기차 2가 지점 M으로부터 거리 d에 도달한다는 것을 만족하는 대수 공식을 구하시오.

9. 기차 2가 M 지점으로부터 63.97cm의 거리에 위치하는 시점은 언제인가?

10. 기차 1이 기차 2를 따라잡는 곳은 어디인가? 걸린 시간은 얼마인가? 그렇게 생각한 이유를 설명하시오.

다음 날....

11. 마티의 동생 마틸다는 기차의 움직임에 관심을 가지고 있다. 그녀는 다음 날 아침 기차의 움직임을 관찰해야겠다고 마음먹었다.

다음 날 그녀는 같은 창에서 스톱워치를 가지고 열차의 도착을 참을성 있게 기다리고 있었다. 기차 2가 먼저 도착했다. 기차가 창 앞을 통과할 때, 마틸다는 스톱워치를 가동하였다. 3초 후, 그녀는 기차 1이 통과하는 것을 보았다.

12. 열차 속도가 동영상으로부터 계산된 것과 동일하다고 가정하고, M 지점으로부터 각 열차가 떨어진 거리(cm)를 표에 채우시오.

t(s)	0	1	2	3	4	5	6	7
p(cm) 1								
p(cm) 2								

각 축에 적절한 값을 정하고 적절한 제목을 이용하여, 위의 표에 따라 각 열차의 그래프를 그리시오.

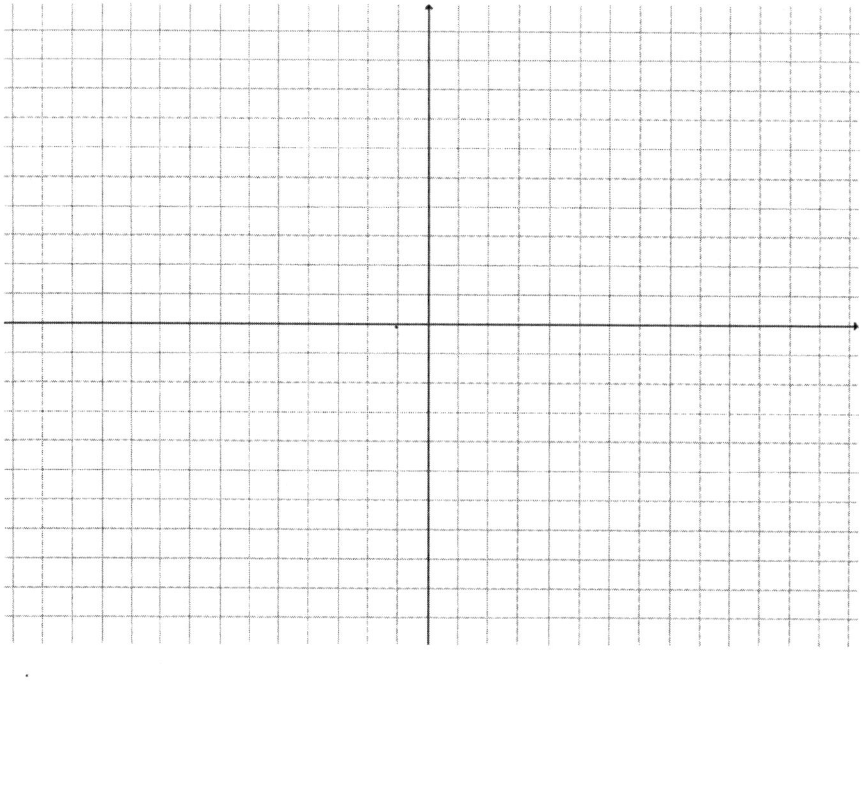

13. 창문 앞을 지나고 t초 후에 기차 2가 지점 M으로부터 거리 d에 도달한다는 것을 만족하는 대수 공식을 구하시오.

14. 창문 앞을 지나고 t초 후에 기차 1이 지점 M으로부터 거리 d에 도달한다는 것을 만족하는 대수 공식을 구하시오.

15. 기차 1이 기차 2를 따라잡는 곳은 어디인가? 걸린 시간은 얼마인가? 그렇게 생각한 이유를 설명하시오.

찾아보기 index

사회기호학적 관점의 수학 교수·학습: 대상화 이론

지은이 루이스 래드포드
옮긴이 권오남·박정숙·박지현·박재희·조경희·조형미·오국환·곽문영
펴낸이 조경희
펴낸곳 경문사
펴낸날 2016년 7월 15일 1판 1쇄
등 록 1979년 11월 9일 제313-1979-23호
주 소 04057, 서울특별시 마포구 와우산로 174
전 화 (02)332-2004 팩스 (02)336-5193
이메일 kyungmoon@kyungmoon.com
facebook facebook.com/kyungmoonsa

값 11,000원

ISBN 978-89-6105-964-0